DA MISSA À MILITÂNCIA
A TRAJETÓRIA RELIGIOSA/POLÍTICA DO PADRE ANTÔNIO MELO COSTA NO MUNICÍPIO DO CABO DE SANTO AGOSTINHO-PERNAMBUCO (1963-1977)

Editora Appris Ltda.
1.ª Edição - Copyright© 2023 do autor
Direitos de Edição Reservados à Editora Appris Ltda.

Nenhuma parte desta obra poderá ser utilizada indevidamente, sem estar de acordo com a Lei nº 9.610/98. Se incorreções forem encontradas, serão de exclusiva responsabilidade de seus organizadores. Foi realizado o Depósito Legal na Fundação Biblioteca Nacional, de acordo com as Leis nos 10.994, de 14/12/2004, e 12.192, de 14/01/2010.

Catalogação na Fonte
Elaborado por: Josefina A. S. Guedes
Bibliotecária CRB 9/870

G633m
2023
	Gomes, Ricardo Jorge Silveira
	   Da missa à militância: a trajetória religiosa/política do Padre Antônio Melo Costa no município do Cabo de Santo Agostinho-Pernambuco (1963-1977) / Ricardo Jorge Silveira Gomes. – 1 ed. – Curitiba : Appris, 2023.
	   209 p. ; 23 cm. – (Ciências sociais).
	
	   Inclui referências.
	   ISBN 978-65-250-5317-2
	
	   1. Ciência política. 2. Religião. 3. Liderança. 4. Costa, Padre Antônio Melo – Biografia. I. Título. II. Série.
	<div align="right">CDD – 320</div>

Livro de acordo com a normalização técnica da ABNT

Appris editora

Editora e Livraria Appris Ltda.
Av. Manoel Ribas, 2265 – Mercês
Curitiba/PR – CEP: 80810-002
Tel. (41) 3156 - 4731
www.editoraappris.com.br

Printed in Brazil
Impresso no Brasil

Ricardo Jorge Silveira Gomes

DA MISSA À MILITÂNCIA
A TRAJETÓRIA RELIGIOSA/POLÍTICA DO PADRE ANTÔNIO MELO COSTA NO MUNICÍPIO DO CABO DE SANTO AGOSTINHO-PERNAMBUCO (1963-1977)

FICHA TÉCNICA

EDITORIAL	Augusto Coelho
	Sara C. de Andrade Coelho
COMITÊ EDITORIAL	Marli Caetano
	Andréa Barbosa Gouveia - UFPR
	Edmeire C. Pereira - UFPR
	Iraneide da Silva - UFC
	Jacques de Lima Ferreira - UP
SUPERVISOR DA PRODUÇÃO	Renata Cristina Lopes Miccelli
ASSESSORIA EDITORIAL	Miriam Gomes
REVISÃO	Stephanie Ferreira Lima
PRODUÇÃO EDITORIAL	Miriam Gomes
DIAGRAMAÇÃO	Jhonny Alves dos Reis
CAPA	Tiago Reis
FOTO DA CAPA	MARCELO FERREIRA

COMITÊ CIENTÍFICO DA COLEÇÃO CIÊNCIAS SOCIAIS

DIREÇÃO CIENTÍFICA Fabiano Santos (UERJ-IESP)

CONSULTORES
- Alícia Ferreira Gonçalves (UFPB)
- Artur Perrusi (UFPB)
- Carlos Xavier de Azevedo Netto (UFPB)
- Charles Pessanha (UFRJ)
- Flávio Munhoz Sofiati (UFG)
- Elisandro Pires Frigo (UFPR-Palotina)
- Gabriel Augusto Miranda Setti (UnB)
- Helcimara de Souza Telles (UFMG)
- Iraneide Soares da Silva (UFC-UFPI)
- João Feres Junior (Uerj)
- Jordão Horta Nunes (UFG)
- José Henrique Artigas de Godoy (UFPB)
- Josilene Pinheiro Mariz (UFCG)
- Leticia Andrade (UEMS)
- Luiz Gonzaga Teixeira (USP)
- Marcelo Almeida Peloggio (UFC)
- Maurício Novaes Souza (IF Sudeste-MG)
- Michelle Sato Frigo (UFPR-Palotina)
- Revalino Freitas (UFG)
- Simone Wolff (UEL)

Dedico esta obra a Deus; à minha mãe, Maria Lucia Silveira, que me ama, educa, guia e motiva e por quem, além de amor, nutro grande admiração; à minha irmã, Karla Augusta; e aos irmãos, Mario Luiz, Paulo Roberto (in memoriam) e Carlos Henrique (in memoriam), companheiros de caminhada, luzeiros na estrada, pouso no cansaço, conforto na dor, motivação no desânimo, parceria, exemplo, amor.

PREFÁCIO

Prefaciar uma obra é sempre uma tarefa difícil, pois o prefácio é a porta de entrada para comentar sobre o tema abordado ou complementado por novas pesquisas ou perspectivas, além de ter o objetivo de despertar o interesse do leitor para adentrar em um mundo desconhecido.

O livro do autor Ricardo Jorge Silveira Gomes intitulado *Da missa à militância: a trajetória religiosa/política do Padre Antônio Melo Costa no município do Cabo de Santo Agostinho-Pernambuco (1963-1977)* é atrativo desde o título, até a última página, pois conta e aponta, por meio de documentos, a trajetória desse padre tão importante para a história religiosa e política do município do Cabo de Santo Agostinho, em Pernambuco, e a influência econômica e social que ele teve entre o povo que ali habitava, entre as décadas de 1960 e 1970, momento de efervescência dessas ideias que despertavam e influenciaram diferentes segmentos de nossa sociedade, principalmente a mais pobre, ideias que foram seguidas e que fizeram surgir, dentro dessa vertente, movimentos populares que interferiram no sistema econômico imperante no período estudado.

O autor apresenta o resultado de uma longa pesquisa de coleta de dados, muitas vezes dificultada, devido à escassez das informações materializadas em forma de documentações. Ricardo Jorge teve uma árdua tarefa de vir há anos confrontando tais materiais e buscando na narrativa dos antigos moradores do local, como ele mesmo diz "[...] produzir uma pesquisa sobre a memória dos fatos 'antigos' do município e, sobretudo, tornar acessível à população e que, ao mesmo tempo, possa estimular sua curiosidade pela trajetória histórica da cidade", embasando, pois, o que nos apresenta, lançando para os leitores um material de cunho científico de alta qualidade, que auxilia no entendimento da história local, por muitos esquecidos.

Convido todos a mergulhar nesta emocionante leitura, na certeza de que sairão cheios de gotas de conhecimentos sobre uma parte tão importante da história da cidade do Cabo de Santo Agostinho, em Pernambuco.

Recife, Setembro de 2023
Ana Lúcia do Nascimento Oliveira
Docente da pós-graduação em História da UFRPE

APRESENTAÇÃO

Emerson Sena[1]

Temos, em mãos, o livro de Ricardo Jorge Silveira Gomes, intitulado *Da missa à militância: a trajetória religiosa/política do Padre Antônio Melo Costa no município do Cabo de Santo Agostinho-Pernambuco (1963-1977)*.

Com um grande fôlego, o autor articula clássicos do pensamento como Charles Darwin, Max Weber, Darcy Ribeiro, Karl Marx, Eric Hobsbawm, Pierre Bourdieu, Michel Foucault, Norberto Bobbio, aos dados empíricos extraídos de pesquisa biobibliográfica e documental. Documentos locais, citadinos e documentos amplos e globais, como os da Doutrina Social da Igreja, são manejados no texto com exímio conhecimento. Um trabalho que se situa na fronteira da sociologia, da história, e da ciência da religião. O trabalho da escrita e da pesquisa concretizadas neste livro, faz jus a formação rigorosa do autor: doutorado e mestrado em Ciências da Religião, pela Universidade Católica de Pernambuco, e graduação em História.

Em cinco capítulos, a cascata de datas, eventos, nomes, conceitos, percepções agudas, comentários fundamentados, se avoluma e deixa ao leitor um texto múltiplo, polifônico. Uma preciosa contribuição aos estudos sobre religião e espaço público.

Os sacerdotes católicos sempre foram importantes personagens históricos-sociais e político-religiosos, alcançado a condição, em alguns casos de mitos, lendas, povoando imaginários e imaginações, misturando ficção com realidade. A constelação é imensa e agrupa grandes-conhecidas personagens, e outras, mais regionais e locais, mas não menos importantes.

O padre José de Anchieta, jesuíta entre os tupis-guaranis; o padre Diogo Feijó, regente imperial; o padre Cícero, liderança religioso-política, são, talvez, os mais conhecidos, os mais citados em estudos, livros de história e de outras áreas. Sem falar em padre Ibiapina, Frei Damião e tantos outros que deixaram suas pegadas na terra brava e bela do nordeste, com seus estados, sotaques e comidas maravilhosas, suas lutas sociais, suas oligarquias, serras, praias, caatingas, matas, áridos, agrestes e semiáridos. Paisagens complexas e ricas. Contemporaneamente, talvez possamos pensar

---

[1] Doutor em Ciência da Religião e Antropólogo (Universidade Federal de Juiz de Fora). Professor do Departamento e do Programa de Pós-Graduação em Ciência da Religião da Universidade Federal de Juiz de Fora – Minas Gerais.

em duas figuras opostas, a do padre Paulo Ricardo, representante de um catolicismo reacionário, atrelado a visões pessimistas, atormentado pelas ideias de pecado, medo e culpa, e a do Padre Júlio Lancelotti, representante de um catolicismo social vibrante, atrelado aos mandatos evangélicos de misericórdia, amor e caridade, em especial aos sem-teto, sem-família, à população que vive nas ruas em desamparo.

No texto, Ricardo Jorge discorre sobre poder ideológico, político, econômico, poder social e religioso, dominação e disciplina, traz referências aos conceitos weberianos (carisma, dominação carismática, dominação legal e tradicional) e, ao mesmo tempo, traz a realidade de uma pequena cidade pernambucana, com rica história e etimologia e traz figura de um padre. Uma figura ambígua, com militância política variada, oscilante.

Cabo de Santo Agostinho, na região metropolitana de Recife, nasceu no contexto da disputa entre espanhóis e portugueses pelas *terras brasilis*. Antes de Cabral, em janeiro de 1500, Pinzón, navegador e conquistador espanhol, permanecera três dias na enseada de Suape e batizou o lugar como *Santa Maria de La Consolación*. Os portugueses não se fizeram de rogados, e a frota cabralina aportou em abril de 1500 nas costas baianas e com o calendário litúrgico, ao avistarem no dia de Santo agostinho (28 de agosto), um acidente geográfico, deram-lhe o nome de Cabo de Santo Agostinho.

Batizar com nomes é um ato de conquista, de imposição. A terra era habitada por muita gente, nela havia um mar de nomes originários, oriundos de povos que foram subjugados, eliminados. Hoje eles lutam pelo justo e legitimo reconhecimento de suas terras e heranças, garantidas pela Constituição de 1988, contra a terrível chaga do latifúndio e da extração predatória de riquezas (garimpo, pesca, desmatamento). Não há país soberano e desenvolvido que não tenha enfrentado com coragem a concentração fundiária abusiva e as atividades extrativistas predatórias.

A história da luta por mais democracia no campo, mais justiça social, mais igualdade, é escrita com sangue e lágrimas dos povos originários, das comunidades ribeirinhas, camponeses pobres, agricultores familiares, quilombolas e dos agentes cuja ambição é pão, terra e trabalho. Dentre os quais, assassinados barbaramente, há advogados, sindicalistas, mulheres líderes, trabalhadores rurais, gente simples e religiosos como a Irmã Dorothy Stang, e padres, como o Padre Josimo Morais Tavares, paraense de Marabá (PA). Segundo levantamento de órgãos pastorais católicos, somente em 2011, foram assassinados 29 camponeses, gente pobre e simples. Para lidar com os severo conflitos sociais e econômicos, com o que os marxistas denominam como luta de classes, a Igreja erueniou um conjunto de ideias, documentos e encíclicas que batizou de DSI, Doutrina Social da Igreja. Nela estão textos históricos, como *Da Rerum Novarum* (RN), publicada em 1891 pelo papa Leão XIII. Depois vieram a *Mater et Magistra* (MM), de 1961, e a *Pacem in Terris* (PT), de 1963, ambas publicadas por João XXIII. Esta última encíclica, segundo Frei Carlos Josaphat, trouxe as ideias de democracia social, respeito e promoção de direitos individuais e sociais, e oposição a ditaduras e golpes.

A data é representativa. 1963 é o primeiro ano do Concilio Vaticano II, que trouxe profundas transformações para a Igreja e sua relação com o mundo e a sociedade, é um ano de efervescência político-social no Brasil, como as lutas camponesas pernambucanas, véspera de grandes mobilizações sociais e do Golpe de 1964 (ou, na visão dos militares, o ano da Revolução) e é o início do período eleito por Ricardo Jorge para abordar a atuação do padre Melo na histórica e afável cidade do Cabo de Santo Agostinho, situada na bela e irrequieta terra de Pernambuco.

No tempo a que alude o livro, entre o prelúdio dos anos de chumbo da ditadura civil-militar brasileira, ao início do seu ocaso, entre 1963-1977, o estado de Pernambuco foi palco de imensas lutas sociais pela justiça agrária, com as ligas camponeses, de Francisco Julião, e os primeiros passos da pedagogia do nobre pernambucano Paulo Freire. As ideias do educador, pedagogo e filósofo pernambucano foram celebradas mundo afora e nada tem a ver com as falsas caricaturas que correntes políticas de direita e conservadoras costumam fazer. Elas nunca leram as obras do afável mestre, cujas ideias ainda não se fizeram frutificar com força em solo brasileiro.

Nos lembra Ricardo Jorge (2023) que:

> Para o processo formativo dos integrantes das Ligas, Francisco Julião utilizava instrumentos facilitadores para a compreensão da importância do papel exercido pelos trabalhadores rurais e os caminhos que poderiam percorrer para atingirem os objetivos traçados. Assim, numa linguagem de fácil entendimento, tornava acessível o Código Civil, contextualizava a situação campesina à luz de textos bíblicos, utilizava a poesia popular, fazendo circular, assim, cartilhas e documentos orientadores. Nesse sentido, três documentos despontam como elementares e de suma importância: a Cartilha do Camponês, o documento "Bença, Mãe!" e a Carta de Alforria do Camponês, todos redigidos por Francisco Julião.

Daquela época de antanho, a dos conquistadores ibéricos, temos as heranças que marcam com ferro e fogo a nossa história: Tordesilhas e Capitanias Hereditárias. Continua Ricardo Jorge, com a chegada do donatário Duarte Coelho a Pernambuco, o Cabo se transformou em terra de engenhos de açúcar, e, em 1618, surgem a capela e a festa de São Sebastião. Como se refere o sociólogo José de Souza Martins, essa herança, renovada e reproduzida, nos traz o grilhão do atraso ao campo e à cidade. Séculos mais tarde, na época pesquisada no livro, o padre Melo durante os anos 1963 e 1977, a estrutura concentradora, latifundiária, conjugada com o extrativismo predador de riquezas e a monocultura voltada ao mercado externo ainda estava em vigência. Uma forma de relação social terrível que produz violência e expulsão de famílias camponesas pobres da terra para as periferias das cidades, onde suas condições sociais pioram ainda mais.

Ricardo Jorge traz Darcy Ribeiro, em seu texto, quando comenta a interligação entre poder religioso, social e político:

> [...] *poder ideológico*, completamente atrelado aos preceitos religiosos católicos, impregnou as decisões políticas com o cheiro mofado das sacristias que, por serem financiadas pelos senhores da cana, precisaram implementar uma catequese de validação do sistema escravocrata (p. 50).

A biografia do Padre Antônio Melo é fragmentada incerta, apesar de sua forte atuação na cidade junto a sindicatos, órgãos como o IBAD (Instituto Brasileiro de Ação Democrática). Ele é aracajuano, nascido em 1933, e com a histórica marca das migrações internas devido as estiagens. Sua família camponesa é de Sergipe, muito católica e devoto, como sói. Destinado pela família a carraria eclesiástica, ele a faz em Salvador e São José do Rio Preto (SP) e é ordenado em 1960, na Igreja de São Pedro, na cidade do Rio de Janeiro. Poderíamos ter um pouco mais de informações sobe quem foram seus formadores e o perfil dos bispos das quatro dioceses pelas quais passou sua vida eclesiástica. Mas, suas práticas e ideias dão alguma noção.

Ele chega à cidade do Cabo de Santo Agostinho em 1961, assumindo o cargo de padre colaborador da Matriz de Santo Antônio e, depois, torna-se vigário. As atividades em múltiplas e intensas: professor e diretor de escolas, colaborador em questões socioeconômicas dos trabalhadores do corte da cana cooperativa Agrícola de Tiriri, sindicatos de trabalhadores rurais e IBAD.

O padre sergipano em paragens pernambucanas tinha grande desenvoltura política, envolvia-se em muitos conflitos. O conjunto de suas ações sociais são difíceis de classificar politicamente, situando-se ora mais à esquerda, ora mais à direita. Ricardo Jorge nos diz que: "[...] quer no sentido de acompanhar os sindicatos rurais, quer no sentido de empreender junto com a Cooperativa de Tiriri, somente foi possível porque ele sempre esteve enfronhado no universo político [...]" (p. 180). A cidade guarda fortes memórias de sua atuação. O autor do livro nos traz muitas delas a partir de preciosa documentação histórica. A memória é construída mediante falas de adversários políticos (com forte carga acusatória), simpatizantes e aliados (com forte teor apologético) e agentes religiosos.

Mas, lê-se poucas palavras diretas do padre Melo. Lemos ele a partir do que os outros disseram, o que é um ponto a ser notado e, um ponto a ser explorado em futuras pesquisas e publicações. As lutas do padre Melo envolviam a defesa dos trabalhadores rurais, a celebração de alianças políticas heterodoxas, a rumorosos rompimentos com dois governadores (Cid Sampaio e Miguel), as tentativas de fundar um novo partido em 1974, a defesa da ditadura civil-militar e o cultivo do pavor anticomunista, um tanto injustificado. Há passagens controversas que são abordados, como a atuação do IBAD.

Segundo Heloísa Starling, o IBAD, criado em 1959, atuou intensamente na área rural, no meio parlamentar, no movimento estudantil e sindical e junto à Igreja Católica. Nas eleições de 1962, essa associação teve participação destacada e polêmica. Ainda segundo Starling, o IBAD patrocinou a criação de uma frente parlamentar conservadora e reacionária, a Ação Democrática Parlamentar (ADP). Uma Comissão Parlamentar de Inquérito foi aberta para investigar o financiamento de candidaturas feitas por esse instituto. Em agosto de 1963, sob acusação de crimes de corrupção, João Goulart fecha o IBAD.

Como afirma Ricardo Jorge:

> Com todo esse histórico de acertos e de erros, a imagem presente na memória coletiva da população local, em relação ao papel de liderança exercido pelo Padre Melo, sob olhares de amigos e de inimigos, de aliados e de adversários políticos, religiosos e não religiosos, conterrâneos e estrangeiros, simpatizantes e não simpatizantes, é a de uma "personalidade marcante" (p. 189).

LISTA DE SIGLAS E ABREVIATURAS

ADEP – Ação Democrática Popular
CDSI – Compêndio da Doutrina Social da Igreja
CIA – *Central Intelligence Agency* ou Agência Central de Inteligência
CIC – Catecismo da Igreja Católica
CNBB – Conferência Nacional dos Bispos do Brasil
CPDOC – Centro de Pesquisa e Documentação de História Contemporânea
CPI – Comissão Parlamentar de Inquérito
DH – Declaração *Dignitatis Humanae*
DSI – Doutrina Social da Igreja
GS – Constituição Apostólica *Gaudium et Spes*
IBAD – Instituto Brasileiro de Ação Democrática
INP – Instituto Nacional de Pastoral
IPES – Instituto de Pesquisas e Estudos Sociais
LE – Carta Encíclica *Laborem Exercens*
MM – Carta Encíclica *Mater et Magistra*
QN – Carta Encíclica *Quadragesimo Anno*
RN – Carta Encíclica *Rerum Novarum*
OP – Carta Encíclica *Octagesima Adveniens*
OEI – Política Externa Independente
PP – Carta Encíclica *Populorum Progressio*
PT – Carta Encíclica *Pacem in Terris*
SORPE – Serviço de Orientação Rural de Pernambuco
TIO SAM – Estados Unidos

SUMÁRIO

1
INTRODUÇÃO 19

2
LIDERANÇA CARISMÁTICA E SUAS MÚLTIPLAS FACES 25
   2.1 EM BUSCA SO SER SOCIAL 25
   2.2 COMPREENSÃO DE LIDERANÇA E SUAS ABORDAGENS 31
   2.3 PODER, DOMINAÇÃO E DISCIPLINA 34
   2.4 FORMAS DE PODER 37
   2.5 CARISMA E DOMINAÇÃO (OU LIDERANÇA?) CARISMÁTICA 40
   2.6 A FEITURA DE UMA CIDADE À LUZ DOS TEÓRICOS 43
   2.7 PADRE MELO E A CIDADE DO CABO 51

3
DOUTRINA SOCIAL DA IGREJA CATÓLICA 57
   3.1 OS ALICERCES DA DOUTRINA SOCIAL DA IGREJA (DSI) 58
   3.2 OS PRINCÍPIOS DA DOUTRINA SOCIAL DA IGREJA 66
   3.3 A DIGNIDADE DO TRABALHO À LUZ DA DSI 72
      3.3.1 Retraços históricos 77
      3.3.2 Da Rerum Novarum (RN) ao Concílio Vaticano II 83
      3.3.3 Direito ao trabalho, direitos dos trabalhadores
      e solidariedade entre pares 97

4
O EITO DA CANA E O UNIVERSO DE PADRE MELO 101
   4.1 DAS TERRAS PRIMEIRAS 102
   4.2 DOS ENGENHOS ÀS USINAS 108
   4.3 LIGAS CAMPONESAS 119
   4.4 ASPECTOS DA HISTÓRIA DOS SINDICATOS
   DE TRABALHADORES RURAIS 133
   4.5 A COOPERATIVA TIRIRI 139

5
TEXTOS E CONTEXTOS DA AÇÃO DE PADRE MELO NO CABO DE SANTO AGOSTINHO 145

5.1 INGERÊNCIA ESTADUNIDENSE NO BRASIL 146
5.2 IBAD — INSTITUTO BRASILEIRO DE AÇÃO DEMOCRÁTICA.............153
5.3 IPES — INSTITUTO DE PESQUISAS E ESTUDOS SOCIAIS.................156
5.4 SORPE — SERVIÇO DE ORIENTAÇÃO DE PERNAMBUCO................158
5.5 AÇÃO DO PADRE MELO: QUE TIPO DE LIDERANÇA? 164
   5.5.1 Primeiros passos da vida pública de padre Melo............................165
   5.5.2 Padre Melo e o IBAD 170
   5.5.3 Padre Melo e os sindicatos dos trabalhadores rurais 172
   5.5.4 Padre Melo e a Cooperativa de Tiriri.......................................175
   5.5.5 Padre Melo e a política 180

CONSIDERAÇÕES FINAIS 187

REFERÊNCIAS 191

ANEXO 1 203

INTRODUÇÃO

Durante toda sua existência, o ser humano constrói uma história, vivendo-a intensamente em ligação profunda com a sociedade, com a natureza, e sendo por estas influenciado. Ora positivas, ora negativas, tais influências demandarão posicionamentos e, por vezes, exigirão que elementos das realidades existentes sejam incorporados à própria trajetória do indivíduo, seja em plano familiar, comunitário, societário, no plano religioso, político, nacional e até internacional.

O presente livro está fundamentado na problematização e contextualização do período de nove anos (1963-1977) em que o padre Antônio Melo Costa esteve à frente da paróquia do município do Cabo de Santo Agostinho[2]. Entretanto, as histórias das experiências de lideranças católicas de caráter político-religioso no Brasil sempre foram marcadas por intensa aclamação popular, devido, principalmente, ao fato de o Brasil ter sido considerado por muito tempo o país de maior contingente católico do mundo, propiciando a emergência de lideranças carismáticas nessas instâncias.

Em toda a história do Brasil, percebe-se o surgimento de lideranças com características político-religiosas e messiânicas. Mas, a partir do século XIX, pode-se observar maior propagação dessas manifestações, como foram os casos particulares de Antônio Conselheiro (Guerra de Canudos, Bahia); Monge José Maria (Guerra do Contestado, fronteira entre Paraná e Santa Catarina); Padre Cícero (Ceará) e Frei Damião (Pernambuco). Estes líderes religiosos mobilizaram e influenciaram vários segmentos de nossa sociedade, contudo, suas ações foram mais bem aceitas no interior do Brasil, entre as camadas menos favorecidas da população.

Esse período histórico instável e desafiador — principalmente para os segmentos populares da sociedade brasileira — tornou propício o sur-

---

[2] O Cabo de Santo Agostinho conta com uma população hoje estimada de 203.216 pessoas, e fica localizado na Mesorregião Metropolitana do Recife, Microrregião de Suape, com uma área territorial de 445.386 km. Sua distância é de 33 km do Marco Zero de Pernambuco, a 20 km do Aeroporto, sendo o acesso mais utilizado o rodoviário, pelas rodovias BR 101 Sul e PE 60, seguindo da PE 28 (Rodovia Vicente Pinzón) e pela Via Parque/Paiva que dá acesso às praias do município, tais como Gaibu, Itapuama, Paraíso e Suape (IBGE, 2022).

gimento de movimentos comunitários de vertentes religiosas e políticas. Isso pode ser explicado a partir das lacunas deixadas pela ausência de atuação do Estado e de outros órgãos da sociedade, viabilizando o advento de lideranças carismáticas que se apresentavam como solucionadoras das problemáticas social, política, econômica e religiosa, como é o caso do exercício da liderança carismática do ex-pároco do município do Cabo de Santo Agostinho, estado de Pernambuco, Pe. Antônio Melo Costa. As ações por ele organizadas desde o momento em que se tornou pároco do município do Cabo de Santo Agostinho (1963) influenciaram milhares de pessoas que se mobilizaram para superar as dificuldades econômicas e sociais em que se encontravam.

Essa mobilização materializou-se em construções de abrigos, associações comunitárias, ajuda material, doações de cestas básicas, realização de cursos profissionalizantes, construções de hortas comunitárias, fundações de cooperativas, dentre outras ações comunitárias, religiosas e, posteriormente, políticas.

A Igreja, ampliando sua atuação política, não se contentava em agir apenas junto à população, mas também procurava provocar a ação do poder público, propondo e cobrando iniciativas governamentais[3] (CNBB, 2003, p. 137). Observando o texto final relativo ao II Encontro dos Bispos do Nordeste — realizado em Natal, em 1959 —, é possível perceber a preocupação com o desenvolvimento econômico, a ser fomentado com a implementação de projetos em sua maioria voltados para a agricultura. No documento, são propostas diversas ações pontuais a serem realizadas em cada estado do Nordeste, também, no norte de Minas Gerais.

No país, estava em evidência a Conferência Nacional dos Bispos do Brasil, CNBB[4], cada dia mais vigorosa e comprometida com os pobres, afirmando e reafirmando que não pode existir progresso verdadeiro sem

---

[3] O posicionamento político da Igreja Católica requer uma análise aprofundada. Longe de apresentar opiniões e atitudes consensuais, a instituição religiosa já se deparava com visões antagônicas quanto às questões sociais, no início dos anos 1960. No clero, predominavam os moderados e os conservadores. Os poucos padres e bispos verdadeiramente progressistas não estavam tão articulados entre si e não dispunham de tanta influência quanto aqueles que manifestavam ideias mais tradicionais. Por outro lado, entre os fiéis as correntes progressistas ganhavam importância, tendo grande influência na Juventude Estudantil Católica, na Juventude Universitária Católica e até mesmo na Juventude Agrária Católica.

[4] A Conferência Nacional dos Bispos do Brasil (CNBB) é um organismo permanente que reúne os Bispos Católicos do Brasil que, conforme o Código de Direito Canônico, "exercem conjuntamente certas funções pastorais em favor dos fiéis do seu território, a fim de promover o maior bem que a Igreja proporciona aos homens, principalmente em formas e modalidades de apostolado devidamente adaptadas às circunstâncias de tempo e lugar, de acordo com o direito" (Cân. 447). Pertencem à CNBB, pelo próprio direito, todos os Bispos diocesanos do Brasil e os que são a eles equiparados pelo direito, os Bispos coadjutores, os Bispos auxiliares e os outros Bispos titulares que exercem no mesmo território algum encargo especial, confiado pela Sé Apostólica ou pela Conferência dos

um efetivo envolvimento de todos os âmbitos da vida humana, social, econômica, política e religiosa. Por outro lado, parte da classe política mais comprometida com o clamor popular começava a lutar pela redemocratização, pela liberdade e pelos direitos individuais e coletivos do povo brasileiro.

Apresentaremos como ideia preliminar a de Max Weber (2002), ao afirmar que o poder é exercido através da dominação definida como "a probabilidade de encontrar obediência a uma ordem de determinado conteúdo, entre determinadas pessoas indicáveis" (WEBER, 1991, p. 33). O sociólogo considera a dominação como um dos elementos mais importantes da ação social, a ponto de estabelecer uma sociologia da dominação (WEBER, 1999). Ela alimenta, baliza e legitima o poder. Em outras palavras, poder e dominação se retroalimentam.

Da relação entre poder e dominação, ainda de acordo com Weber, surge um terceiro elemento: a *disciplina*, que, para o autor, "é a probabilidade de encontrar obediência pronta, automática e esquemática a uma ordem, entre uma probabilidade indicável de pessoas, em virtude de atividades treinadas" (WEBER, 1991, p. 33). A obediência é adquirida e não inata.

Discorrendo sobre a relação social, Weber acrescenta um quarto elemento que se agrega ao poder: a luta. Para Weber (1991, p. 23), "Uma relação social denomina-se luta quando as ações se orientam pelo propósito de impor a própria vontade contra a resistência do ou dos parceiros".

O pensamento weberiano defende a opinião de que é através da "dominação" que o líder é considerado um enviado de Deus, *persona* exemplar. Este trabalho defende a tese de que o padre Antônio Melo Costa usou desse elemento para mobilizar a população cabense em serviço da sociedade. No seguimento dos princípios defendidos pela Conferência Nacional dos Bispos do Brasil, na década de sessenta (CNBB, 2003, p 212), ele criou o Serviços de Orientação de Pernambuco (SORPE) e a Cooperativa Agrícola de Tiriri, envolveu-se na luta pela criação do Partido Democrático Republicano (PDR) e cooperou com a Madre Iva na fundação do Abrigo São Francisco, sempre com o apoio do padre Paulo Crespo e da comunidade cabense. Assim, vamos contrapõe à ideia do autor René Armand Dreifuss (1987, p.183), o qual afirmou que o padre Antônio Melo Costa podia ser perseguidor e desarticulador dos grupos de esquerda, em especial, dos que

---

Bispos. (*cf*. Cân. 450) A CNBB foi fundada em 14 de outubro de 1952, no Rio de Janeiro. A transferência da sede para Brasília aconteceu em 1977.

estavam na Cooperativa de Tiriri. Como ele poderia ter feito isso, tendo em vista que ele mesmo a criou?

Problemática evidenciada, buscamos respostas coerentes, como: qual o tipo de liderança exercida pelo padre Melo? O que o inspirava, na condição de sacerdote, a se posicionar ao lado dos trabalhadores rurais no enfrentamento das questões socioeconômicas em defesa de seus direitos? Qual a relação do padre no requisito relativo à obediência e à adesão das pessoas à sua missão? Como era a relação do pároco com as ideias da Doutrina Social da Igreja (DSI)? Quais razões o padre teve para criar a cooperativa agrícola de Tiriri? Por que criou um partido político e se envolveu nas questões políticas partidárias?

Diante dessas questões, serão analisadas as estruturas políticas do país, bem como os ideais de mudança necessários à sociedade rural — defendidos pelas Doutrinas Sociais da Igreja.

A proposta se enquadra como pesquisa de natureza investigativo-qualitativa, explicativa, e crítico-sistemática, cujos principais procedimentos metodológicos serão prioritariamente, os estudos bibliográficos e documentais. O objetivo geral é a análise da trajetória religiosa e política do padre Antônio Melo na Igreja do município do Cabo de Santo Agostinho-PE, nas décadas de 1960 e 1970.

Quanto aos objetivos específicos, tem-se: apresentar e descrever, a partir de pesquisa bibliográfica, as principais vertentes teóricas acerca do papel da Igreja Católica e de seus membros no uso das lideranças carismáticas enquanto dons políticos e religiosos considerados bases necessárias das múltiplas faces das ações da liderança carismática. Ainda entre os objetivos específicos, foram incluídas a tentativa de compreender a relação do padre Antônio de Melo Costa com os ideais da DSI e a investigação das motivações e interesses desse líder religioso na luta pela criação do Partido Democrático Republicano (PDR).

O tema surgiu a partir de comentários de alguns religiosos que afirmam que o padre Antônio Melo Costa deixou um legado para igreja local e nacional, e destacando a mobilização da comunidade religiosa — por incentivo seu — para fazer política partidária. Nesse sentido, pretendemos analisar um panorama das motivações políticas e religiosas subjacentes ao discurso e às práticas do pároco na cooperativa agrícola e na criação do partido político, bem como posicionamento do padre em relação aos ideais defendidos pela DSI.

A opção por uma abordagem qualitativa deve-se ao fato de que essa ação metodológica proporcionará uma visão mais ampla dos pressupostos que se deseja investigar, visto que a dinâmica social é permeada de fatos e valores observados por várias perspectivas. Tal abordagem demonstra que pode existir uma relação dinâmica entre o mundo real e o sujeito, uma interdependência entre o sujeito, o objeto e a subjetividade do sujeito (BAUER, 2002).

A identificação dos sujeitos envolvidos foi através de documentos encontrados no Arquivo Público de Pernambuco — localizado na rua do Imperador D. Pedro II, centro do Recife —; no Centro de Documentos da Diocese; no Centro Pastoral no setor de documentação (Ação Católica Rural, Pastoral Rural), Várzea; e na igreja católica localizada no centro da cidade do Cabo de Santo Agostinho, incluindo participação em eventos e missas. Serão utilizados como fontes primárias jornais — como Diário de Pernambuco, Jornal do Commercio —, periódicos locais e documentos do Centro de Documentos da Diocese e do Centro da Pastoral Rural, onde se encontram informações necessárias à fundamentação das hipóteses apresentadas.

A pesquisa bibliográfica e documental será subsidiada por inúmeras fontes, como exemplo, artigos e revistas que trabalharão a questão política e religiosa.

Conforme Lakatos e Marconi (2001, p. 83), a pesquisa bibliográfica diz respeito a "toda bibliografia já tornada pública em relação ao tema estudado, desde publicações avulsas, boletins, jornais, revistas, livros, pesquisas, monografias, teses, materiais cartográficos etc.".

Assim, foram empregados autores como Eliade (1992), que afirma que há uma verdade profunda que ele chama de sagrado, que extrapola este universo que, no entanto, aqui, faz-se perceptível, sendo por ele reverenciado e transformado em legítimo (ou aquilo que existe). Também contribuíram as perspectivas de Durkheim (2009), para quem a religião é como um conjunto de forças, de abstrações, uma autoridade atípica. E Weber (2009) que, sobre o "carisma", afirma, que as aptidões (ou capacidades) carismáticas, não afloram em coisa alguma ou em quem quer que seja que não as detenha em princípio (em "dom"), sendo que tal dom ficará oculto se não for incitado à evolução, ou seja, quando o carisma não for acordado. Quanto a Mauss (2003), sobre os aspectos "dádiva" e "reciprocidade", o autor afirma que, entre indivíduos, pertences são doados em reciprocidade, acontecendo aí também a permuta de apreços ou gentilezas. Todavia, esses indivíduos se doam ao doar, e, se os indivíduos se doam, é pelo motivo de que se necessitam — eles e seus pertences — como semelhantes.

O estudo epistemológico das Ciências da Religião não recusa os aportes de outras áreas do conhecimento. Ao contrário, ele os utiliza, empregando subsídios da História e da História das Religiões — por exemplo, da obra de Mircea Eliade, supramencionado —, da Teologia, da Sociologia — como nas contribuições de Durkheim, Weber, Berger e Luckmann também já referidas —, bem como os recursos da Antropologia (com Marcel Mauss), da Filosofia e da Economia, entre outras fontes do saber científico.

As especificidades do tema requisitaram destaques para o trabalho, como: Émile Durkheim (Consciência Coletiva, 2009), Max Weber (Ação Social, 1999), Herbert Blumer (Interacionismo Simbólico, 1980), George Lukács (Reprodução, 2018), Anthony Giddens (Estruturação, 2008), Lima e Carvalho Neto (Liderança, 2020), Max Weber (1999), Karl Marx (1985), Pierre Bourdieu (2007). Recorreu-se, ainda, a Michel Foucault (sobre poder, dominação e disciplina, 2008), além de e Antônio Aparecido Alves (doutrina social da igreja, 2021), entre outros.

2

LIDERANÇA CARISMÁTICA E SUAS MÚLTIPLAS FACES

No município do Cabo de Santo Agostinho, em Pernambuco, o padre Antônio Melo Costa era comumente chamado de padre Melo, e assim será identificado ao longo da presente tese. Para conceber a ação do líder religioso em sua profundidade, com recorte temporal no período de 1963 a 1977, tomar-se-ão como ponto de partida as proposições teóricas sobre o ser social apresentadas por pensadores como Georg Lukács, Émile Durkheim, Max Weber e Herbert Blumer, por entender-se que a liderança surge no tecido social composto por e para o ser humano.

O passo seguinte será na direção de compreender o significado de liderança e suas abordagens, o que, necessariamente, exige clareza sobre o conceito de *poder*, o qual será explorado nas concepções de quatro teóricos — Max Weber, Karl Marx, Pierre Bourdieu e Michel Foucault. Faz parte dessa busca a análise das interfaces de tais concepções com o processo de dominação e disciplina, adentrando, então, suas formas — *poder econômico, poder ideológico* e *poder político* — apresentadas por Norberto Bobbio.

A questão da liderança será retomada com especial recorte na *liderança carismática* alicerçada nas proposições de Weber sobre carisma, para, em seguida, estabelecer sua interface com a visão da Igreja Católica, visto que a presente tese se debruça sobre a atuação de um líder religioso dessa vertente do cristianismo.

Nesse primeiro capítulo, portanto, buscar-se-á construir em tais abordagens as bases necessárias para compreender e analisar a motivação e as múltiplas faces das ações desenvolvidas por padre Melo como líder político-religioso que, durante quatorze anos, orientou, organizou e esteve à frente das principais transformações sociopolíticas e econômicas ocorridas no município cabense.

2.1 EM BUSCA SO SER SOCIAL

Sem dúvida, tratando-se da concepção do ser humano, o grande divisor de águas foi a teoria evolucionista do inglês Charles Darwin (2009).

No início da segunda metade do século XIX, exatamente em 1859, aos 50 anos de idade, o naturalista publicou *A origem das espécies*. Até então, a teoria criacionista era a que predominava no mundo ocidental e determinava os caminhos a serem percorridos também pelas ciências. Para o criacionismo, Deus era apresentado como o criador de todos os seres predeterminados no próprio ato da criação. Mas, não apenas isto, o ser humano era concebido como imagem e semelhança do próprio Deus, o que lhe conferia uma relação de parentela, porque era visto na condição de filho.

Darwin aponta outra proposição: ao afirmar uma ancestralidade comum, estava convencido de que as espécies se modificam. Portanto, derruba a concepção do "ser criado", predeterminado, pronto, concluído, acabado. Mas, como essa evolução (ou transmutação, como era chamada à época) foi compreendida? Por qual mecanismo as espécies se transformam? O naturalista compreendeu que a competição na natureza faz com que as espécies se modifiquem e somente sobrevivam aquelas cujas mutações são mais adaptadas ao meio. Em resumo, somente os mais aptos sobrevivem. Eis, pois, o que ele chamou de *seleção natural*.

Anunciar essas suas conclusões significou declarar-se além da fronteira científica, correndo o risco de ser considerado um pária, última coisa que um homem do seu tempo e de sua formação gostaria de ser. Ao mesmo tempo, em termos religiosos, estabeleceu-se um confronto com a Igreja Anglicana, religião oficial da Inglaterra. Para além do enfrentamento ao criacionismo, a teoria de Darwin colocou em xeque a autoridade eclesiástica, representante legítima do Deus Criador e que, portanto, poderia ser vista como defensora de uma fraude. Assim, frente a uma sociedade alicerçada nas tradições judaico-cristãs, a teoria de Darwin apresentava-se como uma terrível ameaça aos pilares dessa mesma sociedade.

Como consequência da publicação de *A Origem das Espécies*, não apenas na sociedade da época, nem, tampouco, somente na britânica, Deus foi colocado de lado, área após área, na medida em que a explicação do natural processo evolutivo da vida, incluindo a humana, tornou-se o centro das discussões científicas. A partir de então, todos os fenômenos dos seres vivos — inclusive dos humanos — sua organização social, seu comportamento, são compreendidos como sendo desenvolvidos e controlados pelas forças naturais, e não por aquelas divinas. Eis a grande ruptura.

Somente em 1871, aprofundando sua teoria da evolução, Darwin publicou *A Origem do Homem*, e, pela primeira vez, ligou a ancestralidade humana a animais considerados inferiores. Portanto, não é exagero concluir que Darwin modificou a visão de mundo como poucos homens fizeram no curso da história da humanidade, e inaugurou uma nova era na ciência.

Embora não faça parte do foco desse estudo, vale salientar que, por solicitação da cúpula da Igreja Anglicana, Charles Darwin foi sepultado na Abadia de Westminster[5], em 26 de abril de 1882.

Comentando sobre a teoria da seleção natural desenvolvida por Darwin, Matos explica que

> [...] a diversidade e complexidade observada nos seres vivos, e que se modifica ao longo da história da vida na Terra, deve-se a um mecanismo composto dos seguintes elementos: i) Replicação: a capacidade que possuem as entidades — seres vivos, neste caso — de gerarem cópias de si mesmas. A existência de uma unidade replicadora é devida a uma entidade replicadora anterior, o que nos conduz ao elemento seguinte; ii) Variação: estas cópias ou réplicas às vezes diferenciam-se em aspectos muito pequenos, em relação aos originais, ou antecedentes; iii) Seleção: exercida por um conjunto de condições ambientais, dos portadores das variações que se mostrem mais favoráveis na adaptação destas entidades ao ambiente ao qual se encontram (MATOS, 2008, p. 36).

Continuando seus comentários, Matos chama a atenção para o fato de que a partir do século XX, com o Neodarwinismo (ou *Teoria Sintética*), foi possível descobrir que não é o indivíduo que transmite a seus descendentes as mutações adquiridas ao longo do tempo. Sabe-se que as características de um ser vivo são codificadas nos genes. Assim, de acordo com Richard Dawkins, "a unidade fundamental da seleção natural e, portanto, do interesse próprio, não é a espécie, nem o grupo, nem mesmo, a rigor, o indivíduo — é o gene, a unidade da hereditariedade" (DAWKINS, 1979, p. 22). Matos esclarece que

> [...] o modelo explicativo pretendido por Dawkins, não necessariamente se limita aos genes, evoluindo no ambiente orgânico. Outro tipo de replicador pode ser imaginado, competindo e evoluindo em outro tipo de ambiente. O ambiente em questão pode ser identificado com uma definição suficientemente ampla de "cultura", derivada da ação do homem no mundo, na maioria absoluta das vezes por intermédio da linguagem.

---

[5] A Abadia de Westminster é uma igreja anglicana, onde são celebrados casamentos reais e coroações da realeza inglesa.

> A cultura entendida, portanto, como o ambiente formado pela interação, o relacionamento e a transmissão da experiência dos indivíduos humanos entre si (MATOS, 2008, p. 38).

Assim sendo, pode-se falar em uma transmissão cultural[6], que, para Dawkins, "é análoga à transmissão genética no sentido de que embora seja basicamente conservadora, pode originar um tipo de evolução" (DAWKINS, 1979, p. 146).

Como evidenciou Matos, a tese de que a cultura é um resultado do processo de evolução da espécie humana é defendida por diversos estudiosos. Para Gordon Childe, por exemplo, "as modificações revolucionárias que contribuíram para fazer o homem estão intimamente ligadas entre si, e às modificações culturais feitas pelo próprio homem" (CHILDE, 1986, p. 41)

Assim, a evolução cultural está estreitamente relacionada às inovações tecnológicas, acompanhada pelo aumento do cérebro, o crescimento da população e a abrangência geográfica conquistada. Entretanto, o controle do fogo por seus ancestrais representou o ponto de virada no aspecto cultural da evolução humana. Conforme Câmara Cascudo:

> [...] o fogo, representação do sol, aquecendo, assando e depois cozendo os alimentos, preparando as peles, [...], deu a impressão de conforto, segurança e tranquilidade, criando ambiente para a vida comum. Onde estava o lume, estava a família. A lareira se tornou sede religiosa, centro irradiante de tradições, narradas pelos mais velhos aos mais novos ao calor reconfortante. [...]. Com o lume nasceu o culto dos mortos, os deuses larários, [...], os antepassados (CASCUDO, 1988, p. 331).

Em torno do fogo, portanto, reuniam-se os primeiros agrupamentos, sementes de onde germinou o corpo social. Assim, o ser humano tornou-se, por meio de um longo percurso evolutivo, um ser social à medida que desenvolveu seu intelecto, atingindo tal grau de complexidade capaz de produzir linguagens e conhecimentos que permitiram uma melhor e sempre maior adaptação ao ambiente em que se encontra.

É possível, pois, entender que esse ser social está em constante mudança. Na obra *Para a Ontologia do Ser Social,* Georg Lukács apresenta "como estrutura fundamental a polarização entre dois complexos dinâmicos

---

[6] Considera-se, aqui, o conceito de cultura apresentado por Anthony Giddens (2005) para quem a cultura é um conjunto de aspectos das sociedades humanas que são aprendidos e não herdados. Esses aspectos formam um contexto comum a todos os indivíduos de uma sociedade específica, que engloba aspectos imateriais — crenças, ideias, calores — e aqueles materiais — objetos, símbolos, entre outros.

que se opõem e se superam no processo de reprodução sempre renovado: o ser humano e a própria sociedade" (LUKÁCS, 2018, p. 157). Discorrendo sobre esse ser humano, o autor lembra que ele é um ser biologicamente existente, portanto, de natureza orgânica, que segue o curso natural do nascer, crescer e morrer. Nesse curso, há a percepção dos sentidos como respostas aos estímulos naturais exteriores, sejam eles físicos ou químicos. Todavia, para Lukács, o "tornar-se-humano" apresenta elementos a mais: a capacidade de adaptar-se ativamente e transformar o ambiente em seu entorno.

Para Lessa, Lukács argumenta que

> [...] a gênese do ser social consubstanciou um salto ontológico para fora da natureza. Se, na natureza, o desenvolvimento da vida é o desenvolvimento das espécies biológicas, no mundo dos homens a história é o desenvolvimento das relações sociais, ou seja, um desenvolvimento social que se dá na presença da mesma básica genética. O que determina o desenvolvimento do homem enquanto tal não é sua porção natural-biológica (ser um animal que necessita da reprodução biológica), mas sim, a qualidade das relações sociais que ele desdobra (LESSA, 2015, p. 94-95).

O processo de sociabilização, ou seja, do ser humano tornar-se sociável, continua assumindo para si as características do tempo e do espaço geográfico. Os estudos sobre esse processo podem nos apontar aparentes extremos. Émile Durkheim reconhece a existência de uma "consciência coletiva" composta por tudo aquilo que habita a mente humana e que serve para orientar o que o indivíduo deve ser, como deve se sentir e se comportar. A esse tudo, o autor chamou de "fatos sociais", os quais "são um produto da atividade humana" (DURKHEIM, 2009, p. 52), germinados pelas ideias, porém, devem ser vistos "como coisas". Esclarece Durkheim:

> [...] tratar fenômenos como coisas é tratá-los na qualidade de *data* que constituem o ponto de partida da ciência. [...]. O que nos é dado não é a ideia que os homens têm do valor [...]. Não é uma ou outra concepção do ideal moral; é o conjunto das regras que determina efetivamente o comportamento. [...]. Não sabemos *a priori* quais as ideias que estão na origem das diversas correntes entre as que divide a vida social, nem sequer se existem; só depois de as ter seguido até às fontes saberemos de onde provêm. Devemos, portanto, considerar os fenômenos sociais em si mesmos, desligados dos sujeitos conscientes que deles têm representações; é preciso estudá-los

> de fora, como coisas exteriores, porque é deste modo que se nos apresentam (DURKHEIM, 2009, p. 60).

Ao afirmar ser o conjunto de regras aquilo que determina efetivamente o comportamento, Durkheim reconhece nas estruturas e na própria sociedade um caráter limitante no que se refere às ações dos indivíduos.

Max Weber, no entanto, compreende o indivíduo como agente relacional de onde nasce a "ação" definida por ele como "um comportamento humano (tanto faz tratar-se de um fazer externo ou interno) sempre que e à medida que o agente ou os agentes o relacionem com um sentido subjetivo" (WEBER, 1991, p. 3). Portanto, é a partir desse agente que surge a "ação social" compreendida na sua intencionalidade, isto é, quando o agente (ou os agentes) direciona o *sentido* mencionado para o comportamento dos *outros*. Eis o diferencial: o *status* ativo e criativo inerente ao comportamento humano.

Nesse sentido, Weber pontua que a "ação social" pode ser determinada por quatro direcionamentos:

> 1) de modo racional referente a fins: por expectativas quanto ao comportamento de objetos do mundo exterior e de outras pessoas, utilizando essas expectativas como "condição" ou "meios" para alcançar fins próprios, ponderados e perseguidos racionalmente [...]; 2) de modo referente a valores: pela crença consciente no valor — ético, estético, religioso ou qualquer que seja sua interpretação — absoluto e inerente a determinado comportamento como tal, independentemente do resultado; 3) de modo afetivo, especialmente emocional: por afetos ou estados emocionais atuais; 4) de modo tradicional: por costume arraigado (WEBER, 1991, p. 15).

Seguindo esse entendimento, Weber reforça a importância de buscar a compreensão dos sentidos dado às ações humanas em suas relações sociais. Na mesma direção, segue o interacionismo simbólico, que, de acordo com Herbert Blumer, se respalda em três premissas:

> [...] a primeira estabelece que os seres humanos agem em relação ao mundo fundamentando-se nos significados que este lhes oferece. [...]. A segunda premissa consiste no fato de os significados de tais elementos são provenientes da ou provocados pela interação social que mantém com as demais pessoas. A terceira premissa reza que tais significados são manipulados por um processo interpretativo (e por este modificados) utilizado pela pessoa ao se relacionar com os elementos com que entra em contato (BLUMER, 1980, p. 119).

Assim, tanto para Max Weber, quanto para os interacionistas simbólicos, o ser humano não é criatura da sociedade, mas o criador desta.

Essas duas linhas teóricas representam um dos fundamentais debates das ciências sociais: o dilema entre a estrutura social (Durkheim) e a ação humana (Weber). Tecendo suas considerações sobre essas duas linhas teóricas, Lima e Carvalho Neto traz à baila as preposições de Anthony Giddens, sociólogo britânico, para quem existe um processo de retroalimentação entre elas, o qual ele chamou de *teoria da estruturação* (estrutura + ação). De acordo com Giddens,

> [...] as sociedades, comunidades ou grupos apenas têm uma "estrutura" na medida em que as pessoas agem de um modo regular e previsível. Por outro lado, a "ação" apenas é possível na medida em que cada um de nós, como indivíduo, possui uma enorme quantidade de conhecimento socialmente estruturado. A melhor forma de explicar a estruturação é através do exemplo da linguagem. A linguagem tem de ser estruturada socialmente - existem características da utilização da linguagem que qualquer orador tem de observar. O que alguém diz num determinado contexto, por exemplo, não faria sentido se não seguisse um certo conjunto de regras gramaticais. Contudo, as qualidades da linguagem apenas existem, na medida em que os indivíduos que a utilizam seguem realmente estas regras na prática. A linguagem está constantemente em processo de estruturação (GIDDENS, 2008, p. 670).

Na formação do tecido social, seja pela "consciência coletiva" e pelos "fatos sociais" prenunciados por Émile Durkheim, ou pela "ação social" definida por Max Weber, ou pelo "interacionismo simbólico" sistematizado por Herbert Blumer, ou pela "reprodução" posta por Georg Lukács, ou, ainda, pela "estruturação" proposta por Giddens, brota, em todos os níveis de organização social, a figura da liderança como um fenômeno complexo, multifacetado, de interesse inter e multidisciplinar. O que, então, caracteriza a liderança? É a que se propõe a investigação a seguir.

2.2 COMPREENSÃO DE LIDERANÇA E SUAS ABORDAGENS

No mundo atual, início da terceira década do século XXI, a competitividade do mercado financeiro aponta para uma liderança de resultados que contribua efetiva e eficazmente para o crescimento econômico. Essa característica é intrínseca à política de organizações que adotam como parâmetro a gestão de resultados. Aqui, porém, será abordado outro tipo de liderança, aquela que se alicerça nas relações sociais e que, tanto quanto a primeira, busca resultados, porém, tendo como elemento básico o capital social. Portanto, as organizações, porque sociais, entendem seus resultados respaldados nas conquistas cidadãs.

Ao refazer o percurso histórico do conceito de cidadania, vale salientar que, para Thomas Humphrey Marshall (1967), a ideia é processual e está em contínua transformação. Assim, apresenta três elementos, localizando-os em épocas históricas diferentes, porém no mesmo espaço geográfico do Ocidente: os direitos civis que tomaram corpo no século XVIII, os direitos políticos (cuja ênfase deu-se no século XIX) e os direitos sociais (em plena ebulição no século XX). A luta por essas prerrogativas envolvia os direitos de ir e vir, de propriedade, de credo, de imprensa, de justiça); mais do que a conquista do direito de votar e ser votado, a consciência da importância da participação na vida política do Estado e do poder local; a luta por direitos mínimos que garantissem o bem-estar social e econômico, o que incluía, entre outros, os sistemas educacional e previdenciário.

Esses três elementos são postos em um tabuleiro comum, onde as peças do jogo do poder entram em cena. De um lado do tabuleiro, a classe dominante, com suas lideranças, que luta para não abrir mão de seus privilégios; do outro lado, também com suas lideranças, a outra face do corpo social que luta por adquirir direitos.

Quando o jogo começa, ora os lados caminham para uma mesma direção — o que raramente ocorre —, ora se divorciam; ora estabelecem alianças, ora se digladiam; ora avançam; ora retrocedem. Isto é, inserem-se e são movidos, como visto, no contexto político e socioeconômico considerando o tempo e o lugar. Compreende-se, então, o quanto cada conquista é importante, porque resultado de ferrenhos enfrentamentos, afinal, a luta por direitos requer coragem e persistência.

Considerando a importância desse jogo de forças, não há entre os teóricos um consenso sobre o conceito de liderança. Para Sandro Bergue, "os traços de liderança são contingenciais, são ditados pelo momento histórico, ambiente, nível organizacional, pelas condições e características do grupo e da atividade" (BERGUE, 2010, p. 95). Mesmo sem o consenso conceitual, Lima e Carvalho Neto apontam um único pressuposto convergente às várias abordagens sobre liderança, ou seja, "a capacidade de um agente 'A' interferir na escolha e opinião de um agente 'B'" (LIMA; CARVALHO NETO, 2011, p. 5). Assim, é possível entender a liderança como um fenômeno que contém em seu âmago a "ação", e, ao mesmo tempo, está inserida em uma estrutura social.

Em seus estudos sobre liderança, Lima e Carvalho Neto (2011, p. 6-11) apresentam cinco abordagens. A primeira é denominada *abordagem da personalidade*. Aqui, duas características são colocadas em pauta: a) o grande homem — o líder identificado como aquele indivíduo "capaz de atrair seguidores por ter atributos pessoais, como o carisma, que inspiram confiança, respeito e lealdade para os outros". É modelo. Simbolicamente, é o herói. Nessa perspectiva, os estudos estavam direcionados a elementos encontrados na história e na personalidade de grandes homens e grandes mulheres; b) buscando outra característica da *personalidade*, os estudos orientam-se às "maneiras como os indivíduos se alçam às posições de chefia".

A segunda, chamada de *abordagem comportamental*, "preconiza que a liderança pode ser aprendida sob forma de técnicas de desenvolvimento pessoal, modificando e adaptando comportamentos para formar líderes". Foge, pois, do caráter inato que está intrínseco à primeira abordagem.

A terceira, intitulada como *abordagem situacional e contingencial*, aponta para o afloramento circunstancial de características e aptidões para o exercício da liderança exigida por situações inesperadas ou emergenciais. Sempre com base nos estudos de Lima e Carvalho Neto, esse tipo de liderança pode-se dar no contexto intraorganizacional com foco na produtividade, ou em uma expectativa extraorganizacional que, nesse caso, "por meio dos recursos de que dispõe, este líder deve ser capaz de criar soluções para se adaptar às exigências da contingência".

A quarta, denominada *abordagem transacional*, consiste na troca entre líderes e liderados, ou seja, o líder é capaz de entender as necessidades e desejos de seus liderados e trabalha para garantir-lhes a satisfação. Por outro lado, os liderados devem cumprir as tarefas preestabelecidas, com eficiência e eficácia, obedecendo às regras determinadas. Afinal, é esta a moeda de troca.

A quinta intitula-se *abordagem transformacional*, cuja "consequência premeditada consiste na pretensa capacidade de o líder criar uma visão de futuro". Assim, pode ser definida como um processo de solicitação do empenho dos liderados num contexto de partilha de valores e de visão.

A complexidade do exercício da liderança está em todos os tipos de organização, quer seja empresarial, quer seja política, quer seja social quer seja religiosa. Assim, as *abordagens* apresentadas podem ser identificadas nesses tipos organizacionais e em todos os outros. Ao mesmo tempo, é possível encontrar nesse exercício os postulados da *teoria da estruturação* formulada por Giddens.

Alicerçados nessa base, o trecho a seguir adentrará nas discussões teóricas sobre poder, dominação e disciplina para, posteriormente, estabelecerá possíveis interfaces com o exercício da liderança.

2.3 PODER, DOMINAÇÃO E DISCIPLINA

O primeiro passo a nortear este estudo é entender como as lideranças são exercidas e, nesse exercício, quais são os traços dos três aspectos entranhados e, portanto, retroalimentares: poder, dominação e disciplina, tanto sob o prisma do líder, quanto na perspectiva dos liderados.

De início, é preciso entender a concepção de poder. É evidente que os teóricos, cada um em sua área específica, tendem a dar um timbre sobre seus entendimentos a respeito do tema ora proposto. Todavia, percebe-se uma convergência quase absoluta: o poder é um conceito relacional, ou seja, não é uma propriedade que alguns atores possuem e outros não. Seu lugar de constituição são as relações humanas estudadas sob diferentes pontos de vista e a partir de diferentes ângulos. Com esse pressuposto inicial, buscar-se-á sucintamente a compreensão de quatro teóricos: Max Weber, Karl Marx, Pierre Bourdieu e Michel Foucault.

Para o primeiro teórico, o "poder" é uma "probabilidade de impor a própria vontade numa relação social mesmo contra resistências, seja qual for o fundamento dessa probabilidade" (WEBER, 1991, p. 33). Ele demonstra que as relações sociais estão permeadas de relações de poder e, por conseguinte, há uma transposição de foco, isto é, aquele grupo cujas relações estavam alicerçadas na tradição e nos sentimentos subjetivos agora adquirem o foco da racionalidade balizado pelo cálculo compensatório de ações que se define pelos objetivos preestabelecidos.

É da interação entre a racionalidade daquilo que se quer e do cálculo estratégico para se alcançar o objetivado que surge um conceito central da teoria weberiana: a *dominação*. Portanto, o poder é exercido através da dominação definida como "a probabilidade de encontrar obediência a uma ordem de determinado conteúdo, entre determinadas pessoas indicáveis" (WEBER, 1991, p. 33). Weber considera a dominação como um dos elementos mais importantes da ação social, a ponto de estabelecer uma *sociologia da dominação* (WEBER, 1999). Ela alimenta, baliza e legitima o poder. Em outras palavras, poder e dominação se retroalimentam.

Da relação entre poder e dominação, ainda de acordo com Weber, surge um terceiro elemento: a disciplina, que, para o autor, "é a probabilidade de encontrar obediência pronta, automática e esquemática a uma ordem, entre uma probabilidade indicável de pessoas, em virtude de atividades treinadas" (WEBER, 191, p. 33). A obediência é adquirida e não inata.

Discorrendo sobre a relação social, Weber acrescenta um quarto elemento que se agrega ao poder: a *luta*. Para Weber (191, p. 23), "uma relação social denomina-se luta quando as ações se orientam pelo propósito de impor a própria vontade contra a resistência do ou dos parceiros". De conformidade com os meios utilizados, a *luta* pode ser pacífica quando não engloba a agressão física; torna-se *concorrência* quando direcionada, pacífica e declaradamente, para obtenção do poder disputado por outras pessoas, e passa a ser considerada *concorrência regulada* quando fins e meios estão submetidos a uma ordem preestabelecida. Por fim, lembra a *luta latente* pela própria existência e inclui a *seleção social* "quando se trata das possibilidades que pessoas concretas têm na vida" (WEBER, 1991, p. 23-24). Para Teixeira e Migon,

> [...] o elemento central do *poder* weberiano é, portanto, caracterizado pela conjunção da imposição da vontade com resistência, gerando o conflito. A superação desta é a evidência empírica do *poder* de fato, que, semanticamente, acaba por se equivaler (e complementar) ao conceito de luta (TEIXEIRA; MIGON, 2017, p. 182-183).

Para o filósofo, sociólogo e economista alemão Karl Marx, em sua obra *O Capital* (1985), no mundo pós-Revolução Industrial (a partir da segunda metade do século XVIII), o poder se transferiu para as mãos de quem possui os meios materiais de produção de capital — na época, as fábricas e as propriedades rurais. Por meio dessa posse — que significa *poder* —, o proprietário submete seus empregados numa relação clara de dominação e exigência de disciplina — horário de trabalho, produção, utilização correta dos meios de produção, e assim por diante. Para Marx, nessa relação de dominação e subordinação está a raiz das injustiças sociais. A partir daí, explica o conceito de *mais-valia*, onde coloca em evidência a injusta relação entre a força de trabalho, o tempo de realização e o lucro obtido, base do sistema capitalista.

Em relação à força de trabalho, Karl Marx colocou em pauta uma outra perspectiva. Pressupunha o trabalho sob forma exclusivamente humana. Assim, diante da fantástica distância histórica entre o trabalhador, com seu desenvolvimento intelectual, e o homem primitivo, com sua forma ainda instintiva de trabalho, de acordo com o exposto anteriormente nesta pesquisa, quando abordada a *evolução cultural*, o ser humano não apenas transforma o material sobre o qual opera, mas imprime nesse mesmo material uma ação consciente.

A *luta*, no pensamento de Karl Marx, reporta-se àquela de classes com o objetivo claro de fazer o proletariado assumir o controle dos meios de produção. Para tanto, concebe um poder central — representado pelo Estado —, cuja função primordial é a gestão da propriedade como garantia de relações sociais justas, envolvendo toda a classe de trabalhadores.

Pierre Bourdieu, sociólogo francês, concebe as relações de poder, explícitas ou implícitas, conscientes ou não, inundando as relações humanas em sua totalidade e em todos os campos que fazem parte do espaço social. Entretanto, existe um aspecto comum na estrutura de todos os campos: a luta pelo poder, a qual pode ser definida como lutas concorrenciais. Para o sociólogo,

> [...] o campo do poder (que não deve ser confundido com o campo político) não é um campo como os outros: ele é o espaço de relações de força entre os diferentes tipos de capital ou, mais precisamente, entre os agentes suficientemente providos de um dos diferentes tipos de capital para poderem dominar o campo correspondente e cujas lutas se intensificam sempre que o valor relativo dos diferentes tipos de capital é posto em questão (BOURDIEU, 1996, p. 52).

Assim sendo, na concepção de Bourdieu, um campo faz parte do espaço social. É no palco das posições e contraposições de agentes e de instituições, mediante o cabedal de seus capitais (econômico, social, cultural etc.) e o peso que estes possuem, que surgem as posições de dominação e de domínio. Em relação ao capital, considera como os mais importantes em nossa cultura ocidental: o capital econômico, o capital simbólico e o capital cultural.

Vale ressaltar que, no arcabouço teórico da sociologia, o conceito de *campo intelectual* — campo de produção de bens simbólicos — desenvolvido por Bourdieu, marca uma ruptura na sociologia da cultura. No campo de bens simbólicos, o poder diz respeito à disputa pela autoridade, pela legitimidade, pela autenticidade e pelo domínio dos signos, dos sentidos, das interpretações.

Na sua obra sobre o poder, o filósofo francês Michel Foucault (2015) esmiúça seu conceito e apresenta a Revolução Industrial como um grande divisor de águas. Para ele, até então, era possível falar em uma *macrofísica do poder*, ou seja, um poder grande e centralizado. A partir de então, Foucault compreende que o poder adquiriu microformas e as relações sociais assumiram o caráter de *microfísicas do poder*. Assim, esclarece que, após o surgimento do capitalismo industrial liberal, o poder passou a dissolver-se em várias e diferentes instituições de controle. Se antes o controle era instituído pelo rei, agora ele é feito pela escola, pela indústria, pelas associações e/ou organizações, pelos órgãos de classe, pelas prisões, pelos partidos políticos, e assim por diante.

O que há de convergente entre esses teóricos é a compreensão de que o poder se estabelece nas relações sociais presentes nos diversos campos que compõem o espaço social. Nessas relações, os papéis são delineados de forma natural ou impostos pelo peso da acumulação de seus capitais, entre dois atores: o dominador e o dominado. Nesse contexto, a dominação requer de seus subordinados a obediência àquilo que foi preestabelecido e a disciplina como garantia da ordem em suas implicações econômicas, sociais, culturais. Não há espaço para a subversão. Todavia, é justamente esta que estabelece o jogo do poder, uma vez que, sem a quebra de paradigmas, a própria sociedade mergulha na estagnação.

2.4 FORMAS DE PODER

A fim de compreender as *formas de poder* que hoje se embrenham na sociedade ocidental, o presente estudo buscou âncora nos enunciados de Norberto Bobbio, jurista e filósofo político italiano. Para ele, depois de considerar vários critérios, o poder assume "uma tipologia ao mesmo tempo simples e iluminadora" (BOBBIO, 1987, p. 82): a tipologia dos três poderes — econômico, ideológico e político.

No que se refere ao *poder econômico*, poder-se-ia dizer que este é representado pela riqueza, pelos bens materiais. Bobbio, porém, adentra seu significado e o define

> [...] como aquele que se vale de certos bens, necessários ou percebidos como tais, numa situação de escassez, para induzir os que não os possuem a adotar uma certa conduta, consistente principalmente na execução de um trabalho útil. Na posse dos meios de produção reside uma enorme fonte de

> poder por parte daqueles que os possuem contra os que não os possuem, exatamente no sentido específico da capacidade de determinar o comportamento alheio. Em qualquer sociedade onde existem proprietários e não proprietários, o poder do proprietário deriva da possibilidade que a disposição exclusiva de um bem lhe dá de obter que o não proprietário (ou proprietário apenas da sua força-trabalho) trabalhe para ele e nas condições por ele estabelecidas (BOBBIO, 1987, p. 82).

Nessa sua definição, é possível encontrar elementos de extrema importância. Em primeiro lugar, o fato de a identificação, por parte do autor, do aproveitar-se da escassez, o que aponta para o processo de desumanização provocado pelo capitalismo liberal.

Nessa mesma identificação, e até como uma de suas faces, a indução de condutas que garantam o trabalho útil para o empregador. Em segundo lugar, o poderio econômico que confere ao seu detentor o determinante poder em relação ao comportamento de outrem, mais diretamente de seu subordinado, que confere e, ao mesmo tempo, baliza o direito de elaboração de códigos de condutas e comportamentos concebidos pelo mandatário, mas que somente aos subordinados compete cumprir. O terceiro, a determinação das condições de trabalho também se apresentam de mão única, ou seja, é determinação de quem detém o econômico.

Quanto ao *poder ideológico*, Bobbio mexe num vespeiro. Por quê? Antes de qualquer coisa, porque atesta um poder tão questionável e questionado quanto os outros. Segundo as críticas apresentadas por Paul Johnson, escritor, jornalista e historiador britânico, a classe dos intelectuais tomou fôlego, quando, no século XVIII, com a Revolução Francesa e a separação entre Igreja, e Estado, clero começou a perder seu poder econômico e pastoral, o que significou ser desempossado do posto de detentor do saber, do poder de determinar normas e preceitos. O clero salvaguardava a sabedoria do passado e o legado da tradição.

Com o declínio do clero, criou-se um vácuo que, de alguma forma, deveria ser preenchido. Assim, os intelectuais, independente de suas crenças ou ausência destas, estavam dispostos a assumir o papel de determinar como os homens deviam agir diante dos problemas da sociedade. Escreveu Johnson que a classe dos intelectuais

> [...] deu a essa tarefa auto-imposta um sentido muito mais radical do que tinham dado seus predecessores do clero. Não se sentiam limitados por nenhum *corpus* de uma religião

revelada. A sabedoria do passado, o legado da tradição, os códigos prescritos por uma experiência ancestral existiam para ser seletivamente seguidos ou para ser completamente rejeitados, dependendo apenas do bom senso de cada um (JOHNSON, 1990, p. 11).

Porém, as críticas de Paul Johnson não pararam por aí e assumiram um tom contundente. Senão,

> [...] pela primeira vez na história humana — e com uma arrogância e uma audácia crescentes —, os homens se diziam capazes de diagnosticar os males da sociedade e curá-los com sua inteligência auto-suficiente; mais: diziam ser capazes de traçar um plano pelo qual não apenas a estrutura social, mas os hábitos básicos do ser humano podiam ser transformados para melhor. Ao contrário de seus antecessores sacerdotais, eles não eram servos nem intérpretes dos deuses; eram seus substitutos (JOHNSON, 1990, p. 11).

Talvez por essa consciência, Bobbio tenha colocado no centro de suas reflexões a respeito desse poder a responsabilidade desses atores sociais. Para esse autor, a responsabilidade é o dever de medir previamente as consequências da própria palavra, das próprias ações. Como conceito, assim consta no Dicionário de Política:

> [...] o poder ideológico se baseia na influência que as ideias formuladas de um certo modo, expressas em certas circunstâncias, por uma pessoa investida de certa autoridade e difundidas mediante certos processos, exercem sobre a conduta dos consociados: deste tipo de condicionamento nasce a importância social que atinge, nos grupos organizados, aqueles que sabem, os sábios, sejam eles os sacerdotes das sociedades arcaicas, sejam os intelectuais ou cientistas das sociedades evoluídas, pois é por eles, pelos valores que difundem ou pelos conhecimentos que comunicam, que se consuma o processo de socialização necessário à coesão e integração do grupo (BOBBIO; MATTEUCCI; PASQUINO, 1998, p. 955).

A terceira forma é o *poder político*. Aqui, se encontra uma contraposição entre Bobbio e Hannah Arendt. Enquanto o italiano estabelece que "o poder político se baseia na posse dos instrumentos mediante os quais se exerce a força física" (BOBBIO; MATTEUCCI; PASQUINO, 1998 p. 955), Arendt (2002), filósofa política judia, entende que a dignidade da política é a dignidade do ser humano; que a política é o espaço entre os homens e, como tal, não cabe a violência em nenhuma de suas formas. Se está se instalar, não é mais possível falar em política porque não existe mais a interlocução.

Todavia, são estas as colocações de Bobbio:

> [...] definir o poder político como o poder cujo meio específico é a força serve para fazer entender porque é que ele sempre foi considerado como o sumo poder, isto é, o poder cuja posse distingue em toda sociedade o grupo dominante. De fato, o poder coativo é aquele de que todo grupo social necessita para defender-se dos ataques externos ou para impedir a própria desagregação interna.

Entre as outras formas de poder, é importante para esta obra a referência ao *poder social*, definido por Mendonça e Dias (2006) como a habilidade para influenciar as pessoas. Para Weber,

> [...] o poder social não é o resultado geral das três dimensões do poder, ele é simplesmente uma dimensão na multiplicidade de relações de poder. O poder social é a distribuição, negativa ou positiva, de prestígio entre os grupos de *status*. A categoria de prestígio é expressa no significado, mas não é em si mesma, normativa ou ideológica. É uma prática, um estilo de vida, uma incorporação de conduta e do hábito, é visível e forma uma base social (SILVA; CARVALHO NETO, 2012, p. 25).

Todavia, Bobbio (1987) afirma que, entre essas três *formas de poder*, portanto, — e, aqui, está incluído o *poder social* —, existe um elo comum: a contribuição conjunta para que se instituam e se mantenham sociedades desiguais, fracionadas entre ricos e pobres decorrentes do *poder econômico*; sábios e ignorantes com base no *poder ideológico*; fortes e fracos, de acordo com o *poder político*. "Genericamente, em superiores e inferiores" (BOBBIO, 1987, p. 83).

2.5 CARISMA E DOMINAÇÃO (OU LIDERANÇA?) CARISMÁTICA

Partindo do conceito do próprio Max Weber sobre *carisma*:

> [...] denominamos *"carisma"* uma qualidade pessoal considerada extra cotidiana (na origem, magicamente condicionada, no caso tanto dos profetas quanto dos sábios curandeiros ou jurídicos, chefes de caçadores ou heróis de guerra) e em virtude da qual se atribuem a uma pessoa poderes ou qualidades sobrenaturais, sobre-humanos ou, pelo menos,

> extraordinários específicos ou então se a toma como enviada por Deus como exemplar e, portanto, como *líder*. [...]: o que importa é como de fato ela é avaliada pelos carismaticamente dominados — os *"ADEPtos"* (WEBER, 1999, p. 158-159).

Nesse conceito, Weber analisa a existência de *líderes* a partir de uma excepcional "qualidade pessoal", de um *dom* e, como tal, fora da normalidade, acima da média, o que atribui a esses *líderes* capacidades extraordinárias que se espraiam e permeiam suas ações, conferindo-lhes "poderes ou qualidades sobrenaturais" que se impõem e assumem o perfil de missão, seja qual for o direcionamento de suas ações: de caráter religioso, cultural, bélico, político, filantrópico, e assim por diante.

> Toda a expressão do processo carismático, as novas regras, a força, as provas que demonstram a legitimidade do Carisma e da missão se colocam, de modo revolucionário em relação à situação institucionalizada, mediante uma experiência social que exige *conversão* nas atitudes e comportamento dos sequazes, como do próprio chefe (BOBBIO, MATTEUCCI; PASQUINO, 1998, p. 149).

Antes de mais nada, os *adeptos* surgem do reconhecimento das prerrogativas mencionadas. Tal reconhecimento pressupõe duas posições antagônicas e complementares: por um lado, o reconhecimento do *dom*, das notáveis capacidades inacessíveis à maioria das pessoas; por outro lado, mesmo se de forma inconsciente, o reconhecimento da própria pequenez, da incapacidade de fazer e pensar coisas grandes, fora do comum.

Os adeptos perdem a própria voz, falam através do discurso do *líder*, assumem a palavra do *líder* como se fosse sua própria. Assim, absorvem o *dever* de obediência às regras ditadas por esse mesmo *líder*. Forma-se a massa que pende para o lado que oferecer mais vantagem, que exercer maior fascínio. Aqui, o fio de navalha entre assumir alguma responsabilidade ou transferi-la para os ombros de quem os representa; entre o discernimento e a insensatez na escolha de suas próprias lideranças; entre as necessidades pessoais e aquelas coletivas.

São os *adeptos* que oferecem o livre reconhecimento e conferem validação ao carisma. No aspecto psicológico, "esse reconhecimento é uma entrega crente e inteiramente pessoal nascida do entusiasmo ou da miséria e esperança" (WEBER, 1991, p. 159). A validade ou legitimidade, lembra Weber, primeiro é decorrente de milagres consolidados em provas eficazes e úteis, capazes de robustecer a fé dos seguidores. Se não há provas, esvanece o brilho do carisma até que ele perca sua funcionalidade. Nesse sentido, Weber explica que

> [...] se por muito tempo não há provas do carisma, se o agraciado carismático parece abandonado por seu deus ou sua força mágica ou heroica, se lhe falta o sucesso de modo permanente e, sobretudo, *se sua liderança não traz nenhum bem-estar aos dominados*, então há a possibilidade de desvanecer sua autoridade carismática. Esse é o sentido carismático genuíno da dominação "pela graça de Deus" (WEBER, 1991, p. 159).

De acordo com Bobbio, Matteucci e Pasquino (1998), o processo de legitimação de um carisma passa por alguns mecanismos que garantam a continuidade sempre ligada a um líder. O primeiro é o vínculo de parentesco, com direito a aquisição hierárquica; o segundo é aquele denominado de contato; e o terceiro, é o da outorga, ou seja, do Carisma por ofício.

> O exemplo histórico da Igreja católica é apresentado como um caso clássico deste tipo de institucionalização. Não obstante a oposição teórica entre o caráter pessoal do Carisma e o caráter formal da instituição, esta forma de transmissão faz coincidir os dois termos, somando a força dos dois diversos tipos de autoridade que aí se reúnem: a autoridade legal (BOBBIO; MATTEUCCI; PASQUINO, 1998, p. 150).

Diante do exposto, apreende-se que a situação carismática é ambivalente. Oscila entre a fortaleza, quando se reveste da validação conferida por seus seguidores, e a fragilidade, quando experimenta o desgaste conferido pela ausência de fatos comprobatórios. Assim, seus limites são estabelecidos processualmente e estão diretamente ligados ao surgimento de uma estrutura oficialmente organizada, ao papel do chefe, de seus adeptos e de seus sucessores.

No que se refere à *dominação legítima*, Max Weber (1991, p. 141) afirma que existem três tipos *puros*: aquela de caráter *racional*; a de caráter *tradicional*; e a de caráter *carismático*. No que se refere à dominação de caráter *racional*, acredita-se na legitimidade das ordens estabelecidas e, em virtude destas, o direito de mando daqueles que foram nomeados para exercer a dominação legal. Fundamentada em estatutos, é de ordem impessoal, objetiva e legalmente constituída.

Quanto à dominação de caráter *tradicional*, a crença repousa na santidade das tradições e, em nome destas tradições, legitimam-se aqueles que representam a autoridade. Portanto, obedece-se àquele nomeado pela tradição e a está vinculado. Por fim, a de caráter *carismático* encontra-se "baseada na veneração extraordinária da santidade, do poder heroico ou do caráter exemplar de uma pessoa e das ordens por esta reveladas ou criadas". Neste caso, a obediência é ao *líder* carismaticamente reconhecido como tal, "em virtude de confiança pessoal em revelação, heroísmo ou exemplaridade dentro da crença desse seu carisma".

Considerando o foco de nossa tese, um desses três tipos será abordado com maior profundidade: a *dominação carismática*. Para Max Weber,

> [...] a dominação carismática [...], é especificamente irracional no sentido de não conhecer regras. [...]; derruba o passado (dentro de seu âmbito) e, nesse sentido, é especificamente revolucionária. Esta não conhece a apropriação do poder senhorial ao modo de uma propriedade de bens, seja pelo senhor, seja por poderes estamentais. Só é "legítima" enquanto e na medida em que "vale", isto é, encontra reconhecimento, o carisma pessoal, em virtude de provas; e os homens de confiança, discípulos ou sequazes só lhe são "úteis" enquanto tem vigência sua confirmação carismática (WEBER, 1991, p. 160).

Para Weber, o foco de análise não é tanto aquilo que faz de uma determinada pessoa um líder — inclusive, o carismático — ou a natureza elementar do carisma, mas, sim, a relação entre dominador — no caso, o líder carismático — e o dominado, ou seja, os adeptos, aqueles que o autor chama de sequaze. Assim sendo, em Weber somente existe um evento carismático de forma relacional, e em uma relação de dominação que nasce, como analisado, do reconhecimento dos seguidores — o que caracteriza a validação do carisma e de sua liderança.

Este trabalho, portanto, usará a plataforma acima descrita, a fim de estudar a cidade do Cabo de Santo Agostinho, na Região Metropolitana do Recife, doravante denominada apenas Cabo, como é comumente chamada, para encontrar padre Melo e adentrar em sua experiência junto aos trabalhadores rurais deste município.

2.6 A FEITURA DE UMA CIDADE À LUZ DOS TEÓRICOS

Para falar sobre padre Melo, é importante localizá-lo no tempo e no espaço geográfico. Para o livro, o período é o de 1963-1977, e o chão é a cidade do Cabo. Aspectos históricos da cidade serão abordados de forma breve, passando, em seguida, à história do padre Melo.

A história deste município é *sui generis*, a começar pela disputa entre espanhóis e portugueses, no sentido de buscar a validação de quem, por primeiro, aportou nessas *terras brasilis*. A história oficial garante que a primeira "invasão" se deu por portugueses, em Porto Seguro, estado da Bahia. Todavia, há o fato histórico de que Vicente Yañez Pinzón, navegador espanhol, havia participado da viagem de Cristóvão Colombo à América, em 1492. Historiadores, como Pereira da Costa e Manuel Correia de Andrade, confirmam sua passagem pelo Brasil. Segundo Andrade:

> Vicente Yañez Pinzón, [...] partiu de Palos na Espanha no início de dezembro de 1499, com uma frota de quatro embarcações e contando com o apoio de experimentados navegantes. Dirigindo-se inicialmente para as ilhas do arquipélago de Cabo Verde, daí partindo, a 13 de janeiro, em direção à América. A viagem foi longa durando mais de um mês, feita por mares desconhecidos, enfrentando mar forte e revolto em certas ocasiões. Teve a honra de atravessar a linha do Equador antes de qualquer outro navegador, na área do Atlântico americano, e a 20 de fevereiro, descobriu terras muito vastas e habitadas, era o cabo de Santo Agostinho; tendo ele se antecipado a Cabral, em seu descobrimento oficial. Por isto, o município do cabo de Santo Agostinho comemora o descobrimento do Brasil nesta data e considera Pinzón e não Cabral como o verdadeiro descobridor do nosso país (ANDRADE, 2004, p. 14).

Embora Andrade fale em 20 de fevereiro, é consenso entre os historiadores que a chegada de Pinzón ao Cabo aconteceu em 26 de janeiro de 1500, três meses antes de Cabral aportar em Porto Seguro, Bahia.

Pinzón permanecera três dias na enseada de Suape e deu a esta terra o nome de Santa Maria de La Consolación. O Jornal do Commercio, em sua edição de 26 de janeiro de 2000, noticiou a visita de uma comitiva composta por historiadores e autoridades espanholas para promoverem uma série de debates e comemorações em torno desta prerrogativa histórica. Motivo de orgulho para os cabenses, o Brasil começou por sua cidade.

Outro fato, desta feita geográfico, que faz parte desse perfil inusitado da Cidade do Cabo, está diretamente ligado à *Teoria da Deriva dos Continentes*. De acordo com o *Atlas Geográfico Escolar* do Instituto Brasileiro de Geografia e Estatística – IBGE –, a teoria afirma que

> [...] há centenas de milhões de anos, todos os continentes formavam um só bloco, a **Pangéia** (do grego pan = toda e geo = terra). Ao longo de milhões de anos, com o movimento das placas tectônicas a Pangéia dividiu-se inicialmente em duas partes: Gondwana e Laurásia. Daí pra frente foram fragmentadas, até assumir o formato atual (IBGE, 2007, p. 13).

De acordo com estudos realizados pelo Departamento de Geologia e Engenharia de Minas da Universidade Federal de Pernambuco e publicado pelo jornal *Diário de Pernambuco*, em sua edição de 14 de julho de 2002, o Cabo foi o último ponto de ligação entre a África e a América do Sul.

O nome da cidade também possui uma particularidade. No ano seguinte ao "descobrimento" da Terra de Santa Cruz, Portugal organizou a primeira expedição com a missão de reconhecimento daquelas terras (sob a liderança de Gonçalo Coelho). Com o calendário litúrgico católico em mãos, saiu batizando os lugares por onde passou. Em conformidade com Eduardo Bueno (1999), o primeiro lugar avistado nas novas terras foi justamente um cabo como acidente geográfico, definido como uma faixa de terra que singra o mar, também classificado como uma península estreita. A este acidente geográfico deu o nome de Cabo de Santo Agostinho, justamente por ter sido avistado no dia 28 de agosto, o dia consagrado a este santo.

Esta mesma expedição chegou à foz de um grande rio, precisamente no dia 4 de outubro de 1501, atualmente na divisa dos estados de Alagoas e Sergipe. Seguindo o estabelecido, esse imenso rio recebeu o nome do santo do dia, são Francisco, como até hoje é denominado o rio da integração nacional.

A partir da necessidade de a Coroa portuguesa ocupar efetivamente as terras garantidas pelo Tratado de Tordesilhas, deu-se o advento das Capitanias Hereditárias, cuja ideia era estruturar nesse território fontes de riquezas para si. Em seguida, com a chegada do donatário Duarte Coelho a Pernambuco, como todo o litoral da então Capitania, o Cabo se transformou em terra de engenhos de açúcar graças à distribuição de terras sob a concessão oficial de sesmarias do donatário a seus sucessores que vieram fazer fortuna nas novas terras.

Essas concessões tinham um objetivo claro: era desejo de Duarte Coelho transformar sua Capitania em um grande polo produtor de açúcar, considerado, na época, o ouro branco. Mas em que consistiam as *sesmarias*? De acordo com Évelyn Carra, a *Lei das Sesmarias* foi promulgada em 1375, no período do reinado de Dom Fernando I, como forma de enfrentamento às reiteradas crises enfrentadas pela produção agrícola. Para Carra,

> [...] o baque mais proeminente, foi o da peste negra, cujas diversas epidemias ocasionaram uma mortandade generalizada e a consequente diminuição significativa do número de lavradores disponíveis para os trabalhos necessários. Os lavradores restantes, só aceitavam laborar por salários elevados, o que obrigava os proprietários de terras a substituírem o cultivo de cereais pela criação de gado, pois este diminuía os custos atinentes à empresa. Outrossim, o êxodo de trabalhadores rurais para a cidade, onde encontravam-se melhores condições de vida, salários mais desejáveis e segurança dentro das muralhas; o aumento do número de vadios; a existência de grandes propriedades de terras cujos donos não conservavam o interesse pelo cultivo e, por isso, permaneciam descuidadas. As sucessivas guerras travadas por Dom Fernando criariam um verdadeiro desmonte agrário no Reino, que ficou extensamente descurado em suas glebas, o que culminou com uma grande carestia de géneros alimentícios indispensáveis à sobrevivência população (CARRA, 2020, p. 14-15).

Assim, conforme essa lei, o rei concedia lotes de terras devolutas aos interessados, que, por sua vez, eram obrigados a cultivar essas áreas com recursos próprios.

Pode-se dizer que estava, pois, decretado e oficializado um tipo de grilagem, afinal, o documento que garantia a posse da terra não era validado pelas autoridades representativas dos seus legítimos donos. Pode-se dizer ainda que essas concessões foram as sementes da estrutura latifundiária do país.

Ao mesmo tempo, por força de uma ocupação legitimada por um Tratado entre duas Coroas — Portugal e Espanha —, validado pela Igreja Católica, à revelia dos nativos, por concessão oficial dos invasores a seus sucessores, também o Cabo se tornou terra de intencional extermínio indígena e efetiva escravização de mão de obra africana aqui aportada desde o século XVI.

Dos engenhos às usinas, as tensões sociais e econômicas entre senhores e escravizados continuam, porém, assumindo outras roupagens e nomenclaturas. A relação poder *versus* terra — herdada das sesmarias —, bem como os que a fazem produzir e estão submetidos a antigos e novos "pelourinhos", é assim descrita por Paulo Cavalcanti:

> [...] o monopólio da terra cria um poder extra-econômico que impregna de deformação todo um relacionamento social. O

> título de usineiro no Nordeste dá *status* de nobreza, conferindo poderes excepcionais aos latifundiários, que casam e batizam em seus feudos, fazendo as vezes de juiz de direito, de promotor, de delegado de polícia e até de sacerdote, nos conselhos e ajustes em desavenças conjugais (CAVALCANTI, 2008, p. 348).

Como todas as cidades nascentes da ocupação portuguesa, também a do Cabo se desenvolveu sob a pujança do senhorio da casa grande e no entorno de uma pequena capela — neste caso, dedicada a Santo Antônio — construída em 1618. Em 9 de setembro de 1622, o bispo Dom Marcos Teixeira instituiu a Freguesia de Santo Antônio do Cabo, mas a festa católica de maior fervor é aquela dedicada a São Sebastião, celebrado sempre no dia 20 de janeiro, obedecendo o calendário litúrgico da Igreja Católica.

Ainda ao perfil *sui generis* da fundação do município, some-se a história da estrada de ferro do Brasil. Depois da primeira para o escoamento da produção de café, conhecida como Estrada de Ferro Mauá, a segunda foi em Pernambuco e deveria, saindo do Recife, chegar às margens do rio São Francisco. O primeiro trecho foi justamente aquele que liga a então o Recife ao Cabo de Santo Agostinho, cujos trabalhos foram iniciados em 7 de setembro de 1855 e inaugurado em 8 de fevereiro de 1858[7].

O trecho entre o Recife e o Cabo tornou-se imperial: foi percorrido pelo imperador Dom Pedro II e pela imperatriz, D.ª Thereza Cristina, em 10 de dezembro de 1859. É interessante a narrativa de Israel Felipe sobre este histórico dia:

> [...] naquele dia memorável a vila amanheceu engalanada. A população madrugou nas ruas dominada pela justa alegria de receber, de conhecer pessoalmente e de saudar seu rei e sua rainha. Foi grande, estrondosa, magnífica e entusiástica a recepção. D. Pedro, porém, declarou aos membros da Câmara Municipal, que o esperavam, que aquela visita não era oficial. Esclareceu que fora inspecionar os serviços realizados pela administração da Estrada de Ferro, mas que visitaria a vila no dia 10 daquele mês. Não obstante, o entusiasmo do povo pela presença das augustas pessoas de SS. MM. Imperiais, não arrefeceu. Ouviram-se por todos os recantos da povoação o espoucar dos foguetes e os brados de 'Viva os Imperadores do Brasil'. Cumprindo o prometido, na data exata, os Imperadores do Brasil, acompanhados dos ministros do Império,

---

[7] Informações disponíveis no site: http://vfco.vfco.com.br/ferrovias-historia/1907-CIB/EF-Recife-ao-Sao-Francisco.shtml. Acesso em: 18 abr. 2021.

> do seu secretário e do presidente da província, Luís Barbalho Muniz Fiuza, Barão de Bom Jardim, chegados de trem especial, desembarcaram na estação ferroviária. Saíram do vagão em que viajaram para o pavilhão previamente preparado, onde os representantes da Câmara Municipal, tendo à frente o seu presidente, os receberam, desejando-lhes boas-vindas. Oficiais de alta distinção da vila e enorme multidão, como se fora uma só voz, bradaram: 'Deus salve os imperadores do Brasil!'. A banda de música da Artilharia da Guarda Nacional, sediada no Recife, e vinda no mesmo comboio, executou o hino imperial. Ao cabo, o presidente da Câmara, Manuel Inácio Barros Barreto, pronunciou um eloquente e patriótico discurso. O Imperador dos brasileiros, com aquela sua tão conhecida simplicidade, respondeu agradecido (FELIPE, 1962, p. 360-361).

Como em tantas outras cidades do Nordeste brasileiro durante os três primeiros séculos de ocupação portuguesa, na formação da cidade do Cabo, são encontrados os aspectos analisados anteriormente. Embora sejam estudos posteriores, à sua sombra, é possível repousar o olhar na história da feitura do município do Cabo.

O primeiro aspecto está relacionado à *busca do ser social*. O que se revela, então? A negação dessa condição em relação aos nativos, aqueles que Darcy Ribeiro (1995) denominou como "povo-testemunho" e àqueles transplantados da África. Afirma-se, em atitudes, o eurocentrismo estruturante que não admitiu, em nenhuma hipótese, a existência de outros padrões sociais diferentes dos seus.

Essa visão eurocêntrica completamente mergulhada no criacionismo — ainda não se conhecia a teoria darwinista —, ao tratar os nativos e os africanos como pessoas sem alma, excluiu sumariamente esses povos da ação criadora de Deus. Portanto, já a partir daí, a negação do outro na mais profunda essência, de acordo com os padrões da época. Além disso, como detentores da fé verdadeira, todas as outras crenças foram associadas a forças demoníacas.

A segunda negação provocada por esta visão eurocêntrica está relacionada àquilo que Durkheim definiu como "consciência coletiva". Se não existe o reconhecimento das sociedades africanas e indígenas, por tabela, não existe nada que possa orientar o ser, o sentir e o comportar-se. Em outras palavras, esses povos não eram capazes de pensar e, por conseguinte, de criar "fatos sociais" já a partir do primeiro núcleo. Assim, a família era esfacelada pelo processo de mercantilização da carne humana, e o grupo étnico desarticulado nos grandes mercados, ainda na África, para dificultar a comunicação e evitar, o quanto possível, a articulação de resistência e motins.

Por outro lado, os brancos tinham muito bem delineada a intencionalidade de suas ações sociais, como foram definidas por Weber: eram racionais, no que tange aos fins que estabeleceram para si; tinham clareza de seus valores; estavam ligados entre si por laços afetivos; e por aquilo que consideravam tradicional.

Esses aspectos em seu conjunto fomentaram as relações entre senhores e escravizados, entre exterminadores e povos em via de extermínio. Nada, absolutamente nada foi empecilho para a conquista das terras brasileiras, com especial recorte das terras cabenses. Embora com movimentos de resistências, a exemplo do Quilombo dos Palmares, o que caracterizou a relação entre os senhores e a mão de obra escravizada foi o exercício pleno, sem interrupções, da supremacia de formas de poder, em um processo contínuo de retroalimentação: o poder econômico, fundido ao político, com as bênçãos do poder ideológico.

No que se refere à primeira forma, é evidente que, no período áureo dos engenhos, tudo girou em torno do açúcar, considerado, à época, o ouro branco. Dessa riqueza, dependia não apenas a fortuna que pudesse ser gerada para as famílias envolvidas nessa aventura além-mar, mas para a Coroa portuguesa, afundada em dívidas e em busca de uma tábua de salvação para a sua própria economia.

A invasão dos holandeses à Capitania de Pernambuco não teve outro motivo senão a busca pela supremacia do poder econômico, ao qual, também singularmente, o conde Maurício de Nassau perseguia como objetivo de vida pessoal. A expulsão dos holandeses (narrada na história oficial como o primeiro sopro de brasilidade) nada mais foi do que a necessidade de enxotar aqueles que, depois da partida do conde – vieram a mando da Companhia das Índias – cobrar daqueles senhores os empréstimos concedidos (MELLO, 2010).

Este poder econômico valeu-se de um contingente incontável de mão de obra escravizada, exercendo uma das mais ignóbeis formas de dominação, resultando na degradação da dignidade humana. A figura do senhor, *líder* imposto pelo poder político-econômico, tinha, na figura do capataz, a extensão de seu braço de ferro. Nesse "moinho de gentes", como definiu Darcy Ribeiro (1995), sangue e suor alimentavam as fornalhas e a decantação os colocava no fundo do tacho para que os pães de açúcar não sofressem interferências de cores e sabores.

O poder político – aqui, compreenda-se político como a representação do poder constituído, neste caso, a Coroa portuguesa – também estava nas mãos dos senhores de engenhos. Eram eles quem coordenavam a vida da Capitania e, posteriormente, a da Província. Tanto assim que, por ocasião da invasão holandesa, dizia-se que o poder econômico estava no Recife, onde morava Maurício de Nassau, e o poder político, em Olinda, que sediava as casas urbanas dos donos das terras (MELLO, 2010).

Como mencionado, sob o prisma de Bobbio, há, também, o poder ideológico, que antes da Revolução Industrial era exercido pela Igreja. No Cabo, como nas outras cidades que nasceram na mesma época, esse poder também era exercido pelo senhor de engenho, o qual era a representação do próprio Deus. Nesse sentido, Hoornaert explica que

> [...] tudo se resume nisto: os africanos cristãos têm que entender a escravidão como um meio de salvação. Quem procura fugir dos engenhos para os quilombos vive em estado de pecado mortal. A obediência ao feitor e ao senhor de engenho é obediência a Deus (HOORNAERT, 1979, p. 329).

E continua Hoornaert,

> [...] o catolicismo patriarcal brasileiro se insere na longa lista de "religiões de estado" que tiveram como função a de sacralizar e assim perpetuar o poder dos estados. [...]. No Brasil, a "religião de estado" foi realizada segundo as circunstâncias típicas de uma cultura formada em torno do engenho ou da fazenda: o engenho se tornou sagrado, o senhor de engenho também; o catolicismo estava a serviço do patriarca local (HOORNAERT, 1974, p. 74).

Portanto, o *poder ideológico*, completamente atrelado aos preceitos religiosos católicos, impregnou as decisões políticas com o cheiro mofado das sacristias que, por serem financiadas pelos senhores da cana, precisaram implementar uma catequese de validação do sistema escravocrata.

Em tal conjuntura, é fácil compreender que os chicotes e os pelourinhos espalhados pelos engenhos que fizeram nascer a cidade do Cabo estavam presentes na vivência de um poder de mando, cujo esteio era constituído pela *dominação*. Mergulhando novamente em Max Weber, encontra-se o modelo por ele designado como *dominação de caráter tradicional*, ou seja, aquela dominação que nasce (ou se impõe) do que é reconhecido, imposto por uma tradição. No caso específico dos senhores de engenho, essa tradição era reconhecida pela casta da nobreza, o que lhe garantia o ilimitado poder no trato com seus subordinados.

Eis a feitura da cidade do Cabo, feitura esta que se iguala a todas (quase todas?) as cidades da Zona da Mata de Pernambuco, porque elas nasceram da cessão coercitiva da Mata Atlântica para o plantio da cana de açúcar.

2.7 PADRE MELO E A CIDADE DO CABO

Quem foi padre Melo? Sua biografia encontra-se fragmentada em diversas publicações. O texto mais completo está no *blog* do professor e escritor Eugenio Bartolomeu Costa Ferraz[8], seu sobrinho.

Aracajuano, Antônio Melo Costa nasceu no dia 05 de setembro de 1933. Como detalhe, atenção para o perfil peculiar da capital sergipana. Sendo a primeira cidade planejada do Brasil, não nasceu nem de forma espontânea, nem a partir de um povoado surgente no entorno de uma pequena capela, comumente dedicada ao santo de devoção da família latifundiária, embora exista referência a uma capela dedicada a Santo Antônio. Seu nome, Aracaju, que significa *cajueiro dos papagaios*, de origem tupi, foge à regra do calendário litúrgico de muitas cidades litorâneas, porque é posterior à invasão portuguesa.

No entanto, a diferença ocorre apenas na forma como foi batizada, pois as terras de Aracaju originaram-se das sesmarias doadas a Pero Gonçalves por volta de 1602. Compreendiam 160 quilômetros de costa, que iam da barra do rio Real à barra do rio São Francisco. Sabe-se, porém, que antes das sesmarias, fora "a residência oficial do temível e cruel cacique Serigy, que [...] dominava desde as margens do rio Sergipe até as margens do rio Vaza-Barris".[9]

Ali, em meio a estuários e manguezais, existiam apenas arraiais de pescadores juridicamente ligadas a São Cristóvão, então capital da Província Sergipe Del-Rei. Embora já existissem cidades grandes, como Laranjeiras, e Maruim, parecia lugar ideal para a nova capital da Província, por estar localizada no litoral e ser banhada por dois rios navegáveis: o rio Sergipe e o rio Vaza-Barris. O então governador da Província sabia que, para atender às ordens expressas do imperador Dom Pedro II de modernizar e acelerar o desenvolvimento daquela Província, dependia de um porto que garantisse o escoamento da produção.

---

[8] Eugenio Bartolomeu Costa Ferraz, sobrinho, em primeiro grau, do padre Melo, filho de sua irmã, professora Luíza de Melo Costa, é quem oferece maiores detalhes sobre a vida do referido padre. Suas indicações foram seguidas para, junto a outras fontes, traçar a história pessoal desse sacerdote. Disponível em: http://padreAntôniomelo.blogspot.com. Acesso em: 11 ago. 2020.

[9] Notas sobre a história de Aracaju publicada no *site* oficial da Prefeitura de Aracaju. Disponível em: https://www.aracaju.se.gov.br/aracaju/historia. Acesso em: 11 ago. 2020.

O projeto confiado ao engenheiro Sebastião José Basílio Pirro foi de simples concepção. A ideia era formar como um tabuleiro de xadrez, traçando todas as ruas em linha reta, formando quarteirões simétricos. E a cidade cresceu assim, tendo como única exceção a Rua da Frente que, por margear o rio Sergipe, segue sua sinuosidade, deixando de lado a engessada retidão do tabuleiro.

Foi para essa cidade projetada para o desenvolvimento que os pais do padre Melo — João Dias da Costa e Arcelina de Melo Costa — migraram, fugindo da seca a exemplo de tantas famílias de retirantes da época. Outra característica comum àquele tempo era o número de membros da família, que, neste caso, contava com 16 filhos.

Padre Antônio Melo nasceu em Aracaju, mas, após a estiagem, quando o menino contava três meses de vida, seus pais retornaram à cidade de origem, Itabaianinha, também em Sergipe, onde a família possuía terras e vivia da agricultura e criação de animais. A família católica seguia os preceitos da religião o tanto quanto fosse possível. Assim, o menino Antônio foi catequizado e preparado por sua irmã, conhecida por professora Luíza, para receber a Primeira Eucaristia. Também teria sido esta sua irmã que fizera sua primeira batina, quando decidiu seguir a vida sacerdotal.

Nas indecisões naturais da adolescência, um dos caminhos que gostaria de percorrer era em direção à advocacia, com anuência de seu pai. Mas, sempre de acordo com seu sobrinho, aos 14 anos de idade, por meio de uma "revelação espiritual", decidiu seguir a vida religiosa. Assim, entrou em um seminário, em Aracaju.

Entretanto, seu período de formação não foi linear. A família se transferiu para Itapetinga, cidade pecuarista, ao sul da Bahia, onde seu pai tornou-se comerciante de autopeças. O jovem Antônio acompanhou a família e continuou seus estudos no seminário de Itambé, cidade vizinha, ambas pertencentes à Arquidiocese de Vitória da Conquista. Sua formação continuou em Salvador e em São José do Rio Preto, SP, recebendo o Sacramento da Ordem, no dia 29 de Junho de 1960, aos vinte seis anos de idade, na Igreja de São Pedro, na cidade do Rio de Janeiro. Portanto, uma formação que passou por quatro Arquidioceses.

No ano seguinte à sua ordenação, desembarcou na cidade do Cabo de Santo Agostinho. Em 03 de março de 1961, assumiu o cargo de padre colaborador da Matriz de Santo Antônio, para, em seguida, tornar-se vigário.

Nas cidades do Cabo, Jaboatão dos Guararapes e Escada, padre Melo assumiu cargos de professor e diretor de escolas. Além de suas atividades na área educacional, padre Melo se embrenhou no emaranhado das questões socioeconômicas dos trabalhadores do corte da cana. Ali, desenvolveu atividades das mais diversas, entre as quais, na Cooperativa Agrícola de Tiriri, nos sindicatos de trabalhadores rurais e no IBAD que, conforme Paulo Cavalcanti,

> [...] era a CIA norte-americana, camuflada sob a sigla de um *Instituto Brasileiro de Ação Democrática* — como está provado hoje pela verificação dos arquivos secretos dos órgãos de espionagem ianque. Tanto mais se corporificava a possibilidade de Arraes vir a disputar a governança, [...], tanto mais se adentrava o IBAD nos meios políticos do Estado, na faina de corrompê-los. De eleições estudantis a pleitos sindicais, de programas de auditório de rádio e televisão a editoriais de imprensa — em tudo lá estava o IBAD, onipresente, com seus inesgotáveis recursos (CAVALCANTI, 2008, p. 329).

Foram ações que marcaram a história de homens e mulheres do corte da cana não apenas do município do Cabo espaço geográfico dessa análise, mas, sobretudo, da Mata Sul de Pernambuco e que serão postas em pauta no terceiro capítulo da desta obra.

Em uma entrevista concedida a Aspásia Alcântara de Camargo e Dulce Chaves Pandolfi[10], nos dias 14 e 15 de abril de 1978, no Recife, padre Paulo Crespo, contemporâneo de padre Melo, com quem trabalhou diretamente, teceu vários comentários sobre o colega de sacerdócio, nos quais é possível vislumbrar um pouco de seu perfil. Nas considerações de padre Crespo, o pároco da igreja

> [...] é homem muito vivo, de pensamento veloz [...]. Ele é um homem com uma inteligência muito viva, muito rápida, um pensamento muito rápido. Um homem que tem uma fala muito fácil de discursar, de influenciar. É um homem de comunicação, de jornais, televisão. Ele é para o grande público, para a grande massa.

Discorrendo sobre a ação política de padre Melo na zona canavieira, Christine Rufino Dabat também evidencia essa sua face comunicativa usada como forma de chamar para si o papel de liderança dos movimentos sociais na região da cana de açúcar. Em nota de pé de página, afirma que

---

[10] Entrevista realizada no contexto da pesquisa "Trajetória e Desempenho das Elites Políticas Brasileiras", parte integrante do projeto institucional do Programa de História Oral do Centro de Pesquisa e Documentação de História Contemporânea do Brasil – CPDOC -, em vigência desde sua criação, em 1975. Fundação Getúlio Vargas. Disponível em: http://www.fgv.br/cpdoc/historal/arq/Entrevista216.pdf. Acesso em: 12 ago. 2020.

> [...] figura notável, ele gostava de se atribuir a liderança de todo o movimento rural com declarações espalhafatosas [...]. Assim, a grande greve dos canavieiros de 1963, obra conjunta de todos os sindicatos e das Ligas, é reivindicada como sua, em entrevistas com a imprensa (DABAT, 2007, p. 121).

Há, também, em Josué de Castro, referências à linguagem utilizada por padre Melo. Depois de copilar várias falas contundentes de padre Melo, este sociólogo conclui que, "quando sacerdotes, tocados pelo drama pungente dos lavradores sem-terra do Nordeste, chegam a usar uma linguagem como essa, quase de pregação revolucionária, é porque realmente as coisas atingiram um ponto intolerável" (CASTRO, 1967, p. 212).

Entretanto, a experiência política ganhou carreira solo. Em 1982 a eleição para governadores voltou a ser direta (direito que havia sido cassado pelos militares) e os mandatos foram uniformizados em quatro anos de duração, na forma da Emenda Constitucional n.º 15, de 19 de novembro de 1980. Essa emenda restabeleceu também o voto direto nas eleições para senador da República, com mandato de oito anos. Padre Melo concorreu para o cargo de governador do estado pelo Partido Trabalhista Brasileiro - PTB. Ficou em terceiro lugar com apenas 0,45% dos votos. Eis o resultado completo dessa histórica eleição:

Tabela 1 – Pleito Eleitoral 1982 – Governo do Estado de Pernambuco

Candidatos		Partido	Votação	%
Governador	Vice-governador			
Roberto Magalhães	Gustavo Krause	PDS[11]	913.744	52,46
Marcos Freire	Fernando Coelho	PMDB[12]	916.085	46,86
Padre Melo	Hélio Seixas	PTB[13]	7.872	0,45
Manoel da Conceição Santos	Antônio Rios	PT[14]	4.027	0,23

Fonte: o autor, com base nas informações do Tribunal Superior Eleitoral

[11] Partido Democrático Social – PDS - Partido político nacional fundado em janeiro de 1980 para suceder à Aliança Renovadora Nacional (Arena), partido governista extinto com o fim do bipartidarismo, em 29 de novembro de 1979. Fundiu-se em abril de 1993 com o Partido Democrata Cristão (PDC), dando origem ao Partido Progressista Reformador (PPR).

[12] Partido Movimento Democrático Brasileiro - PMDB. Como o PDS, quando foi decretado o bipartidarismo, em 1979, o PMDB foi criado em janeiro de 1980 para substituir o Movimento Democrático Brasileiro (MDB) que, na época, era oposição ao governo. Para ambos, — PDS e PMDB —, apenas uma mudança de sigla.

[13] Partido Trabalhista Brasileiro - PTB. O atual PTB foi fundado em 1980 por um grupo de políticos liderados por Ivete Vargas, sobrinha-neta de Getúlio Vargas.

[14] Partido dos Trabalhadores - PT. Oficializado em 10 de fevereiro de 1980, o Partido dos Trabalhadores surge como resultado das lutas sociais que fervilhavam no Brasil, como resistência à ditadura Governo Militar que se instalou em 1º de abril de 1964.

Retomando a colocação de padre Crespo, essa vivacidade, já identificável na maneira como se deu sua formação eclesiástica acompanhou sua vida sacerdotal – tendo passado por quatro seminários, de quatro cidades diferentes (Aracaju, Salvador, São José do Rio Preto e Rio de Janeiro), em quatro estados (Sergipe, Bahia, São Paulo e Rio de Janeiro). Em 1979, mudou-se para a Diocese de Castanhal, no Pará. Ali, tornou-se padre adjunto na Paróquia São José e, depois, pároco na cidade de Irituia (Paróquia Nossa Senhora da Piedade), na Diocese de Bragança, também no Pará. Nesta cidade, a Biblioteca Municipal tem seu nome: Biblioteca Pública Municipal Padre Antônio Melo Costa.

Continuando sua vida sacerdotal, em 1991, a convite do então arcebispo da Arquidiocese de Aracaju, dom José Palmeira Lessa, retornou ao seu Estado natal. Ali, assumiu a Catedral Metropolitana de Aracaju, dedicada a Nossa Senhora da Conceição, cuja festa é celebrada no dia 8 de dezembro. Em sua incursão pelo Estado, assumiu funções sacerdotais nos municípios de Nossa Senhora do Socorro e de Carmópolis, ambos ligados à mesma Arquidiocese. Porém, por desejo seu, pediu para ser sepultado na cidade de Tobias Barreto, a 32 km de Itabaianinha, cidade origem de sua família. Faleceu na madrugada do dia 19 de agosto de 2002 e, depois de receber as homenagens e as exéquias na Catedral Metropolitana de Aracaju, o cortejo seguiu para Tobias Barreto, onde também recebeu todas as honras e celebrações pertinentes. À noite, foi sepultado no local.

Falando na tribuna da Câmara Municipal de Aracaju, em 19 de agosto de 2004, por ocasião do segundo ano de morte do padre Melo, o então vereador Carlos Antônio de Magalhães, mais conhecido por Magal da Pastoral, evidenciou a importância do padre para a Arquidiocese (a quem denominou profeta da esperança) em defesa da população mais carente, como diretor espiritual da Pastoral Carcerária e na formação espiritual dos leigos:

> [...] foi por causa dessa sua característica que ele foi o responsável pela implantação do Encontro de Casais com Cristo na paróquia São João Batista, em Socorro, incentivador e participante das Santas Missões Populares em diversas paróquias de Sergipe, além de ter sido um dos responsáveis pela implantação do Conselho Arquidiocesano de Leigos e Leigas — CONAL — da Arquidiocese de Aracaju (MAGAL, 2004, s/p).

Por onde passou, seu nome está perpetuado em escolas, bibliotecas, ruas, praças...

Eis um pouco do perfil de padre Melo: um personagem intrigante e instigante ao mesmo tempo. Quem, de fato, foi padre Melo? Especificamente no período em que viveu no Cabo, o pároco esteve entre dois cenários: a Igreja Católica, com sua doutrina social, e a situação de milhares de homens e mulheres que viviam na cana sem usufruir das riquezas que ela produzia. Diante desses dois cenários, qual foi o lugar de fala de padre Melo? É possível falar em exercício de uma *liderança carismática*?

Para chegar a essas respostas, depois que percorrer os postulados teóricos apresentados e relatada parte da trajetória de vida do padre Melo, o próximo capítulo fará um mergulho na Doutrina Social da Igreja Católica para que se estabeleçam paralelos, sempre em busca de respostas sobre a ação da liderança carismática desse padre, indiscutivelmente, personagem que marcou a história do povo cabense.

3

DOUTRINA SOCIAL DA IGREJA CATÓLICA

No capítulo anterior, buscou-se a compreensão sobre o ser social, o conceito de poder e suas formas de exercício, para desembocar nas questões implícitas ao desempenho da liderança carismática, como forma de contextualizar uma das peculiaridades do perfil de padre Melo.

Todavia, o padre era um sacerdote da Igreja Católica, e, sem deixar de sê-lo, buscou engajamento nas questões sociais que caracterizavam — e continuam caracterizando — as tensionadas relações trabalhistas que se estabeleciam entre os senhores de engenho, ou apenas fornecedores de cana, para as usinas de açúcar, e os trabalhadores rurais. Relações conflituosas à época e que geraram inúmeros impasses com os poderes constituídos, seja econômico ou seja político, provocando, não raro, crises profundas com a Igreja Católica, em especial, com sua ala mais progressista que se colocava ao lado dos menos favorecidos, a exemplo do que aconteceu ao padre Vito Miracapillo, pároco de Ribeirão, Diocese dos Palmares, obrigado que foi a deixar o país e retornar para a sua Itália.

O que inspirava esses sacerdotes a se colocarem ao lado dos trabalhadores rurais no enfrentamento das questões socioeconômicas em defesa de seus direitos? Apenas uma consciência política ou, também, um viés religioso, fundamentado em suas crenças na relação com o Sagrado?

O período temporal da experiência de padre Melo recortado para essa tese é um período de efervescência no mundo e no Brasil. Em terras brasileiras, é o período do Golpe Civil Militar de 1964, que mudou substancialmente a face política do país com consequências efetivas em todas as áreas — econômica e educacional, por exemplo. Na Igreja Católica, é o período do Concílio Vaticano II, no qual durante três anos (1962-1965) a instituição buscou seu *aggiornamento*, ou seja, sua atualização, sua renovação frente ao novo mundo que surgia no pós II Grande Guerra, e aquele imediatamente posterior ao Concílio.

Esse *aggiornamento* incluiu também uma revisitação à Doutrina Social da Igreja (DSI). Mas de que trata essa Doutrina? Será ela a fonte de inspiração para esses sacerdotes mais progressistas que foram mencionados? Terá sido a fonte de inspiração também para o padre Melo?

Para responder a essas perguntas, urge entranhar-se em seu texto, mas, também em seu contexto. Para isso, é indispensável compreendê-la sobretudo a partir da conjuntura histórica e seus fundamentos. Essa compreensão dará o aporte necessário para olhar o trabalho desenvolvido por padre Melo, com especificidade na cidade do Cabo de Santo Agostinho - PE, entre os anos de 1963 a 1977, conforme esclarecido no capítulo anterior.

3.1 OS ALICERCES DA DOUTRINA SOCIAL DA IGREJA (DSI)

É comum pensar a DSI a partir da Encíclica *Rerum Novarum* ("Das coisas novas") do papa Leão XIII – publicada em 15 de maio de 1891 –, considerada sua Magna Carta. E isso procede, visto que, até então, a Igreja Católica nunca havia se pronunciado oficialmente sobre o assunto. Antes, porém, de adentrar os documentos referentes à DSI, é importante considerar a presença de Deus na história da humanidade à luz da tradição judaico-cristã. Assim, como que percorrendo um fio de ouro, é possível entrever a interface da ação salvífica de Deus com essa doutrina que surgiu no final do século XIX da era cristã. Este fio de ouro é apresentado pelo Pontífice Conselho "Justiça e Paz", na publicação do Compêndio da Doutrina Social da Igreja (CDSI), o qual será tomado como alicerce, além de autores como Antônio Aparecido Alves, Giacomo Martina e Carlos Josaphat.

A reflexão ora apresentada tem como premissa o amor gratuito de Deus para com toda a humanidade, evidenciando a história do povo de Deus e a vinda de Jesus Cristo como cumprimento do desígnio de amor do Pai. No que se refere ao povo de Deus, o CDSI lança luzes sobre a experiência da libertação do jugo egípcio rumo à Terra Prometida, e a Aliança selada no Monte Sinai por meio do Decálogo, ou Dez Mandamentos, como é mais comumente mencionado. Em Jesus Cristo, de acordo com o CDSI, "cumpre-se o evento decisivo da história de Deus com os homens" (CDSI, n.º 28), cujo ápice é a revelação do amor trinitário. Tem-se, a seguir, uma síntese desses dois aspectos que servem de esteio para a DSI.

A manifestação palpável do amor de Deus para com o seu povo começa ali, diante da *sarça ardente*, sinal tangível da presença do Sagrado, quando Moisés compreendeu a compaixão de Deus frente ao sofrimento do povo eleito. A Moisés, no monte Horeb, o próprio Deus declarou conhecer as dores de seu povo e se comprometeu a agir em seu favor:

> [...] eu vi, eu vi a miséria do meu povo que está no Egito. Ouvi seu grito por causa dos seus opressores, pois eu conheço as suas angústias. Por isso desci a fim de libertá-lo da mão dos egípcios, e para fazê-lo subir desta terra para uma terra boa e vasta, terra que mana leite e mel (Êxodo 3,7-8).

Todavia, o agir do Criador parece necessitar da cooperação do ser criado. Convoca Moisés, o judeu proscrito do Egito, aquele que fora criado para assumir o trono do Faraó e que, por defender um escravo, teve que enfrentar a fúria do poder, o deserto do mundo e de si mesmo como um errante, até encontrar, no seio da família de Jetro que o acolheu, a relação de fé com o Deus de Abraão, de Isaac e de Jacó, o mesmo Adonai amado por sua família de origem.

De sucessor do trono egípcio, José foi reduzido a pastor de ovelhas, mas não seria este o desígnio de Deus para esse homem. O diálogo que se estabelece é interessante. De um lado, Deus, que quer salvar o seu povo; do outro, o amedrontado escolhido que busca todas as desculpas para se safar daquela história porque sabe, de antemão, o que terá de enfrentar. Moisés, que já fizera parte do poderio do faraó - triunfa apenas com uma vara de aparência insignificante e a ajuda do seu irmão natural, Aarão, com o qual nunca convivera.

Parece que Moisés, enfim, encontrara a si mesmo. Descobrira o sentido de sua vida. Compreendera a função de seu pastoreio que, para além de ovelhas e da própria família, deveria conduzir o povo de Deus pelos caminhos que esse mesmo Deus determinasse. Portanto, o patriarca exerce "a arte de governar os homens" (FOUCAULT, 2008, p. 219) não em função de si mesmo, mas como colaborador de Deus na missão de tirar o povo eleito da opressão egípcia e conduzi-lo à Terra Prometida, onde jorra leite e mel. Assim sendo, daquele diálogo inicial, daquela aproximação de Deus em relação ao ser criado representado por Moisés, nasce o pacto da libertação e da promessa.

Moisés compreendeu, rendeu-se, aceitou assumir o papel preponderante de mediador entre Deus, seu povo e seus algozes. Sim, porque não bastava o enfrentamento à autoridade política constituída, era necessário encarar o povo israelita que conhecia Moisés como um dos herdeiros do trono e nunca o imaginara mensageiro do seu Deus. Portanto, a conquista primeira deu-se no estabelecer relações com sua origem. Aqui, o mergulho em si mesmo para compreender-se, não como pastor simplesmente de ovelhas ou de homens e mulheres, mas como hebreu que era. Vê-se, em Moisés, um longo processo de descobertas em todos os sentidos, mas, sobretudo, da fé, de suas origens e dessa proximidade de Deus nunca antes por si experimentada.

O discurso estava alicerçado em duas proposições com duas conotações diferentes. As posições? A libertação e a promessa. As conotações? A primeira, aquela direcionada ao povo escravizado, para convencê-lo de que o Deus de Abraão, de Isaac e de Jacó havia escutado seus lamentos, que valera a pena acreditar e esperar, que, enfim, chegara o momento da liberdade tão sonhada. A função desta conotação era reacender a fé, enfrentar a descrença que se agigantava, na medida em que a crueza da vida escravizada se acentuava no dia a dia, na labuta para construir um império dos outros e para os outros, à custa de suor e sangue, literalmente. Para esse povo, o discurso mostrava a face doce e terna de Deus que se compadece, se preocupa, intervém em favor dos seus.

Na segunda conotação, aquela dirigida ao opressor, a voz de um Deus que exige, que impõe, que determina e que, mediante as negativas do Hórus vivo, mostra todo o seu poder. Os homéricos embates descritos no Livro do Êxodo eram acompanhados pela multidão que, ora mantinha-se fiel a Deus, ora duvidava de seu poder, ora pedia perdão, ora se zangava, mas sempre retrocedia e continuava à espera.

Os prodígios sobre as terras do Egito vinham, aparentemente, por meio de uma simples vara do pastor. Aparentemente. E por isso, associados a magias cuja grandiosidade os especialistas egípcios quiseram imitar, reproduzir, para desqualificar a ação de Deus. Na realidade, os prodígios vinham por meio da obediência de Moisés e Aarão ao Deus de Israel, a qual permitia a ação direta desse mesmo Deus.

Ambos, porém, o povo israelita e o povo egípcio, de uma forma ou de outra, com conotações diferentes, experimentaram a proximidade de Deus, que

> [...] manifesta-se na libertação da escravidão e na promessa, tornando-se ação histórica, na qual tem origem o processo de identificação coletiva do povo do Senhor, através da aquisição da *liberdade* e da *terra* que Deus lhe oferece como dom (CDSI, n.º 21).

A saga do povo de Deus pelo deserto até chegar à Terra da Promessa teve de tudo: certeza e incerteza, fidelidade e infidelidade, crença e descrença, louvor e idolatria, cântico e lágrima, necessidade e providência divina, milagres. O imutável, a constância, foi a proximidade de Deus descrita de forma extraordinária como a travessia do Mar Vermelho (Êxodo 14), a água da rocha (Êxodo 17:1-7), o maná e as codornizes do deserto (Êxodo 16) ou, de forma simples, como as celebrações e a vida cotidiana nas tendas que compunham os acampamentos.

> Israel, como Abraão, deve permanecer aberto a toda nova indicação de Deus, deve deixar-se doar o próprio futuro, momento a momento, por Deus. A coluna de nuvens durante o dia e a coluna de fogo à noite, na qual se manifesta a glória de Deus, dá cada vez o sinal de partir ou de ficar, guia e guarda para cada etapa do caminho de quarenta anos pelo deserto (Números 10, 34-36). O alimento dos israelitas, o maná, não pode ser recolhido para ser guardado, porque é um alimento que se altera; Israel deve esperar, dia após dia, o seu alimento de Deus (Êxodo, 16) (LUBSCZYK, 1984, p. 47).

Dessa proximidade, desse zelo, Deus fez dos descendentes de Abraão, Isaac e Jacó o seu próprio povo. Nasce Israel e com este povo Deus estabelece uma Aliança. "O dom da libertação e da terra prometida, a Aliança do Sinai e o *Decálogo* estão, portanto, intimamente ligados a uma práxis que deve regular, na justiça e na solidariedade, o desenvolvimento da sociedade israelita" (CDSI, n.º 23).

O Decálogo, pois, se apresenta como compromisso concreto, exigindo posturas de ambas as partes: de Deus para com o seu povo e desse povo para com o seu Deus.

> Hoje Iahweh teu Deus te ordena cumprir esses estatutos e normas. Cuidarás de pô-los em prática com todo o teu coração e com toda a tua alma. Hoje fizeste Iahweh declarar que ele seria teu Deus, e que tu andarias em seus caminhos, observando seus estatutos, seus mandamentos e suas normas, e obedecendo à sua voz. E hoje Iahweh te fez declarar que tu serias o seu povo próprio, conforme te falou, e que observarias todos os seus mandamentos; que ele te faria superior em honra, fama e glória a todas as nações que ele fez, e tu serias um povo consagrado a Iahweh teu Deus, conforme ele te falou (Deuteronômio 26,16-19).

Chama à atenção o fato de que o caminhar para uma melhora de vida — tanto no aspecto espiritual, quanto no material — passa pela experiência do deserto, terra estéril onde tudo provém da providência do Deus zeloso. Assim, os dons da liberdade, da terra prometida e da Aliança estabelecida não podem ser dissociados do dom maior que significa a comunhão com esse Deus.

Quanto ao crescimento espiritual — compreendido na tradição judaico-cristã como o aprofundamento das relações do ser criado com seu Criador —, a imagem do deserto reporta ao vazio, à aridez, ao desânimo que permeia a alma. Na caminhada espiritual de todo ser humano, aparecem momentos em que cada fato singularmente e em sua totalidade assemelha-se a um abismo profundo, onde perguntas e inquietações não encontram respostas. Tudo é árido e sem vida. O diferencial aqui consiste em ter sido essa uma experiência coletiva. Não só. Uma experiência em que o povo precisou sair de seu comodismo e, mesmo vivenciando a os milagres da proximidade de Deus, foi chamado a ser protagonista de sua própria história. Quando Deus estabelece o Decálogo, exige a contrapartida.

O deserto significou local de conflito, de derrota, de peregrinação, de se compreender a si mesmo como povo errante, peregrino na História. O povo toma consciência dos seus pecados, das suas fraquezas, fica desanimado e perde a esperança. Passa pela experiência da morte e da perda de identidade. O deserto torna-se o lugar da sede, da amargura, da fome, da provação (Êxodo 15:22), do descontentamento, da falta de estrutura, do desânimo, do desejo de retornar ao que era antes, à segurança, embora escravagista, da terra do Egito (Números 11:5; 14: 2).

Significou, também, momento de libertação das amarras criadas e, apesar dos atropelos, a esperança em Deus, e Deus somente. Portanto, o deserto transfigurou-se, para o povo de Israel, em o lugar do confronto e do amadurecimento. É ponto de encontro, é onde se celebra a Páscoa, a passagem para uma nova vida e vida em abundância. É o profundo encontro com o Sagrado.

É, porém, em Jesus Cristo, que o povo cristão experimenta efetivamente a proximidade de Deus. Parece não bastar ao Criador tudo o que fizera para o seu povo. Ou melhor, parece que o seu povo ainda não se convencera do quanto se tornara o seu Deus, conforme dito quando estabeleceu a Aliança, ainda no deserto. "A benevolência e a misericórdia, que inspiram o agir de Deus e oferecem a chave de interpretação, tornam-se tão próximas do homem a ponto de assumir os traços do homem Jesus, o Verbo feito carne" (CDSI, n.º 28).

A encarnação do próprio Deus. Maior proximidade impossível. O CDSI põe em evidência o momento – narrado pelo evangelista Lucas – em que Jesus, na sinagoga, lendo um trecho do livro de Isaías, descreve seu ministério messiânico. O que leu Jesus na Sinagoga e está proclamado em Lucas?

> O Espírito do Senhor está sobre mim, porque ele me consagrou pela unção para evangelizar os pobres; enviou-me para proclamar a libertação aos presos e aos cegos a recuperação da vista; enviou-me para proclamar a liberdade aos oprimidos e para proclamar um ano de graça do Senhor (Lucas 4,18-19).

Comentando este episódio, o CDSI afirma que:

> Jesus se coloca na linha do cumprimento não só porque cumpre o que tinha sido prometido e que, portanto, era esperado por Israel, mas também no sentido mais profundo de que nEle se cumpre o evento definitivo da história de Deus com os homens. Com efeito, Ele proclama: "Aquele que me viu, viu também o Pai" (João 14,9). Jesus, em outras palavras, manifesta de modo tangível e definitivo quem é Deus e como Ele se comporta com os homens (CDSI, n.º 28).

Jesus transmite aos homens sua íntima experiência de filho. Não só. Faz do homem partícipe dessa experiência, dessa relação filial, sempre através do amor. Essa transmissão contida em todas as narrativas dos evangelhos, quer de forma explícita, quer de forma implícita, está completamente contemplada nas suas palavras de despedida após a celebração da Páscoa, aquela que ficou registrada como a Última Ceia (encontrados no evangelho de João, nos capítulos de 13 a 18).

Ali, como na Sinagoga, no início de sua pregação, conforme aludido, Jesus se desnuda e se mostra tal qual o é: o Filho Unigênito de Deus. E começa suas revelações/recomendações. Doa o mandamento novo, o mandamento do amor recíproco, como condição *sine qua non* para que os homens sejam reconhecidos seus discípulos: "como vos amei, amai-vos uns aos outros. Nisso reconhecerão que todos sois meus discípulos, se tiverdes amor uns pelos outros" (João 13:34,35); revela-se o caminho para se chegar ao Pai (João 14:6). Sobretudo, revela-se um só com o Pai: "eu estou no Pai e o Pai em mim" (João 14:11); anuncia-os como prolongamento de si mesmo, portanto, da mesma essência – "eu sou a videira, vós os ramos" (João 15:5) –; depois, dirigindo-se ao Pai, pede pelos seus – "não rogo pelo mundo, mas pelos que me deste, porque são teus e tudo que é meu é teu [...]. Pai santo, guarda-os em teu nome [...] para que sejam um como nós" (João 17, 10-11).

> A consciência que Jesus tem de ser o Filho expressa principalmente esta experiência originária. O Filho recebeu tudo, e gratuitamente, do Pai: "Tudo o que o Pai possui é meu" (João 16:5). Ele, por sua vez, tem a missão de tornar todos

> os homens partícipes desse dom e dessa relação filial: "Já não vos chamo servos, porque o servo não sabe o que faz o senhor. Mas chamei-vos amigos, porque vos dei a conhecer tudo o que ouvi do meu Pai" (João 15:15). Reconhecer o amor do Pai significa para Jesus inspirar a Sua ação na própria gratuidade e misericórdia de Deus, geradoras de vida nova e torna-se assim, com a Sua própria existência, exemplo e modelo para os Seus discípulos (CDSI, n.º 29).

Essa humanidade de Deus em Jesus Cristo permite ao ser criado o efetivo encontro com seu Criador. Assim sendo, para os cristãos, a Páscoa assume essa nova dimensão, isto é, os discípulos que haviam sido chamados a viver como Jesus, após sua morte e ressurreição, são convocados a viver nEle e dEle, como decorrência da experiência que farão do dom do Espírito Santo.

O ápice dessa proximidade de Deus está, portanto, na revelação do Amor Trinitário.

> O Rosto de Deus, progressivamente revelado na história da salvação, resplandece plenamente no Rosto de Jesus Cristo Crucificado e Ressuscitado. Deus é Trindade: Pai, Filho e Espírito Santo, realmente distintos e realmente um, porque comunhão infinita de amor. O amor gratuito de Deus pela humanidade se revela, antes de tudo, como o amor fontal do Pai, de quem tudo provém; como comunicação gratuita que o Filho faz dEle, entregando-se ao Pai e doando-se aos homens; como fecundidade sempre nova do amor divino que o Espírito Santo derrama no coração dos homens (CDSI, n.º 31).

É neste contexto que o CDSI apresenta o mandamento do amor recíproco como fator inspirador de todas as relações humanas, das relações pessoais, singulares, às relações coletivas. Assim, compreende o amor recíproco como a regra de ouro que pode dignificar a vida social e política. E não poderia ser diferente, visto que, como declarado antes, ao doar tal mandamento, Jesus reporta-se ao seu relacionamento com o Pai. O amor com o qual amou seus discípulos é decorrência do seu amor para com o Pai e do Pai para com ele. "Como o Pai me amou, assim também eu vos amei" (João 15:9). É esse amor que servirá de esteio para a inserção da pessoa humana nos seus desígnios.

É sobre essa rocha — se é possível fazer uma referência à parábola da casa construída sobre a rocha anunciada por Jesus em Mateus 7:24-27 e Lucas 6:46-49 —, que a Igreja compreende a pessoa humana nos desígnios de Deus. Assim, apresenta a revelação do Amor Trinitário como revelação do desígnio de Deus sobre homens e mulheres a ponto de lhes conferir a plena dignidade e a mais absoluta liberdade intrínsecas na sociabilidade humana. Portanto, assumir para si a responsabilidade de corresponder ao ser pessoa à imagem e a semelhança de Deus "comporta [...] um existir em relação, em referência ao outro 'eu', porque Deus mesmo, uno e trino, é comunhão do Pai, do Filho e do Espírito Santo" (CDSI, n.º 34). Dessa forma, eu sou enquanto comunhão com o outro. É daí que advém a salvação, compreendida como o entrelaçamento indissolúvel entre a criatura e o seu Criador, que traz, como consequência lógica dessa dimensão interior e espiritual do ser humano, "o empenho pela justiça e pela solidariedade, pela edificação de uma vida social, econômica e política conforme o desígnio de Deus" (CDSI, n.º 40).

A salvação, pois, transcende a relação do ser criado com seu Criador e se estende à sociedade humana e a seu habitat. Onde reside, então, o cerne da questão salvífica que se inclui, não apenas a sociedade humana, mas toda a criação? Na consciência de que tudo provém de Deus e a Ele tudo retornará. É o que está explícito no CDSI:

> [...] em uma visão universal do amor de Deus que abraça tudo o que é, Deus mesmo se nos revelou em Cristo como Pai e Doador de vida, e o homem nos é revelado como aquele que, em Cristo, tudo recebe de Deus como dom, em humildade e liberdade, e tudo possui verdadeiramente como seu, quando conhece e vive tudo como coisa de Deus, por Deus originada e a Deus destinada (CDSI, n.º 46).

Nesse contexto, o CDSI apresenta a Igreja, enquanto instituição, como o sinal e tutela tangíveis da transcendência da pessoa humana. Enquanto comunidade daqueles que acreditam em Jesus Cristo, está a serviço do Reino. Nesse sentido, reconhece que "a comunidade política e a Igreja [...] são efetivamente independentes e autônomas uma em relação à outra e estão ambas, embora a diferentes títulos, a serviço da vocação pessoal e social dos homens" (CDSI, n.º 50). Compreende que serão os homens — renovados pelo espírito de Cristo, imersos na relação filial com o Criador e, portanto, um com o Amor Trinitário — capazes de construírem "novos céus e nova terra", o que significa, já nesse tempo, uma sociedade onde sejam respeitados os desígnios de Deus sobre a humanidade inteira. Tal desígnio passa, necessariamente, pela renovação do indivíduo que construirá, a partir de seus compromissos e atos, a justiça nas relações sociais e, como consequência, uma cultura de paz.

Assim, a renovação das relações sociais começa na renovação do indivíduo, afinal, será ele, imbuído de um compromisso com o Criador, o responsável por fazer com que a sociedade na qual está inserido, suas relações e instituições, seja expressão do amor gratuito e universal de Deus.

3.2 OS PRINCÍPIOS DA DOUTRINA SOCIAL DA IGREJA

Conforme Luiz Eduardo Wanderley,

> [...] ela é de natureza teológica e especificamente teológico-pastoral. Tem seus fundamentos na Bíblia e na Tradição. É compreendida pela fé e pela razão. Abre-se ao diálogo com todo o saber, recebendo contributos da filosofia e das ciências humanas e sociais, o que lhe permite adquirir competência, concretude e atualidade. Nela, atua o Magistério em todas as suas componentes e expressões (WANDERLEY, 2011, p. 3).

Nessa perspectiva teológico-pastoral fundamentada na Bíblia e na Tradição, a DSI está respaldada em 7 princípios que se interligam constantemente, sendo um consequência do outro, ao mesmo tempo em que um se apresenta como fator gestacional do outro. Assim, formam um único corpo doutrinal e/ou conceitual, embora se possa enxergá-los singularmente. São eles: o *princípio do bem comum*, a *destinação universal dos bens*, o *princípio da subsidiariedade*, a *participação*, a *solidariedade*, os *valores fundamentais da vida social* e a *via da caridade*. Cada um desses princípios será apresentado, em síntese, sempre com base no Compêndio da Doutrina Social da Igreja (CDSI), que, em cuja perspectiva, a DSI foi se constituindo pouco a pouco.

O *princípio do bem comum* "pode ser entendido como a dimensão social e comunitária do bem moral" (CDSI, n.º 164). O que significa? Que não se baseia no somatório dos bens que os indivíduos possuem singularmente, mas está diretamente ligado ao agir do indivíduo, o qual deve ser consequência de sua consciência moral. Portanto, não o quantitativo, mas o qualitativo. Assim "uma sociedade que, em todos os níveis, quer intencionalmente estar ao serviço do ser humano é a que se propõe como meta prioritária o bem comum, enquanto bem de todos os homens e do homem todo" (CDSI, n.º 165).

Diante do exposto, toda forma de sociabilidade – do núcleo familiar, ao Estado; de uma associação à empresa mercantil; das comunidades dos povos às nações –, ao desenvolver a consciência de si mesmo, consegue individualizado o seu bem comum uma vez que este "é constitutivo de seu significado e de sua própria subsistência" (CDSI, n.º 165). O diferencial é sua forma de utilização. Portanto, a responsabilidade de zelar, de preservar, de fazer crescer torna-se de todos.

> O bem comum empenha todos os membros da sociedade: ninguém está escusado de colaborar, de acordo com as próprias possibilidades, na sua busca e no seu desenvolvimento. O bem comum exige ser servido plenamente, não segundo visões redutivas subordinadas às vantagens de parte que se podem tirar, mas com base em uma lógica que tende à mais ampla responsabilização. O bem comum correspondente às mais elevadas inclinações do homem, mas é um bem árduo de alcançar, porque exige a capacidade e a busca constante do bem de outrem como se fosse próprio (CDSI, n.º 167).

A esta altura, desvenda-se o papel da comunidade política, visto que, de acordo com o CDSI, o bem comum é a razão de ser do Estado. Neste sentido, é responsabilidade do Estado "garantir a coesão, unidade e organização à sociedade civil de que é expressão" (CDSI, n.º 168), a fim de assegurar a todos os cidadãos o acesso igualitário aos bens materiais e imateriais essenciais à vida.

O segundo princípio trata da *destinação universal dos bens*, baseado na compreensão de que Deus, Criador do ser humano e de todas as coisas, deu a terra a todo o gênero humano para que dela tire o sustento de todos, sem excluir, nem privilegiar ninguém. No Novo Testamento, duas passagens são emblemáticas: a multiplicação dos pães e dos peixes (Mateus 14:13-21; Lucas 9:10-17; e João 6:5-15), e o testemunho vivo das primeiras comunidades cristãs, onde tudo era colocado em comum e supridas as necessidades de cada um singularmente (Atos 2:44-47).

Na Constituição Apostólica *Gaudium et Spes* (GS):

> Deus destinou a terra com tudo o que ela contém para uso de todos os homens e povos; de modo que os bens criados devem chegar equitativamente às mãos de todos, segundo a justiça, secundada pela caridade. Sejam quais forem as formas de propriedade, conforme as legítimas instituições dos povos e segundo as diferentes e mutáveis circunstâncias, deve-se sempre atender a este destino universal dos bens (GS, n.º 69).

Ao mesmo tempo em que reconhece a legitimidade da propriedade, a GS explicita que a dimensão do "uso comum", ou seja, da "destinação universal dos bens", está implícita na utilização desses bens. Em outras palavras: a propriedade é legítima, quando adquirida por meios lícitos, e sua designação, mesmo que de forma singular, deve mirar o bem de todos. Nesse sentido, descortina-se a responsabilidade social sobre a propriedade como um valor ético que deve reger a vida das pessoas também nos aspectos econômico e sociopolítico. Esta responsabilidade social, por si só, exclui do ser pessoa atitudes contrárias a um comportamento ético, entre as quais, a avareza e a cobiça, definidas pela Igreja como pecado no sentido de transgressão a um dos mandamentos contidos no Decálogo — já aludido neste texto.

Paralelamente, a Igreja reconhece que a aplicabilidade de tal princípio não é tarefa simples, tendo em vista a complexidade do mundo em sua multiplicidade de contextos culturais e sociais. Assim, para a Igreja,

> [...] se é verdade que todos nascem com o direito ao uso dos bens, é igualmente verdadeiro que, para assegurar o seu exercício equitativo e ordenado, são necessárias intervenções regulamentadas, fruto de acordos nacionais e internacionais, e uma ordem jurídica que determine e especifique tal exercício (CDSI, n.º 173).

Eis, pois, o convite às organizações governamentais e não governamentais para olharem o ser humano em sua essência e buscarem formas de garantir o mínimo necessário para que vivam com dignidade. Nessa direção, o esforço proposto pela Igreja é um esforço comum, coletivo, universal, direcionado aos mais pobres, os quais merecem uma opção preferencial por parte de todos.

É chegado o terceiro princípio, o *de subsidiariedade*. Antes de tudo, faz-se necessário compreender o significado da palavra: "condição do que é subsidiário, que auxilia, ajuda; colaboração, apoio" (CDSI, n.º 173). E como essa condição pode ser traduzida como um princípio norteador de uma doutrina social? Pelo fato de ser impossível promover a dignidade da pessoa sem levar em consideração suas realidades decorrentes e circundantes. Dessa forma, como encontrado no CDSI, urge que se cuide

> [...] da família, dos grupos, das associações, das realidades territoriais locais, em outras palavras, daquelas expressões agregativas de tipo econômico, social, cultual, desportivo, recreativo, profissional, político, às quais as pessoas dão vida espontaneamente e que lhe tornam possível um efetivo crescimento social. [...]. A rede destas relações inerva o tecido social e constitui a base de uma verdadeira comunidade de pessoas, tornando possível o reconhecimento de formas mais elevadas de sociabilidade (CDSI, n.º 185).

É a subsidiariedade que gera o quarto princípio, o da participação, que implica uma série de atividades que contribuam com o desenvolvimento cultural, social, econômico e político da comunidade de pertença, desenvolvidas pelo homem singularmente ou de maneira associativa, de forma direta ou por meio de representantes legais.

É dentro deste princípio que a Igreja compreende o exercício pleno da democracia como uma forma de governo que emana do povo e deve ser exercido em direção ao crescimento igualitário desse mesmo povo. Portanto, a democracia é vista como um serviço ao bem comum e nunca como um viés para engrandecimentos e/ou enriquecimentos individuais ou de grupos privilegiados. Aqui, a pérola mais preciosa: a política como a arte de promover o bem de todos e para todos.

O quinto princípio, o da solidariedade, traz nuances novas e complementares. Explicitando seu significado e valor, o CDSI enuncia que a solidariedade

> [...] confere particular relevo à intrínseca sociabilidade da pessoa humana, à igualdade de todos em dignidade e direitos, ao caminho comum dos homens e dos povos para uma unidade cada vez mais convicta. Nunca como hoje, houve uma consciência tão generalizada do *liame de interdependência entre os homens e os povos*, que se manifesta em qualquer nível (CDSI, n.º 192).

A *solidariedade*, pois, é apontada como um princípio social e uma virtude moral por não se traduzir em um sentimentalismo de mera compaixão, mas por expressar uma "determinação firme e perseverante de se empenhar pelo bem comum" (CDSI, n.º 193). Além disso, é a *solidariedade* um aspecto que impulsiona o crescimento comum dos homens. Nesse sentido, o CDSI é contundente ao afirmar que o "princípio da solidariedade implica que os homens do nosso tempo cultivem uma maior consciência do débito que têm para com a sociedade em que estão inseridos" (CDSI, n.º 195).

Com esse aporte até aqui exposto e em decorrência deste, a DSI evidencia os *valores fundamentais da vida social*, o que representa seu sexto princípio. Assim, compreende a reciprocidade que existe entre princípios e valores. Por um lado, os valores sociais expressam os princípios que norteiam o bem moral; por outro lado, os princípios balizam os valores sociais doando a estes a solidez capaz de formar o tecido social, onde todos os indivíduos sintam-se contemplados e protegidos.

No bojo desse bem moral, três valores se conjugam, entrelaçam-se e se retroalimentam: a *verdade*, a *liberdade* e a *justiça*. Há de se compreender que, para a Igreja, esses três valores estão respaldados na tradição judaico-cristã sobre a qual alicerça suas diretrizes. Todavia, há de se compreender também esses valores à luz da complexa diversidade cultural vista anteriormente. Uma não invalida, nem suplanta a outra.

Quando coloca em pauta a *verdade*, a DSI não aponta verdades individuais, singulares, mas a compreende como elemento essencial para harmonização das relações sociais. Poder-se-ia dizer: tratar-se na verdade. Assim, "quanto mais as pessoas e os grupos sociais se esforçam por resolver problemas sociais segundo a verdade, tanto mais se afastam do arbítrio e se conforma às exigências objetivas da moralidade" (CDSI, n.º 195). Ao mesmo tempo, a Igreja chama a atenção para o perigo do relativismo como corrente do pensamento que coloca em xeque as verdades universais do ser humano, levando em consideração as questões cognitivas, morais e culturais sobre o que se considera verdade. Nesse sentido, alerta que as questões mais urgentes reclamam transparência e honestidade no agir pessoal e social.

No que se refere à liberdade, encontra-se na GS a compreensão de tal valor como "um sinal privilegiado da imagem divina no homem" (GS, n.º 17), ao mesmo tempo em que, evocando o livro do Eclesiástico, lembra que o próprio Deus deixou ao homem o poder de decidir — "desde o princípio ele criou o homem e o abandonou nas mãos de sua própria decisão" (Eclesiástico, 15:14), na esperança de que o ser criado busque, *de per si*, seu Criador, e com Ele estabeleça a relação filial sobre a qual este trabalho já discorreu.

Seguindo essa direção, a compreensão de *liberdade* assume dimensões outras quando inserida no contexto social, no qual o indivíduo atua e ao qual tenta se adequar. Nesse sentido, o CDSI dispõe que o valor da liberdade:

> [...] *enquanto expressão da singularidade de cada pessoa humana, é respeitado e honrado na medida em que se consente a cada membro da sociedade realizar a própria vocação pessoal*; buscar a verdade e professar as próprias ideias religiosas, culturais e políticas; manifestar as próprias opiniões; decidir o próprio estado de vida e, na medida do possível, o próprio trabalho; assumir iniciativas de caráter econômico, social e político. Isto deve acontecer dentro de um «sólido contexto jurídico», nos limites do bem comum e da ordem pública e, em todo caso, sob o signo da responsabilidade (CDSI, n.º 200).

Portanto, liberdade *versus* responsabilidade: duas vertentes que se fundem e uma não pode ser concebida sem a outra.

Se a solidariedade não pode ser pensada sem a verdade e a liberdade, impossível concebê-la sem a *justiça*, o terceiro dos valores mencionados. Como, então, a DSI compreende a justiça? O Compêndio demonstra:

> [...] segundo a sua formulação mais clássica, «ela consiste na constante e firme vontade de dar a Deus e ao próximo o que lhes é devido». Do ponto de vista subjetivo a justiça se traduz na atitude *determinada pela vontade de reconhecer o outro como pessoa*, ao passo que, do ponto de vista objetivo, essa constitui *o critério determinante da moralidade no âmbito intersubjetivo e social* (CDSI, n.º 201).

Um senso de justiça, pois, que começa na pessoa humana e galga a dimensão social. Assim, a justiça social, exigência cada vez maior frente às questões sociais degradantes que parte da humanidade enfrenta nos dias atuais, torna-se uma exigência planetária e diz respeito aos aspectos sociais, políticos, econômicos e, sobretudo, à dimensão estrutural dos problemas e das respectivas soluções (LE). Assim, a paz somente será alcançada com a realização da justiça social em todos os âmbitos, também naquele internacional.

O sétimo e último princípio da Doutrina Social da Igreja é a *caridade*, considerada a *mãe de todas as virtudes*, o que remete à descrição feita pelo apóstolo Paulo, em sua primeira carta à igreja de Corinto, quando prepõe a *caridade* antes de tudo e a coloca acima de tudo: acima do saber intelectual, dos saberes profético e científico, da fé capaz de transpor montanhas, da generosidade, da capacidade de sacrifícios extraordinários. Sem a caridade, diz o apóstolo, tudo isso "nada seria" (1 Coríntios 13:1-3). Definido o conceito de *caridade*, é possível compreender sua dimensão pessoal e social como consequência. Senão, no dizer do Apóstolo, a *caridade* comporta todos os requisitos para que se estabeleçam relações verdadeiras, livres de amarras e, por conseguinte, justas. Nessa direção, CDSI expressa:

> [...] *os valores da verdade, da justiça, do amor e da liberdade nascem e se desenvolvem do manancial interior da caridade*: a convivência humana é ordenada, fecunda de bens e condizente com a dignidade do homem, quando se funda na verdade; realiza-se segundo a justiça, ou seja, no respeito efetivo pelos direitos e no leal cumprimento dos respectivos deveres; é realizada na liberdade que condiz com a dignidade dos homens, levados pela sua mesma natureza racional a assumir a responsabili-

dade pelo próprio agir; é vivificada pelo amor, que faz sentir como próprias as carências e as exigências alheias e torna sempre mais intensas a comunhão dos valores espirituais e a solicitude pelas necessidades materiais (CDSI, n.º 205).

Essa dimensão da *caridade* assume feições sociais e políticas, não se esgota nas relações interpessoais, mas permeia as redes em que estas relações estão inseridas, numa íntima interface entre ação e reação, feito e efeito, causa e consequência.

3.3 A DIGNIDADE DO TRABALHO À LUZ DA DSI

Para uma melhor compreensão do pensamento da Igreja sobre a dignidade da pessoa humana, do trabalho e de suas faces decorrentes, é importante ressaltar qual o ponto de partida, a pedra angular sobre a qual tal pensamento se respalda. Assim, seus fundamentos foram encontrados no olhar da tradição judaico-cristã. Para esta, quem é o ser humano?

Toda sua concepção se alicerça na crença de que a pessoa humana foi criada por Deus à sua imagem e semelhança (Gênesis 1:26-28). Nesta concepção, vislumbram-se duas ações: aquela que é própria do Criador e aquela própria do ser humano, como partícipe da criação e, portanto, como cocriador. Este panorama encerra, por si só, a grandiosidade do homem e da mulher em sua essência: anuncia que eles foram criados como o "tu" de Deus, para estarem em relação constante e plena com o Criador, recheada de corresponsabilidades e compromissos.

A dimensão da dignidade humana é assim descrita no Catecismo da Igreja Católica (CIC):

> [...] a dignidade da pessoa humana se fundamenta em sua criação à imagem e semelhança de Deus; realiza-se em sua vocação à bem-aventurança divina. Cabe ao ser humano a livre iniciativa de sua realização. Por seus atos deliberados, a pessoa humana se conforma ou não ao bem prometido por Deus e atestado por sua consciência moral. As pessoas humanas se edificam e crescem interiormente: fazem de toda sua vida sensível e espiritual matéria de crescimento (CIC, n.º 1700).

Referindo-se às bem-aventuranças, o CIC retoma as promessas de Deus que acompanham a história do seu povo, desde Abraão até sua plenitude em Jesus Cristo e a vinda do Espírito Santo Paráclito. Portanto, a inserção da pessoa humana no seio da Trindade.

Como está explícito no Catecismo, também está implícita a liberdade de escolha. Isto é, à pessoa, como foi visto, compete impregnar suas ações com os valores apreendidos do Deus Criador. Todavia, a escolha é singular. Livremente pode seguir aquela escala de valores onde seu Criador ocupa lugar determinante, ou pode criar para si outros valores e excluir Deus de suas relações pessoais e sociais, reduzindo sua relação com o Sagrado apenas na busca de aplacar suas necessidades pessoais ou, no máximo, familiares.

A forma de uso dessa liberdade determina a moralidade dos atos humanos (CIC - Art. 4), cujas fontes dependem *do objeto escolhido, do fim visado ou da intenção, das circunstâncias*. Aqui, reside o divisor de águas entre os atos bons e maus. "O ato moralmente bom supõe, ao mesmo tempo, a bondade do objeto, da finalidade e das circunstâncias" (CIC, n.º 1760). Eis a plataforma da consciência moral que, de acordo com a GS, "é o centro mais secreto e o santuário do homem, no qual se encontra a sós com Deus, cuja voz se faz ouvir na intimidade do seu ser" (GS, n.º 16). O Catecismo da Igreja Católica reforça essa intimidade:

> [...] na intimidade da consciência, o homem descobre uma lei. Ele não a dá a si mesmo. Mas a ela deve obedecer. Chamando-o sempre a amar e fazer o bem e a evitar o mal, no momento oportuno a voz desta lei ressoa no íntimo de seu coração... É a lei inscrita por Deus no coração do homem (CIC, n.º 1776).

Inscrita desde o ato da criação, essa lei não é privilégio daqueles que se consideram cristãos, mas é estendida a todos os "homens que ele ama", conforme proclamou o anjo aos pastores quando anunciou o nascimento do Filho de Deus, Jesus Cristo (Lucas 2:14).

Ora, se assim se constitui a dignidade humana, esta deveria ser o alicerce de toda a ação do ser criado, o que inclui, também, as relações de trabalho.

É necessário fazer aqui outro recorte no que se refere especificamente ao trabalho humano, visto ser o campo de atuação do padre Melo sobre o qual se debruça essa nossa tese. Assim, de forma breve e objetiva, porém, sem comprometer sua intensidade, pretende-se olhar o trabalho a partir da tradição judaico-cristã como forma de balizar o estudo sobre a DSI à luz das Sagradas Escrituras.

A questão inicial que se coloca é clara: de onde vem a dignidade do trabalho humano segundo a tradição judaico-cristã? Ousa-se afirmar que ela se encontra no próprio Deus, em sua ação criadora. É interessante a narrativa apresentada no livro do Gênesis. Nesse relato, uma frase nos chama a atenção: "E no sétimo dia descansou" (Gênesis 2:2). É a frase conclusiva da explanação de sua obra criadora. Ora, se descansou, na limitada compreensão humana, é porque trabalhou, desprendeu energia, direcionou empenhos. E esse "descanso" reporta a uma outra ideia: o esforço empreendido foi direcionado a quê? Sempre de acordo com o livro do Gênesis, à criação de todas as coisas visíveis e invisíveis.

A segunda frase a chamar a atenção, embora precedente ao descanso, está relacionada ao término de cada uma de suas realizações: "E Deus viu que tudo isso era bom". Assim foi quando criou a luz, a terra e as águas, a fauna e a flora, o dia e a noite... enfim, é possível dizer que Deus usou sua energia para criar aquilo que é bom.

Com alguma afoiteza, é possível declarar, sem nenhuma preocupação teológica, que a ação de Deus, o trabalho de Deus, foi direcionada para aquilo que é salutar, para aquilo que faz e traz o bem. Aqui, está a gênese da dignidade do trabalho humano: os esforços, a energia, a capacidade intelectual e tudo o mais que é inerente ao ser humano, sendo usados para a construção do que é bom e a edificação do bem.

Quando Deus entregou ao homem e à mulher tudo o que de bom havia criado, fez do ser humano coparticipe dessa dignidade laboriosa. Assim, "no desígnio do Criador, as realidades criadas, boas em si mesmas, existem em função do homem" (CDSI, n.º 255), e aqui, compreenda-se, do ser criado, isto é, do homem e da mulher igualitariamente.

Entretanto, sabe-se que, na tradição judaico-cristã, por desobediência àquilo que o próprio Deus estabelecera, o homem e a mulher amargarão "as dores do parto". Nessa escrita, entenda-se por "parto" não apenas aquele fisiológico, função exclusiva feminina, mas em sua dimensão alargada, ou seja, ao homem e à mulher, a necessária passagem pela dor para que se possa gerar a vida em suas mais diversas expressões, o seu sustento e o seu zelo. Somente do suor da fronte, seja este oriundo do esforço do trabalho ou do ato de parir outra vida humana, é possível extrair o alimento, quer seja o fruto da terra, quer seja o leite materno. Contudo, "permanecem inalterados o desígnio do Criador, o sentido de Suas criaturas e, dentre elas, o homem chamado a ser cultivador e guardião da criação" (CDSI, n.º 256), portanto, cocriador como já mencionado.

Eis a dimensão, se é possível dizer assim, mais excelsa do trabalho humano: compreender que todas as suas atividades podem ser expressão de continuidade da obra criadora de Deus. Nessa direção, ainda no ato da criação do homem e da mulher, Deus abre espaço para que o ser criado experimente sua proximidade, sua presença, que significa paz, plenitude, amor, justiça, concórdia, fraternidade, solidariedade e assim por diante.

Simultaneamente, por ser sua criação, o homem e a mulher assumem a responsabilidade de fazer com que o seu Criador e tudo o que dele provém povoem os espaços decorrentes da ação humana no seio da sociedade e da natureza. Assim, num mesmo ato, o Criador franqueia para o ser criado a imensidão do paraíso, ao passo que este deverá abrir espaço para Deus entre seus iguais a ponto de se realizar aquilo que está na oração ensinada pelo próprio Jesus: "assim na terra, como no céu" (Mateus 6:10).

Continuando a reflexão sobre a dignidade do trabalho, Jesus Cristo protagoniza cenas extraordinárias. Em primeiro lugar, os evangelhos de Mateus (13:35) e Marcos (6:3) apresentam a descrição de Jesus como ajudante de carpinteiro, ofício desempenhado por José, seu pai adotivo. Escolhe seus discípulos entre trabalhadores comuns, sobretudo pescadores acostumados com a lida, familiarizados em tirar o próprio sustento e o de suas famílias das suas atividades profissionais. Em suas parábolas sobre o Reino de Deus, refere-se constantemente ao trabalho humano. Atenção ao que diz a Carta Encíclica *Laborem Exerces* (LE), assinada pelo papa João Paulo II e publicada em 14 de setembro de 1981:

> [...] o próprio Jesus, *nas suas parábolas* sobre o Reino de Deus, refere-se constantemente ao trabalho humano: ao trabalho do pastor (Jo 10:1-16), do agricultor (Mc 12:1-12), do médico (Lc 4:23), do semeador (Mc 4:1-9), do amo (Mt 13:52), do servo (Mt 24:45; Lc 12:42-48), do feitor (Lc 16:1-8), do pescador (Mt 13:47-50), do comerciante (Mt 13:45-46) e do operário (Mt 20:1-16). E fala também das diversas atividades das mulheres (Mt 13:33; Lc 15:8-9). Apresenta o apostolado sob a imagem do trabalho braçal dos ceifeiros (Mt 9:37; Jo 4:35-38) ou dos pescadores (Mt 4:19). E, enfim, refere-se também ao trabalho dos estudiosos (Mt 13:52) (LE, n.º 26).

A atividade humana é uma via de mão dupla: ao mesmo tempo em que dele procede, para ele se dirige. Ou seja, nasce do ser humano e é direcionada para o ser humano. Retroalimenta-se. Ao mesmo tempo em que, externamente, transforma coisas — materiais ou imateriais —, tem a capacidade de realizar o próprio homem no seu mais íntimo, no seu dever-ser. Desenvolvendo suas capacidades cognitivas, aprende e ensina concomitantemente. Tem a competência de sair de si e de superar-se a si mesmo. Na apresentação da Encíclica *Laborem Exercens*, o papa João Paulo II afirma:

> [...] somente o homem tem capacidade para o trabalho e somente o homem o realiza preenchendo ao mesmo tempo com ele a sua existência sobre a terra. Assim, o trabalho comporta em si uma marca particular do homem e da humanidade, a marca de uma pessoa que opera numa comunidade de pessoas; e uma tal marca determina a qualificação interior do mesmo trabalho e, em certo sentido, constitui a sua própria natureza A CDSI nos apresenta o trabalho como participação na obra não só da criação, mas também da redenção. [...]. O trabalho é a expressão da plena humanidade do homem, na sua condição histórica e na sua orientação escatológica: a sua ação livre e responsável revela sua íntima relação com o Criador e o seu potencial criativo (CDSI, n.º 263).

Assim, na compreensão da DSI, o trabalho humano assume uma dupla dimensão: uma objetiva e outra subjetiva. No sentido objetivo, "é o conjunto de atividades, recursos, instrumentos e técnicas de que o homem se serve para produzir, para dominar a terra" (CDSI, n.º 270), conforme já anunciado no livro do Gênesis (1:28). No sentido subjetivo, é o agir do homem enquanto ser dinâmico, capaz de submeter a terra, de dominá-la. Como criatura de Deus, ele é o sujeito do trabalho e, para corresponder àquela imagem e semelhança impressa em si no ato da criação de Deus, compete-lhe direcionar seu trabalho para o que é bom e para o que constrói o bem. Portanto, cabe ao homem assumir (em qualquer que seja o seu trabalho) essa dignidade que lhe é inerente.

É a partir dessa concepção que a DSI compreende a dignidade do trabalho e, evidentemente, do trabalhador, o que implica em seus deveres e direitos, mas, também em suas ações de solidariedade para com seus pares, isto é, com os demais trabalhadores. Assim, na perspectiva do trabalho humano, está feito o recorte dentro DSI, visto que a ação do padre Melo se deu entre trabalhadores, conforme já mencionado.

A partir de agora, a pesquisa buscará compreender as inspirações que orientaram a construção da DSI, no que se refere especificamente ao trabalho e suas variantes. Essa tarefa perpassa o processo histórico de sua construção, a partir do final do século XIX, quando a Igreja se pronunciou oficialmente frente aos novos rumos socioeconômicos que a Europa tomava como consequência da revolução industrial iniciada na Inglaterra, durante a segunda metade do século XVIII.

A voz da Igreja, com início na publicação da Carta Encíclica *Rerum Novarum* até os documentos pós-Conciliares, buscando atualizações necessárias e urgentes, compilou, paulatinamente, os princípios norteadores de sua Doutrina Social. Resta, então, buscar esses princípios contidos nos documentos papais, a partir do pontificado de Leão XIII até Paulo VI, passando pelo *aggiornamento* do Concílio Vaticano II, considerando, também, mesmos se de maneira sucinta, o contexto histórico no qual tais documentos estavam inseridos.

3.3.1 Retraços históricos

A história da humanidade é recheada de eventos extraordinários que influenciaram substancialmente o rumo da vida de homens e mulheres em todos os sentidos. São eventos religiosos, como a já mencionada saga do povo de Deus, ou sociopolítico, como o foi a Revolução Francesa, mas, também, aqueles econômicos que germinaram uma nova forma de conceber a produção e suas consequências. Assim aconteceu sobretudo com a descoberta e o avanço da agricultura.

Na Era Moderna, o grande impacto foi provocado pela Revolução Industrial que teve início na Inglaterra, na segunda metade do século XVIII, e se espalhou, inicialmente, pela Europa para, depois, invadir o mundo. Basicamente, consistiu nas transformações do processo de produção, isto é, saiu daquela à base da energia humana e passou para métodos produtivos à base da força motriz não humana, ou seja, a energia eólica (com seus moinhos de vento), hidráulica e, sobretudo, aquela a vapor cujos motores impulsionados por esta energia deflagraram a citada Revolução Industrial.

Além disso, e por consequência, as oficinas artesanais (domésticas, manufatureiras) foram substituídas pelas fábricas (maquinofatura). Consolidam-se, nesse cenário, duas classes sociais: a burguesia, composta por proprietários e exploradores dos meios de produção, e o proletariado formado por trabalhadores juridicamente livres que colocaram à venda sua energia humana (vendedores de sua força de trabalho).

Qual a dimensão desse impacto? A resposta a esta indagação pode ser encontrada em Hobsbawm:

> [...] a certa altura da década de 1780, e pela primeira vez na história da humanidade, foram retirados os grilhões do poder produtivo das sociedades humanas [...]. Nenhuma sociedade anterior tinha sido capaz de transpor o teto que uma estrutura social pré-industrial, uma tecnologia e uma ciência deficientes, e consequentemente o colapso, a fome e a morte periódicas, impunham à produção (HOBSBAWM, 1977, p. 44).

Para Hobsbawm, nenhum acontecimento histórico surge da noite para o dia. Eles são consequências de outros tantos acontecimentos menores que, somados, explodem em sua magnitude. Assim aconteceu também com a Revolução Industrial. Porém, para esse historiador, "este foi o mais importante acontecimento da história do mundo, pelo menos desde a invenção da agricultura e das cidades" (HOBSBAWM, 1977, p. 45) e, em sua essência, fez a humanidade compreender que a mudança revolucionária se tornou norma desde então, varando os séculos seguintes com o advento da tecnologia e da ciência genética, por exemplo.

Na ótica de Hobsbawm (1977), a Revolução Industrial significou uma mudança social fundamental. Assim, não basta traçar o ímpeto da industrialização que proporcionou, em última análise, o acesso a outros bens de consumo inimagináveis à época. "Existe, na verdade, uma relação entre a Revolução Industrial como provedora de conforto e como transformadora social" (HOBSBAWM, 2000, p. 75). Isso posto, é necessário (e complementar) compreender a repercussão de tal industrialização na sociedade humana. Nessa direção, o primeiro grande impacto refere-se à migração da mão de obra, o que implicou em um brusco declínio da população rural e um descomunal crescimento da população urbana. Outro impacto está relacionado à concentração de riquezas. Aqui, pode-se entrever, sempre de acordo com Hobsbawm (2000), que tal concentração não mudou substancialmente. Ao contrário, a classe econômica e politicamente dominante da época — aristocratas e proprietários de terra — apenas transferiu suas atividades. A este respeito, Hobsbawm (2000, p. 75) afirma:

> [...] suas rendas inflaram com a procura de produtos agrícolas, com a expansão das cidades (em solos de sua propriedade) e com o desenvolvimento de minas, forjas e estradas de ferro (situadas em suas propriedades ou que passavam por elas). [...]. Sua predominância social permaneceu intacta; seu poder econômico inalterado no campo, e mesmo no conjunto do país não se abalou muito, ainda que a partir da década de 1830

fossem obrigados a levar em conta as suscetibilidades de uma poderosa e militante classe média de empresários provincianos.

Como consequência, o entrelaçamento entre o político (Estado) e a economia em fase de industrialização continuou tão forte a ponto de não ser possível conceber um sem o outro, o que se alinha aos comentários de Hobsbawm, quando chamou a atenção para o engate entre política e lucro, afirmando que, naquela época, em continuidade com o que acontecia precedentemente, "o dinheiro não só falava, mas governava" (HOBSBAWM, 1977, p. 47), considerando, aqui, o "dinheiro" como símbolo de riquezas e poder econômico. Assim assevera Huberman:

> [...] a invenção de máquina para fazer o trabalho do homem era uma história antiga, muito antiga. Mas com a associação da máquina à força a vapor ocorreu uma modificação importante no método de produção. O aparecimento da máquina movida a vapor foi o nascimento do sistema fabril em grande escala. Era possível ter fábricas sem máquinas, mas não era possível ter máquinas a vapor sem fábricas (HUBERMAN, 1981, p. 184).

O que mudou, então? O surgimento de uma nova classe de operários, dessa feita, urbana — o proletariado — com significativas diferenças frente aos moldes precedentes da exploração da mão de obra, entre as quais, a ausência de outra fonte de renda dessa nova classe trabalhadora, senão aquele salário recebido por seu trabalho, ao passo que, na sociedade pré-industrial, a economia era oriunda do núcleo familiar possuidor de pequena propriedade rural ou oficinas artesanais, o que possibilitava o acesso direto aos rendimentos provindos da diversidade de atividades econômicas familiares. Para Hobsbawm (1983, p. 169)

> [...] cumpre distinguir o proletário, cujo único vínculo com seu empregador está no recebimento de salário em dinheiro, do "servo" ou dependente pré-industrial, que tem uma relação humana e social muito mais complexa com seu "amo", relação essa que implica deveres recíprocos, ainda que muito desiguais.

Outrossim, as fábricas, desde seu início, geraram, paralelamente, um estilo de produção alheio ao operário, isto é, diferentemente do período pré-industrial, o operário perdia por completo o controle do processo produtivo, concomitantemente à obediência a quem tinha o poder de decisão, isto é, ao proprietário dos meios de produção. Esse processo transformou o operário em um trabalhador assalariado, porém aparentemente "livre" e, ao mesmo tempo, alienado, visto que seu trabalho se apresenta distante e indiferente à realidade de sua vida. Além de ser expropriado do produto final de seu trabalho, o trabalhador torna-se sujeito às normas de produção impostas pelo capital.

É em Paul Mantaux que se encontra uma descrição minuciosa e sucinta do operário daquele tempo, e que, talvez, pouco ou quase nada difira essencialmente dos nossos operários de hoje. Eis a descrição de Mantaux, ainda que um pouco extensa, porém importante para a compreensão do quadro da época:

> [...] o pessoal das fábricas foi no início composto pelos mais disparatados elementos: camponeses expulsos de suas aldeias pela extensão das grandes propriedades, soldados licenciados, indigentes sob o encargo das paróquias, o rebotalho de todas as classes sociais e de todas as profissões. O manufatureiro tinha de instruir, levar adiante, sobretudo disciplinar esse pessoal inexperiente, pouco preparado para o trabalho em comum; tinha de transformá-lo, por assim dizer, num mecanismo humano, tão regular em sua marcha, tão preciso em seus movimentos, tão exatamente combinado, visando uma obra única quanto o mecanismo de madeira e de metal do qual ele se tornava auxiliar. O desleixo que reinava nas pequenas oficinas é substituído pela mais inflexível regra: a entrada dos operários, a refeição deles e a saída ocorrem ao som do sino. No interior da fábrica, cada um tem seu lugar marcado, a tarefa estreitamente delimitada e sempre a mesma; todos devem trabalhar regularmente e sem parar, sob o olhar do contra-mestre que o força à obediência mediante a ameaça da multa ou da demissão, por vezes até mesmo mediante uma coação mais brutal (MANTAUX, 1972/1986 *apud* BEAUD, 1981, p. 108).

Nessa nova configuração político-econômica, o Estado desempenhou um papel preponderante à proporção em que editou medidas protecionistas, garantindo privilégios e monopólios mercantilistas. Além disso, promoveu a proteção política e militar à expansão comercial e colonial, ao mesmo tempo em que implementou a repressão policial a qualquer movimento dos operários que buscasse melhorias salariais e de condições de trabalho. E Beaud continua:

> [...] no âmago desse movimento, heterogêneo, diverso, ativo, o esboço em fusão da futura burguesia: membros da aristocracia promovendo empresas comerciais, mas também explorações agrícolas ou mineiras; grandes mercadores ou

> grandes financistas marcando o sucesso deles com a compra de terras; mercadores se tornando fabricantes e depois criando suas fábricas; fabricantes e negociantes se tornando banqueiros: eles detêm o conjunto dos negócios do país. Com os homens da lei, os próceres locais, os fazendeiros abastados, os homens da Igreja e da Universidade, eles são agora quatrocentos e cinquenta mil dispondo do direito de voto: são seus interesses que são refletidos pelos votos do Parlamento [...]. Uma realidade que Pitt[15] resumiu numa frase célebre: "A política britânica é o comércio britânico" (BEAUD, 1981, p. 109-110).

Ainda de acordo com Beaud (1981), é no setor têxtil que mulheres e crianças — sobretudo aquelas abandonadas, sob tutela de paróquias e por estas encaminhadas às fábricas —, formaram o contingente de uma mão de obra ainda mais barata do que aquela masculina. Já a partir dali, a discrepância salarial entre homens e mulheres, mesmo desempenhando as mesmas básicas funções no chão das fábricas, até porque as mulheres sequer tinham acesso às funções mais especializadas.

É nesse cenário polarizado entre burguesia e proletariado que brotaram as tensões decorrentes do antagonismo de interesses onde a primeira, minoritária, tornava-se cada vez mais senhora das riquezas decorrentes também dos monopólios dos meios de produção, e a segunda, formada por uma multidão incontável de operários que ficava cada vez mais empobrecida, marcada pelas péssimas condições de vida e de trabalho. Eis a gênese da questão social que, de acordo com Martina (2014), apresenta-se como resultante de dois fatores determinantes:

> [...] de um lado, as grandes descobertas científicas e sua aplicação em grande escala em todos os setores da técnica, a começar pela invenção da máquina a vapor no século XVIII e de sua aplicação na indústria têxtil, revolucionaram os meios e as técnicas de produção e criaram a grande indústria moderna. Contemporaneamente, as doutrinas econômicas defendidas desde o século XVIII por Adam Smith (1723-1790) e por David Ricardo (1772-1823), se foram um estímulo e um encorajamento eficacíssimo para os empresários, forneceram igualmente, porém, uma cômoda justificativa para sua ambição e para seu egoísmo, construída em bases científicas que pareciam indiscutíveis (MARTINA, 2014, p. 28-29).

---

[15] William Pitt, Primeiro-Ministro britânico em dois períodos: de 1783-1801; de 1804 até sua morte, em 1806.

Portanto, práticas e teorias somaram-se para redesenharem o mundo europeu da época. Discorrendo sobre a teoria do liberalismo desenvolvida por Smith, Martina aponta quatro traços essenciais: o primeiro é denominado como *amoralismo econômico* que considera a economia completamente separada da moral e, portanto, do respeito pelo homem, considerando as leis econômicas relações de causa e efeito e não daquilo que é justo ou injusto. Nesse sentido, "o próprio salário não é senão uma mercadoria e, como tal, está sujeito à lei da oferta e da procura" (MARTINA, 2014, p. 29); o segundo é a *livre concorrência* que, historicamente, constitui a superação e negação de uma economia mercantilista controlada pelas velhas corporações medievais, subordinando a atividade econômica a controles por elas determinados. No plano técnico, o mergulho na produção em série completamente diferente daquela artesanal. No plano conceitual, uma economia que exalta a liberdade própria de toda a mentalidade da época: "determina uma seleção entre os operadores econômicos, na qual deveriam vencer os melhores, provocando um aperfeiçoamento dos produtos" (MARTINA, 2014, p. 19). Para este autor, "quem paga a conta da livre concorrência são, em primeiro lugar, os operários, cujo salário o empresário, para reduzir os custos da produção, tende a reduzir e cujo horário de trabalho tende a prolongar" (MARTINA, 2014, p. 29).

Intitulado de absenteísmo estatal, e característico da época liberal, o terceiro traço trazia consigo a proteção dos institutos jurídicos de cunho individual-subjetivo, que eram suficientemente aptos a satisfazer as exigências político-liberais de quem detinha o poder. A esse respeito, Martina pontua que a intervenção do Estado era inútil, prejudicial e injusta. "O Estado liberal, [...], é por demais avesso a intervir nas questões sociais. As suas primeiras intervenções são tímidas e tardias" (MARTINA, 2014, p. 30). Mas o autor vai além (se é possível) e denuncia que o pretenso absenteísmo estatal se constituía apenas em um rótulo para esconder as alianças firmadas entre as classes dirigentes e a aristocracia, isto é, a submissão do Estado às forças do capital.

Quanto ao quarto traço, o *individualismo*, Martina credita-lhe a desvalorização da função social da propriedade e, por conseguinte, o geminar de duas consequências imediatas: "a proibição de todo contrato coletivo e a proibição de toda associação profissional" (MARTINA, 2014, p. 31). Assim, os operários, isolados, privados da única força quem têm, o número, estão agora totalmente à mercê do empresário.

Toda ação provoca uma reação, quer espontânea, quer organizada. Assim, o avanço do liberalismo provocou o surgimento de três correntes diferentes — delineadas paulatinamente —, porém sempre de enfrentamento ao modelo econômico que ia se consolidando a passos largos: o socialismo utópico — que buscava uma sociedade ideal implementada gradualmente —; o sindicalismo como forma de organização proletária em busca de direitos e conquistas sociais e econômicas para a classe de trabalhadores; e o marxismo que passou de uma análise crítica do capitalismo para a ação política.

E o laicato e a hierarquia eclesiástica da Igreja Católica neste contexto? Para compreender o cenário interno da Igreja, vale ancorar-se em Giacomo Martina, que apresenta duas tendências:

> [...] de uma parte, encontramos a exortação à resignação, à paciência, à aceitação da pobreza, ao reconhecimento de seu valor religioso, acompanhada de uma ação limitada estritamente ao plano caritativo, ou seja, que exclui todo reconhecimento de um direito por parte do operário e rejeita como subversivo da ordem constituída qualquer tentativa de modificar as estruturas burguesa-capitalista-liberais. De outra parte, há um lento amadurecimento, que leva da consciência caritativo-assistencial a uma ação fortemente impregnada de paternalismo, depois, gradualmente e não sem dificuldades, ao reconhecimento dos direitos do operário, à aceitação da defesa coletiva desses direitos (MARTINA, 2014, p. 36).

Portanto, dois palcos de uma mesma história: de um lado, o palco das mudanças socioeconômicas e políticas talhando um novo rumo para a história da humanidade; do outro, a Igreja Católica diante de profundos e novos desafios impostos naturalmente por tais mudanças. Era necessário fazer ecoar o pensamento da Igreja para apontar caminhos sobre os quais os seus seguidores pudessem colocar os pés e enfrentar as novidades que se agigantavam, sem, contudo, abrir mão de seus valores. É justamente nesse contexto descrito que nasceu a primeira encíclica do conjunto de documentos que compõem a Doutrina Social da Igreja como vê-se a seguir.

3.3.2 Da Rerum Novarum (RN) ao Concílio Vaticano II

De acordo com Sorge (2018), na sua origem e processo de desenvolvimento, a Doutrina Social da Igreja passou por 5 grandes fases demonstradas na tabela abaixo:

Tabela 2 – Fases da Doutrina Social da Igreja

	Fases	Período	Papas
1ª	Fase da "ideologia católica"	1891 a 1931	Leão XIII (1878 a 1903) Pio X (1903 a 1914) Bento XV (1914 a 1922) Pio XI (1922 a 1939)
2ª	Fase da "nova cristandade"	1931 a 1958	Pio XI (1922 a 1939) Pio XII (1939 a 1958)
3ª	Fase do "diálogo"	1958 a 1978	João XXIII (1958 a 1963) Paulo VI (1963 a 1978)
4ª	Fase do "novo humanismo global"	1978 a 2013	João Paulo I (1978) João Paulo II (1978 a 2005) Bento XVI (2005 a 2013)
5ª	A "revolução" do papa Francisco	2013	Francisco (2013...)

Fonte: o autor, com base nas informações de Sorge (2018, p. 13-20)

Neste livro, os estudos específicos sobre a DSI têm início a partir do papa Leão XIII até as duas encíclicas sociais do papa Paulo VI. Por que esse recorte? Porque as primeiras encíclicas embasam a Doutrina, e duas do papa Paulo VI contemplam — temporalmente — o período de ação do padre Melo no Cabo. Assim, os documentos ora estudados seguem elencados na tabela que segue.

Tabela 3 – Documentos da Doutrina Social da Igreja

Documento	Publicação	Papa
Carta Encíclica *Rerum Novarum* sobre a condição dos operários	15.05.1891	Leão XIII
Carta Encíclica *Quadragesimo Anno* sobre a restauração e aperfeiçoamentos da ordem social em conformidade com a lei evangélica no XL aniversário da Encíclica de Leão XIII «*Rerum Novarum*»	15.05.1931	Pio XI
Radiomensagem na Solenidade de Pentecostes — 50º aniversário da Carta Encíclica *"Rerum Novarum"* de Leão XIII (também conhecida como *La Solenità*)	1.06.1941	Pio XII

Documento	Publicação	Papa
Carta Encíclica *Mater et Magistra* sobre a recente evolução da questão social à luz da doutrina cristã	15.01.1961	João XXIII
Carta Encíclica *Pacem in Terris* — a paz de todos os povos na base da verdade, justiça, caridade e liberdade	11.04.1963	
Carta Encíclica *Populorum Progressio* sobre o desenvolvimento dos povos	26.03.1967	Paulo VI
Carta Encíclica *Octogesima Adveniens* por ocasião do 80º aniversário da Encíclica *Rerum Novarum*	15.04.1971	

Fonte: o autor

Contextualizando o período do pontificado de Leão XIII, Alves (2019, p. 60) elenca os três campos que estavam em plena ebulição: no político, a consolidação dos estados nacionais; na economia, a consolidação do liberalismo econômico; e, no social, o aumento e depauperação da classe operária — a "questão social".

Concomitantemente, a reação dos cristãos se deu principalmente através do movimento chamado "Catolicismo Social", que defendia, entre outros valores, o aumento dos salários dos trabalhadores e combatia o trabalho infantil. Foi a partir desse movimento que alguns sacerdotes católicos, entre os quais o alemão Adolph Kolping, fundaram associações de trabalhadores cujo objetivo maior era a luta por melhorias de suas condições de vida. Foi nesse contexto que nasceu a Sociedade de São Vicente de Paulo, fundada em 1833. Para Alves, apesar desses e outros tantos empenhos por parte de muitos cristãos, "faltava uma palavra oficial da Igreja, o que veio a acontecer com a publicação da encíclica *Rerum Novarum*" (ALVES, 2019, p. 61), assinada pelo papa Leão XIII, publicada e reconhecida como o marco legal da DSI.

De acordo com o CDSI,

> [...] a *"Rerum Novarum"* enfrentou a questão operária com um método que se tornará *"um paradigma permanente"* para o desenvolvimento da doutrina social. Os princípios afirmados por Leão XIII serão retomados e aprofundados pelas encíclicas sucessivas. Toda a doutrina social poderia ser entendida como uma atualização, um aprofundamento e uma expansão do núcleo original de princípios expostos na *"Rerum Novarum"*. Com este texto, corajoso e de longo alcance, o papa Leão

> XIII conferiu à Igreja quase um "estatuto de cidadania" no meio das variáveis realidades da vida pública e escreveu esta palavra decisiva que se tornou um elemento permanente da doutrina social da Igreja, afirmando que os graves problemas sociais só podiam ser resolvidos pela colaboração entre todas as forças intervenientes e acrescentando também: "Quanto à Igreja, não deixará de modo nenhum faltar a sua quota-parte" (CDSI, n.º 90).

Giacomo Martina (2014), ao analisar a *RN*, evidencia quatro pontos essenciais e, a cada um desses, identifica elementos opostos: a. ao mesmo tempo em que confirma o direito natural à propriedade privada, ressalta sua função social; b. compreende o Estado com o dever de intervir diante dos problemas socioeconômicos, sobretudo em defesa dos menos favorecidos, com clara superação do absenteísmo estatal e, paralelamente, põe limites intransponíveis à ação do próprio Estado; c. lembra os deveres dos operários em relação à classe empregadora e apregoa o direito a um salário suficiente para garantir uma vida humana, consagrando assim o caráter humano e personalista do trabalho; d. por fim, condena a luta de classes, mesmo reconhecendo o direito dos trabalhadores à livre associação em defesa de seus direitos.

Mesmo considerando esses elementos opostos, Martina reconhece que, à época, "Roma se alinhava explicitamente a favor das posições sociais mais avançadas" (MARTINA, 2014, p. 54). Nesse sentido, explicita:

> [...] o papa se limitava, é verdade, a pôr os sindicatos no mesmo plano das corporações, sem reservas específicas, mas esse simples fato indicou efetivamente o início da vitória do sindicalismo sobre o corporativismo no seio do catolicismo social e, numa perspectiva histórica mais ampla, a adequação corajosa da Igreja às novas exigências, a encarnação dos valores cristãos nas novas estruturas exigidas pela época, a aceitação por parte da verdade contida no marxismo, ou seja, a distinção entre a luta de classes permanente e a legítima ação de resistência em defesa dos próprios direitos. Estava implícita nessa linha a futura aceitação dos meios de luta próprios do sindicato e, antes de mais nada, da greve, que, embora nem sempre rejeitada em teoria, era sempre vista com desconfiança e considerada ainda na encíclica como um "horror". Naturalmente, os frutos da intervenção romana foram gradativamente amadurecendo, não sem resistências da base e momentâneas involuções no vértice (MARTINA, 2014, p. 55-56).

Discorrendo sobre a *RN*, Alves destaca o que considera os avanços para a época em dois aspectos específicos: o primeiro, aquilo que se refere ao trabalho e ao salário; o segundo, o que diz respeito à propriedade privada. Em sua análise, enfatiza que a *RN* apresenta o trabalho como uma "atividade humana, destinada a prover as necessidades da vida, e especialmente sua conservação" (ALVES, 2019, p. 62). Assim, todo trabalho é digno e não motivo de vergonha. É dele que provém a riqueza das nações. Ainda em relação ao trabalho, Alves pontua o seu caráter pessoal e necessário:

> [...] é "pessoal", porque a força ativa é inerente a pessoas, uma propriedade daquele que a exerce, sendo que a recebeu para a sua utilidade; é "necessária" porque o homem precisa dele para sobreviver, e daqui vem a indicação para estabelecer o justo salário, isto é, este deve ser suficiente para o trabalhador manter-se e também prover o sustento de sua família (ALVES, 2019, p. 62).

Quanto à propriedade privada, Alves reconhece que se trata de um ponto nevrálgico em relação ao socialismo, ao mesmo tempo em que tenta esclarecer a postura da RN, quando esta afirma ser um direito natural do homem querer tornar-se proprietário com o fruto do seu trabalho.

> Os dois argumentos aduzidos para mostrar que se trata de um direito derivado da natureza apoiam-se no *caráter previdente do homem*, como ser dotado de razão, e no *trabalho*, como capacidade de tornar a terra produtiva e de transformar os bens materiais (ALVES, 2019, p. 62).

A *RN* inclui, no papel desempenhado pelo Estado, a responsabilidade de garantir e proteger o direito não apenas à propriedade privada, mas, também, o favorecimento de seu acesso a todos os cidadãos. De acordo com a *RN*, a eliminação da propriedade privada supriria do trabalhador a possibilidade de gozar dos frutos do seu trabalho, ao mesmo tempo em que bate de frente às proposições do socialismo marxista.

> De acordo com a RN, a destinação universal dos bens não se opõe à propriedade privada, porque Deus não concedeu aos homens os bens para que dominassem confusamente todos juntos, mas de maneira organizada. No entanto, o "uso" das coisas está subordinado ao seu originário destino comum de todos os bens, de modo que o homem não deve "possuir" os bens externos como próprios, mas como comuns.

Somente 40 anos depois, a Igreja retoma seu discurso face às questões sociais. Foi publicada, então, pelo papa Pio XI (1922-1939), a Encíclica *Quadragesimo Anno* (QA) — "sobre a restauração e aperfeiçoamento da ordem social em conformidade com a lei evangélica no XL aniversário da encíclica de Leão XIII «Rerum Novarum»".

Apesar do distanciamento de apenas 40 anos — o que, para a história, pode-se considerar uma minúscula gota no oceano do espaço temporal —, a partir do século XVIII, com a Revolução Industrial, o mundo enfrentou uma celeridade em seu desenvolvimento nunca registrado na história da humanidade. A "civilização industrial", como decorrência do progresso técnico e do crescimento da produção, foi delineando um outro perfil de sociedade e de estilo de vida com uma rapidez espantosa. Paralelamente, também se estabelecia e ganhava corpo novos regimes políticos que geminaram a polarização entre aqueles liberais e aqueles totalitários, promovendo o desenvolvimento da indústria bélica e desembocando na Primeira Grande Guerra (1914-1918). A encíclica, então, surge no pós-guerra.

Mesmo sendo uma publicação comemorativa, a QA tem vida própria como, aliás, todos os demais documentos da Igreja. Nessa, o papa Pio XI, apresentando a finalidade da QA, esclarece, sempre fazendo referência à RN, que:

> [...] julgamos dever Nosso aproveitar esta ocasião para recordar os grandes benefícios que dela advieram à Igreja católica e a toda a humanidade; defender a doutrina social e econômica de tão grande Mestre satisfazendo a algumas dúvidas, desenvolvendo mais e precisando alguns pontos; finalmente, chamando a juízo o regime econômico moderno e instaurando processo ao socialismo, apontar a raiz do mal estar da sociedade contemporânea e mostrar-lhe ao mesmo tempo a única via de uma restauração salutar, que é a reforma cristã dos costumes (QA, 2017, p. 4).

É importante ressaltar dois pontos: primeiro, uma síntese de seu conteúdo; segundo, o que apresenta de novidade em relação à RN.

Buscando um breviário de seu conteúdo, é possível sublinhar a enfática crítica às consequências sociais do regime capitalista diante da qual a Igreja se posiciona e adverte: "ainda que a economia e a moral «se regulam, cada uma no seu âmbito, por princípios próprios», é erro julgar a ordem econômica e a moral tão encontradas e alheias entre si, que de modo nenhum, aquela dependa desta" (QA, 2017, p. 10). Nesse sentido, a encíclica alerta para que a regulação da atividade econômica não se restrinja aos interesses individuais, mas contemple o bem comum, evitando, em especial, a exclusão de grupos populacionais, independentemente de suas origens.

Com relação ao trabalho, a QA reconhece uma dimensão pessoal e outra social. Coloca a interdependência entre o trabalho e o capital e, portanto, identifica que o fruto dessa interface deve ser repartido equitativamente entre todos os atores envolvidos no processo de produção. A partir daí, compreende que o salário deve ser suficiente para a subsistência do operário e de sua família e que seja mensurado, levando-se em consideração não apenas a situação da empresa, mas também o nível geral dos salários, o custo de vida e o nível do emprego.

Quanto ao socialismo, o papa Pio XI faz uma distinção entre o socialismo e o comunismo:

> [...] dir-se-ia que o socialismo, aterrado com as consequências que o comunismo deduziu dos seus próprios princípios, tende para as verdades que a tradição cristã sempre solenemente ensinou e delas, de certa maneira, se aproxima. É inegável que as suas reivindicações concordam, às vezes muitíssimo, com as reclamações dos católicos que trabalham na reforma social. Com efeito a luta de classes, quando livre de inimizades e ódio mútuo, transforma-se pouco a pouco numa concorrência honesta, fundada no amor da justiça, que se bem não é aquela bem-aventurada paz social, por que todos suspiramos, pode e deve ser o princípio da mútua colaboração (QA, 2017, p. 26).

Um artigo de Alves, publicado em 27 de dezembro de 2017, traz a seguinte síntese sobre a QA:

> [...] diferente do tempo da Rerum Novarum, o operariado já havia conquistado alguns direitos. No entanto, se afirmava um sistema econômico cada vez mais feroz, renascido das cinzas de 1929, onde 'a livre concorrência matou-se a si própria; à liberdade do mercado sucedeu o predomínio econômico; à avidez do lucro seguiu-se a desenfreada ambição de predomínio; toda a economia se tornou horrendamente dura, cruel, atroz' (QA 109). É contra esse despotismo econômico que Pio XI levanta sua voz (QA 105-108), um modelo que ele chama de "imperialismo internacional bancário" (QA 109). Ele foi o primeiro a questionar uma pretensa autonomia absoluta da economia (QA 42-43), uma posição que se tornou emblemática e veio reafirmada em todas as encíclicas sociais posteriores (ALVES, 2017, p. 14).

Um dos maiores impactos dessa encíclica foi a inclusão do conceito de "justiça social" e "caridade social". Quanto à "justiça social", o papa Pio XI sempre afirma com veemência que "é necessário que as riquezas, em contínuo incremento com o progresso da economia social, sejam repartidas pelos indivíduos ou pelas classes particulares de tal maneira que se salve sempre a utilidade comum" (QA, 2017, p. 14). E continua ainda com maior vigor: "Esta lei de justiça social proíbe, que uma classe seja pela outra excluída da participação dos lucros" (QA, 2017, p. 14).

Outro aspecto impactante é a apresentação do conceito de "caridade social" a qual, explica Alves (2014, p. 64), está direcionada às pessoas em sua totalidade, isto é, toda a sociedade em seu conjunto somando esforços em direção ao bem comum. Essa caridade é também denominada "caridade civil" ou "caridade natural".

Portanto, a justiça e a caridade sociais são apresentadas pelo papa Pio XI como princípios nobres e elevados em contraponto à livre concorrência que, mesmo se reconhecendo ser justa e vantajosa dentro de certos limites, não pode servir de norma reguladora à vida econômica (QA, 2017, n.º 88).

Sobre a QA, o CDSI, entre outros aspectos, assim se expressa:

> Pio XI sentiu o dever e a responsabilidade de promover um maior conhecimento, uma mais exata interpretação e uma urgente aplicação da lei moral reguladora das relações humanas [...] para superar o conflito de classes e estabelecer uma nova ordem social baseada na justiça e na caridade (CDSI, n.º 91).

O papa Pio XII (1939-1958) não escreveu nenhuma encíclica social. Mas utilizou se de radiomensagens — o meio de comunicação mais eficaz à época, lembrando tratar-se do período da II Grande Guerra (1939-1945) — para expressar seus ensinamentos. Assim, o sacerdote abordou os mais variados temas, entre eles, aqueles da esfera social, oferecendo um rico aporte para futuras publicações colaborativas à consolidação da DSI. Temas como a vida social, o papel do Estado, a democracia, a paz, a família e o trabalho não passaram despercebidos.

À presente obra, interessa diretamente a radiomensagem proferida em 1 de junho de 1941, concomitante à ascensão e à expansão do nazismo, por fazer alusão direta aos 50 anos da Rerum Novarum e apresentar novas diretrizes para o *uso dos bens materiais*, o *trabalho* e a *família*. É, também, um documento incluso na fase pré-conciliar.

De acordo com as considerações de Alves (2014), dessa radiomensagem, dois aspectos contribuíram substancialmente na construção da DSI: primeiro, a mensagem de Pio XII introduziu o conceito de desenvolvimento humano — apontada como semente do que hoje denomina-se Índice de Desenvolvimento Humano (IDH) —, quando afirma que

> [...] a riqueza econômica de um povo não consiste propriamente na abundância dos bens, medida segundo um cômputo puramente material do seu valor, mas sim no fato de que essa abundância represente, ofereça real e eficazmente a base material que baste ao devido desenvolvimento pessoal dos seus membros (*La Solennità*, 2014, n.º 17).

O segundo aspecto refere-se à destinação universal dos bens como resgate do ensinamento patrístico[16]. Nessa radiomensagem, o papa reafirma o direito natural dos homens de usar os bens da terra, mesmo reconhecendo a legitimidade das formas jurídicas que permitem aos povos a sua regulamentação. Todavia, estas não podem suplantar o direito fundamental, visto ser anterior a todos os outros, mesmo ao da propriedade privada. E, aqui, o fiel da balança é a justiça e a caridade anteriormente mencionadas.

O papa João XXIII (1958-1963) também lançou, em 15 de janeiro de 1961, uma encíclica em comemoração aos 70 anos da RN — a "Encíclica *Mater et Magistra* sobre a recente evolução da questão social à luz da doutrina cristã". O pontífice que, para o teólogo dominicano Carlos Josaphat[17], "promoveu uma das maiores guinadas na história da Igreja" e convocou o XXI Concílio Ecumênico da Igreja Católica, mais conhecido como Concílio Vaticano II. Este significou, ainda de acordo com Josaphat, "o ponto mais alto da doutrina social da Igreja, estendendo e clareando para o mundo moderno a dimensão social do Reino de Deus" (1962, p. 132).

O contexto histórico não poderia ser mais perturbador: fora dos muros da Igreja, um mundo dividido por um muro físico — o de Berlim, cuja construção teve início em 13 de agosto de 1961 —, sinalizava muito mais que uma demarcação territorial. Simbolizava que o mundo estava rachado em dois grandes blocos: aquele de aparente liberdade, onde o capital

---

[16] Ensinamento patrístico – ensinamentos deixados pelos Padres da Igreja: influentes teólogos, entre os séculos II e VII da era cristã, cujos escritos podem ser definidos como o primeiro conjunto de literatura cristão posterior ao Novo Testamento.

[17] "Pacem in Terris". Os 56 anos de uma encíclica e a dimensão do Evangelho. Entrevista especial com Frei Carlos Josaphat. Instituto Humanitas Unisinos ("PACEM...", 2019). Disponível em: http://www.ihu.unisinos.br/159-notícias/entrevistas/519545-a-enciclica-pacem-in-terris-como-adimensao-social-do-reino-de-deus-entrevista-especial-com-frei- carlos-josaphat. Acesso em: 19 jan. 2021.

imperava e determinava a vida e a morte de povos inteiros, e aquele que, declaradamente, representava os governos totalitários.

O primeiro bloco detinha o discurso democrático de que o "povo" teria o direito de escolha através do sufrágio universal — como se o ato de votar determinasse a priorização de implantação de políticas públicas que garantissem o bem-estar da comunidade humana na sua totalidade, como se não houvesse o espúrio interesse dos grandes conglomerados econômicos manipulando governos e determinando suas ações. Para o segundo, a inexistência de liberdade de escolha não se escondia por trás de uma cortina de fumaça. Assim, estava posto o palco onde continuaram se digladiando através do que se chamou "Guerra Fria".

Paralelamente, é também a fase da reconstrução dos palcos destruídos pela II Grande Guerra, com especial recorte na Europa e no Japão, suscitando um estrondoso desenvolvimento em alguns países em contraponto ao subdesenvolvimento de outros, sobretudo no Terceiro Mundo. Este se constituía em verdadeiras "veias abertas" — parafraseando Eduardo Galeano — a fornecer os insumos necessários para alimentar a riqueza dos países ricos.

O período acima descrito marca o início da descolonização da África — não sem conflitos de todas as ordens, inclusive étnicos, numa ebulição social sem precedentes. É um momento de rápido e inimaginável desenvolvimento das ciências em todas as suas expressões: das exatas às humanidades; da saúde às biológicas; das engenharias às sociais aplicadas, e assim por diante. Um período que viu eclodir uma juventude propondo rupturas com o antigo, mesmo que não tivesse clareza do novo pelo qual ansiava. O movimento feminista vinha caminhando a passos largos no enfrentamento a uma sociedade patriarcal e as mulheres começavam a sair de seus mundos privados para conquistarem o mundo público. Minimamente, esse era o mosaico do início da segunda metade do século XX.

A encíclica *Mater et Magistra* (MM, n.º 47-49) retoma os ensinamentos da RN, referenda a QA e a radiomensagem de Pentecostes de 1941, ao mesmo tempo em que aponta as mudanças ocorridas no mundo do pós Guerra nos campos da ciência, da tecnologia, do social e do político. Agrupando os aspectos científico, técnico e econômico, a MM é contundente. Afirma:

> [...] a descoberta da energia nuclear, as suas primeiras aplicações para fins bélicos e depois a sua utilização cada vez maior para fins pacíficos; as possibilidades ilimitadas abertas pela química aos produtos sintéticos; a difusão da automatização e da auto-

mação no setor industrial e no dos serviços de utilidade geral; a modernização do setor agrícola; o quase desaparecimento das distâncias nas comunicações, sobretudo por causa do rádio e da televisão; a rapidez crescente dos transportes; e o princípio da conquista dos espaços interplanetários.

Os aspectos sociais são colocados com a clareza característica que marca essa encíclica. Antes de tudo, elenca os avanços conquistados e a importância dos movimentos sindicais. Em seguida, denuncia a crescente desigualdade entre os países desenvolvidos e aqueles em via de desenvolvimento. No campo social:

> [...] a difusão dos seguros sociais, e, nalgumas nações economicamente desenvolvidas, o estabelecimento de sistemas de previdência social; a formação e extensão, nos movimentos sindicais, de uma atitude de responsabilidade perante os maiores problemas econômicos e sociais; a elevação progressiva da instrução de base; um bem-estar cada vez mais generalizado; a crescente mobilidade social e a consequente remoção das barreiras entre as classes; o interesse do homem de cultura média pelos acontecimentos diários de repercussão mundial. Além disso, o aumento da eficiência dos sistemas econômicos, em cada vez maior número de países, evidencia mais ainda os desequilíbrios econômicos e sociais entre o setor agrícola, por um lado, e o setor da indústria e dos serviços de utilidade geral, por outro; entre zonas economicamente desenvolvidas e zonas menos desenvolvidas no interior de cada país; e no plano internacional, são mais melindrosos ainda os desequilíbrios econômicos e sociais entre países economicamente desenvolvidos e países economicamente em vias de desenvolvimento.

Como em poucos documentos da época, apresenta uma síntese da situação política global:

> [...] no campo político: em muitos países, a participação na vida pública de um número cada vez maior de cidadãos de diversas condições sociais; a difusão e a penetração da atividade dos poderes públicos no campo econômico e social. Acresce, além disso, no plano internacional, o declínio dos regimes coloniais e a conquista da independência política conseguida pelos povos da Ásia e da África; a multiplicação e a complexidade das relações entre os povos e o aumento da sua interdependência; a criação e o desenvolvimento de uma rede cada vez mais apertada de organismos de projeção

mundial, com tendência a inspirar-se em critérios supranacionais: organismos de finalidades econômicas, sociais, culturais e políticas.

Mas, qual a novidade da *Mater et Magistra*? Conforme o CDSI (2011), essa encíclica trouxe duas palavras-chave: *socialização* e *comunidade política*. Para Lima (1961, p. 26), a grande novidade apresentada é a forma como trata o social, isto é, das relações entre os cidadãos e a sociedade, entre o indivíduo e o Estado. Está na MM:

> [...] a socialização é um dos aspectos característicos da nossa época. Consiste na multiplicação progressiva das relações dentro da convivência social, e comporta a associação de várias formas de vida e de atividade [...]. A socialização é simultaneamente efeito e causa de uma crescente intervenção dos poderes públicos [...]. Mas é também fruto e expressão de uma tendência natural, quase irreprimível, dos seres humanos: tendência a associarem-se para fins que ultrapassam as capacidades e os meios de que podem dispor os indivíduos em particular. Esta tendência deu origem, sobretudo nestes últimos decênios, a grande variedade de grupos, movimentos, associações e instituições, com finalidades econômicas, culturais, sociais, desportivas, recreativas, profissionais e políticas, tanto nos diversos países como no plano mundial.

Mas a socialização somente será efetiva, segundo a própria encíclica, se obedecer a determinadas exigências, em especial que as autoridades públicas compreendam com exatidão o significado do bem comum, o qual comporta o conjunto de condições sociais que favoreçam o crescimento integral da pessoa humana. Aqui está, em essência, a razão de ser do Estado: "a realização do bem comum na ordem temporal" (MM, 2011, n.º 20).

No que concerne aos trabalhadores, a MM pontua o trabalho como expressão direta da pessoa humana com prioridade sobre as riquezas e os bens materiais, os quais são apenas instrumentos. A encíclica também elenca as "exigências da justiça quanto às estruturas produtivas". Aponta como primeira exigência que as estruturas estejam em conformidade com a dignidade da pessoa humana, porquanto "que os homens, no exercício da atividade produtiva, encontrem possibilidade de empenhar a própria responsabilidade e aperfeiçoar o próprio ser" (MM, 2011, n.º 82). Tal exigência perpassa pela produção artesanal, pelas cooperativas de produção, pelas médias e grandes empresas, e deve contemplar os trabalhadores em todos os níveis de suas atividades. Chama a atenção o aspecto transcendente do trabalho quando o referenda como parte do plano de Deus, uma vez que os homens "unidos ao corpo místico de Cristo santificam o seu trabalho como sendo uma continuação da obra de Jesus, difundindo os princípios cristãos na sociedade onde vivem e trabalham" (ALVES, 2019, p. 68).

Seguindo a mesma lógica, o salário não pode ser determinado pela livre concorrência nem ao bel prazer daqueles que detêm o poder econômico em qualquer monta, mas deve ser mensurado de acordo com a justiça e a equidade. E o direito à propriedade privada, em relação aos bens de produção tem seu sentido e seu valor a partir da fecundidade do trabalho, quando este garante a segurança da família e promove a paz e prosperidade públicas. No direito à propriedade privada está implícita sua função social.

Em síntese:

> João XXIII, na Encíclica *Mater et Magistra* (1961), pretende atualizar os documentos já conhecidos e avançar no sentido de comprometer toda a comunidade cristã. [...]. A Igreja é chamada, na verdade, na justiça e no amor, a colaborar com todos os homens para construir uma autêntica *comunhão*. Por tal via o crescimento econômico não se limitará a satisfazer as necessidades dos homens, mas poderá promover também a sua dignidade (CDSI, 2011, n.º 94).

A segunda encíclica do papa João XXIII que contempla as questões sociais e, portanto, integra a DSI, é a *Pacem in Terris* (PT). Em uma entrevista concedida ao Instituto Humanitas Unisinos (IHU), publicada pela segunda vez em 11 de abril de 2019, o teólogo dominicano Frei Carlos Josaphat, comentando as duas encíclicas do papa João XXIII, *Mater et Magistra* e *Pacem in Terris*, fez as seguintes considerações:

> *Mater et Magistra* e *Pacem in Terris* constituem a melhor formulação ética da dimensão social do Evangelho, a qual se torna operacional pelo empenho de não ficar em uma elaboração teórica, abstrata. Mas, inaugurando uma análise dos sistemas industriais, econômicos, agrícolas, elas lançam uma grande luz sobre as raízes e causas das exclusões e desigualdades sociais. A encíclica *Pacem in Terris* aborda os problemas do desenvolvimento e do subdesenvolvimento dos povos, de suas relações a serem conduzidas na base da justiça, da solidariedade e de uma participação de todas as nações na análise e nas decisões das questões e problemas mundiais. A encíclica é muito bem ordenada, tendo a primeira parte consagrada à elaboração de uma ética pessoal e social, em torno e à luz

dos quatro valores de base: a Verdade, a Liberdade, a Justiça e o Amor (ou a Solidariedade). Três vastas partes (da II a IV) formam uma síntese absolutamente original, mostrando como os princípios e os valores éticos se devem aplicar a cada nação, às relações entre as nações e na orientação e no governo mundial.

De acordo com Alves (2019, 2019, p. 70), a grande novidade que a PT trouxe à DSI pode ser sintetizada em sua positiva menção à Declaração Universal dos Direitos Humanos, na elaboração de uma lista de direitos e deveres individuais e coletivos dirigida também às nações e aos povos, e na colaboração com os socialistas na construção de um mundo novo.

Alves ainda faz referência a outro aspecto novo em relação à PT: se as encíclicas anteriores eram comemorativas à RN, a *Pacem in Terris* tem sua originalidade. Em primeiro lugar, diferentemente das anteriores, é dirigida a todas as pessoas de boa vontade, inaugurando, assim, uma possibilidade de diálogo com o mundo fora dos muros da Igreja.

Em segundo lugar, a paz é colocada em pauta no contexto do mundo da Guerra Fria, onde a eminência de uma terceira (e nuclear) grande guerra pairava no ar. Aqui, a paz não é apresentada como um sentimento abstrato, mas como um estado de vida fundamentado em quatro pilares: verdade, justiça, amor e liberdade.

Em terceiro lugar, a PT é apresentada em comemoração aos 15 anos da Declaração Universal dos Direitos Humanos promulgada por uma instituição laica, isto é, pela Organização das Nações Unidas, numa clara demonstração de reconhecimento dos esforços humanos de trazer para as relações internacionais aqueles valores sobre os quais a Igreja sempre se pautou.

O Concílio Vaticano II, entre constituições, decretos e declarações, apresentou dois documentos que tratam mais diretamente das questões sociais e, portanto, oferecem diretrizes para a DSI: a Constituição Pastoral *Gaudium et Spes* (GS) e a Declaração *Dignitatis Humanae* (DH).

Para o CDSI, a GS apresenta a Igreja solidária não apenas com o gênero humano, mas também com sua história, caminhando com a humanidade inteira e experimentando suas dores e júbilos, ao mesmo tempo em que se reconhece como "o fermento e a alma da sociedade humana, a qual deve ser renovada em Cristo e transformada em família de Deus" (GS, 2011, n.º 40). Nessa encíclica,

> [...] tudo é considerado a partir da pessoa e em vista da pessoa: «a única criatura que Deus quis por si mesma». A sociedade, as suas estruturas e o seu desenvolvimento não podem ser queridos por si mesmos mas para o «aperfeiçoamento da pessoa humana». Pela primeira vez o Magistério solene de Igreja, no seu mais alto nível, se exprime tão amplamente acerca dos diversos aspectos temporais da vida cristã: «Deve reconhecer-se que a atenção da Constituição em relação às mudanças sociais, psicológicas, políticas, econômicas, morais e religiosas estimulou cada vez mais, no último vintênio, a preocupação pastoral da Igreja pelos problemas dos homens e o diálogo com o mundo» (CDSI, 2011, n.º 96).

No que diz respeito à DH, o que vem em relevo é a liberdade religiosa cujo fundamento está na dignidade da pessoa humana e, portanto, deve ser reconhecida e sancionada como direito civil no ordenamento jurídico da sociedade.

Quanto aos documentos pós-Conciliares, quatro pontos fundamentais permeiam suas linhas e entrelinhas: 1. a afirmação da supremacia da Palavra de Deus na experiência de fé, o que corroborou a importância da história como campo da experiência humana de Deus; 2. o compreender a Igreja em seu mistério revelado na história; 3. uma nova compreensão do ser humano inserido no mistério divino; e, por fim, 4. a formulação de uma inteligência teológica marcada pela dialética entre a história e o mistério, compreendendo a salvação e sua economia de forma mais dinâmica e histórica (ALVES, 2019, p. 72-73).

Nesse contexto pós-Conciliar, interessa-nos a encíclica *Populorum Progressio* (PP). Esta encíclica escrita no contexto de pleno desenvolvimento dos países ricos e do processo cada vez mais aviltante de marginalização dos povos do Terceiro Mundo, além de se colocar ao lado dos países subdesenvolvidos, propôs um desenvolvimento integral e solidário.

Com base nesses documentos, a DSI respalda quatro aspectos da atividade laboriosa humana: o trabalho, o direito ao trabalho, os direitos dos trabalhadores e a solidariedade entre os trabalhadores. Como este prisma já foi apresentado anteriormente neste trabalho, seguem outras particularidades.

3.3.3 Direito ao trabalho, direitos dos trabalhadores e solidariedade entre pares

A DSI é enfática ao afirmar que o trabalho é parte constitutiva do ser humano. É um direito inalienável. Todavia, reconhece a complexidade do mundo. Se, por um lado, a tecnologia abriu perspectivas extraordinárias, por outro, vai afunilando as possibilidades de postos de trabalho.

> O alto índice de desemprego, a presença de sistemas de instrução obsoletos e de dificuldades duradouras no acesso à formação e ao mercado do trabalho constituem, para muitos jovens sobretudo, um forte obstáculo na estrada da realização humana e profissional. [...]. Este é um drama que afeta, em geral, além dos jovens, as mulheres, os trabalhadores menos especializados, os deficientes, os imigrantes, os ex-carcerários, os analfabetos, todos os sujeitos que encontram maiores dificuldades na busca de uma colocação no mundo do trabalho. (CDSI, 2011, n.º 289).

Essas pessoas, via de regra, sobrevivem de subempregos ou são cooptadas por organizações criminosas.

Com esse panorama à sua frente, a DSI chama à responsabilidade tanto o Estado quanto a sociedade civil. Ao Estado compete a implantação de políticas públicas, mediante acordos, tratados, planejamentos, todos dentro da licitude, que promovam as condições necessárias para a criação de postos de trabalho; à sociedade civil compete a não omissão diante da legítima busca pela justiça social e pela paz civil.

> Importantes tarefas nesta direção cabem às Organizações internacionais e às sindicais: coligando-se nas formas mais oportunas, elas devem empenhar-se, antes de tudo, em tecer uma trama sempre mais espessa de disposições jurídicas que protegem os trabalhos dos homens, das mulheres, dos jovens (CDSI, 2011, n.º 292).

Tratando ainda do direito ao trabalho, a DSI lembra a situação das mulheres, do trabalho infantil, dos emigrantes, além da questão agrária com a urgente necessidade de uma redistribuição de terra em vários países. Diante da problemática que envolve o direito ao trabalho, a Igreja reconhece que somente um esforço coletivo e planetário será capaz de resolver a questão, o que garantirá a supressão da forme por que passa milhares de pessoas espalhadas no mundo inteiro.

Quanto aos direitos dos trabalhadores, o Magistério da Igreja elenca todos aqueles que estão assegurados por leis trabalhistas das mais modernas, sem retrocessos, e que foram conquistas de árduos embates entre a classe trabalhadora e a patronal. Entre os direitos elencados estão a justa remuneração, o repouso semanal, as férias, ambientes saudáveis no sentido físico e moral, a pensão, e assim por diante.

A DSI considera que a remuneração é o instrumento mais importante para realizar a justiça nas relações de trabalho.

> O trabalho deve ser remunerado de tal modo que ofereça ao homem a possibilidade de manter dignamente a sua vida e a dos seus, sob o aspecto material, social, cultural e espiritual, considerando-se a tarefa e a produção de cada um, assim como as condições da empresa e o bem comum (CDSI, 2011, n.º 302).

Também é reconhecido o direito de greve como legítimo, quando esgotados todos os recursos para dirimir os conflitos de interesses.

No que se refere à solidariedade entre os trabalhadores, o ponto de partida é a legitimidade dos sindicatos e sua importância, considerando-os como a associação de pessoas da mesma classe trabalhadora ou de uma mesma profissão, com o intuito de defender os interesses da categoria. Reconhecem que eles cresceram a partir da luta dos trabalhadores, do mundo do trabalho, e, sobretudo, "dos trabalhadores da indústria, pela tutela dos seus justos direitos em confronto com os empresários e proprietários dos meios de produção" (CDSI, 2011, n.º 305).

A DSI reconhece a importância dos sindicatos dos trabalhadores. Compreende que sua razão primordial é garantir o direito à associação, com o objetivo de defender os interesses vitais de quem trabalha nas mais variadas funções. Compreende, também, que os sindicatos cresceram a partir da luta dos trabalhadores, do mundo do trabalho e, sobretudo, dos trabalhadores da indústria, pela tutela dos seus justos direitos, em confronto com os empresários e os proprietários dos meios de produção (CDSI, 2011, n.º 305). E continua:

> [...] *os sindicatos são propriamente os promotores da luta pela justiça social,* pelos direitos dos homens do trabalho, nas suas específicas profissões: «Esta "luta" deve ser compreendida como um empenhamento normal das pessoas "em prol" do justo bem: [...] não é uma luta "contra" os outros». O sindicato, sendo antes de tudo instrumento de solidariedade e de justiça, não pode abusar dos instrumentos de luta; em razão da sua vocação, deve vencer as tentações do corporativismo, saber auto-regular-se e avaliar as consequências das próprias opções em relação ao horizonte do bem comum (CDSI, 2011, n.º 306).

Ainda tecendo suas considerações sobre os sindicatos, a DSI os considera como colaboradores da boa organização da vida econômica, além da promoção de um tipo de educação que faça os sindicalistas desenvolverem uma consciência social e agem como parte ativa do desenvolvimento econômico. Além disso, imputa aos sindicatos "o dever de interessar-se pela gestão da coisa pública" (CDSI, 2011, n.º 307) e de influenciar o poder público, mas, ao mesmo tempo, desvincula-os da política partidária por reconhecer nela a luta pelo poder, acrescentando que os sindicatos não "devem tampouco ser submetidos às decisões dos partidos políticos ou haver com estes liames muito estreitos" (CDSI, 2011, n.º 307).

Esse parece ser um ponto nevrálgico. Como desvincular a luta sindical da política partidária se ela representa, em última análise, o saudável campo do embate de interesses conflitantes em sua maioria? O fato de associar-se a uma ideologia política, necessariamente é partidária, e não necessariamente ausente do diálogo e da colaboração. Aliás, somente existem onde for possível estabelecer um justo e honesto jogo de forças. De acordo com Foucault (2015), a real governança está na correlação de forças.

O mundo globalizado de hoje sugere também uma solidariedade globalizada, o que significa dizer, uma cooperação mútua entre trabalhadores e trabalhadoras organizados em seus sindicatos. Nesse sentido, a DSI interpela para os sindicatos que

> [...] são chamados a atuar de novas formas, ampliando o raio da própria ação de solidariedade de modo que sejam tutelados, além das categorias de trabalho tradicionais, os trabalhadores com contrato atípicos ou por tempo determinado; os trabalhadores cujo o emprego é colocado em perigo pelas fusões de empresas que ocorrem com frequência cada vez maior, também em plano internacional; aqueles que não têm um emprego, os imigrantes, os trabalhadores sazonais, aqueles que por falta de atualização profissional foram excluídos do mercado de trabalho e não podem reingressar sem adequados cursos de requalificação (CDSI, 2011, n.º 308).

Com esse esteio, procura-se compreender o contexto no qual foram inseridos os trabalhadores rurais e seus sindicatos na Zona da Mata de Pernambuco, suas histórias, seus embates com os proprietários e engenhos e usinas e que interface essas lutas tiveram com os representantes da igreja católica local, em especial, com padre Melo.

4

O EITO DA CANA E O UNIVERSO DE PADRE MELO

A questão agrária no Brasil, frente à sua história — construída e registrada a partir da invasão europeia, em 1500, — está respaldada na concentração de terras nas mãos de muito poucos em contraponto a uma multidão que nela trabalha e dela não tem direito de posse.

Essa concepção é ratificada por documentos oficiais, desde aqueles da Coroa portuguesa àqueles que, ainda no início do século XXI, os fazedores de leis continuam sancionando, a fim de garantir a posse da terra a grandes proprietários individuais — os latifundiários, e/ou conglomerados empresariais, esteio do agronegócio do país.

Outra aprovação de peso que toca diretamente à época das invasões no século XVI veio da igreja católica ao apagar das luzes do século XV, quando abençoou o Tratado de Tordesilhas — celebrado em 7 de junho de 1494 —, que garantiu, com as bênçãos eclesiásticas, a "posse" das terras a serem descobertas às Coroas de Portugal e Espanha. Este documento traçou uma linha imaginária corrigindo aquela estabelecida pela Bula Papal *Inter Coetera*, de 1493, e garantiu para Portugal as terras americanas do Hemisfério Sul.

Juridicamente, a ocupação das terras brasileiras deu-se por meio da emissão de dois documentos reais, quais sejam, a *Carta de Doação* e a *Carta Foral*. A *Carta de Doação* dava a posse da terra ao donatário e a possibilidade de transferir essa terra aos filhos, mas não a autorização de vendê-la para evitar que povos outros se tornassem donos. Aqui, a garantia da supremacia da Coroa portuguesa.

Por sua vez, a *Carta Foral* estipulava tributos e a distribuição dos lucros da produção das capitanias, definindo o que pertencia à Coroa e o que pertencia aos donatários. Reconhecendo estes como autoridades máximas das Capitanias, a *Foral* lhes concedia como prerrogativa a liberdade de fundar vilas, construir engenhos, garantir a segurança e colonização por meio do povoamento. Também a eles competia o controle sobre a escravização indígena e, posteriormente, a africana, a aplicação da justiça com suas sentenças, e o recolhimento de impostos.

No processo de ocupação, a consolidação do polo açucareiro em Pernambuco não aconteceu sem resistências. Estas se deram no passado mais remoto, isto é, no período do começo de nossa história escrita, passando pelo século XX, e perpetuam ainda hoje por meio de movimentos sociais que lutam pela manutenção de direitos adquiridos e pela conquista de novos, como a demarcação de terras indígenas e quilombolas.

Na última década do século passado, o surgimento das ligas camponesas e dos sindicatos dos trabalhadores rurais deram o timbre da luta no campo. Enquanto as ligas acolhiam os posseiros em suas lutas pela reforma agrária, os sindicatos significavam a busca pela consolidação dos direitos trabalhistas dos assalariados que trabalhavam em terras alheias. Paralelamente, o espírito do cooperativismo também chegou à zona rural não tanto como fruto da luta dos trabalhadores, mas como um programa de controle sociopolítico governamental, o que deu origem, também, à Cooperativa de Tiriri.

É nesse cenário de lutas e incertezas para os trabalhadores rurais, entre ligas, sindicatos e cooperativas, que se instala, no Brasil, o Golpe Militar, em março de 1964. É também nesse cenário rural que se encontra o trabalho de padre Melo. Assim sendo, a presente pesquisa perpassará a questão fundiária brasileira para contextualizar e analisar no capítulo seguinte a ação do padre Melo no Cabo de Santo Agostinho. Sem esse contexto dificilmente seria possível compreender o papel desenvolvido por esse sacerdote.

4.1 DAS TERRAS PRIMEIRAS

O palco da história a ser contada é o município do Cabo de Santo Agostinho. Sua importância geográfica remonta à era da Deriva dos Continentes. O Atlas Escolar do IBGE traz a informação de que, ao estudar o recorte da costa leste da América do Sul e o da costa oeste da África, o alemão Alfred Wegener concluiu que, milhões de anos atrás, a área se tratava de uma única massa terrestre, o que incluía os outros continentes na forma atualmente conhecida. Assim, a terra teria sido um único bloco, a Pangeia, palavra grega que significa "toda terra" (pan = toda; geo = terra).

E o que tem isso a ver com o município em estudo?

> De acordo com alguns autores [...], o Granito do Cabo estaria relacionado aos últimos estágios da separação continental entre América do Sul e África. [...] Sugerem que o traço fóssil

> da Pluma de Ascenção intercepta o local onde hoje está o Granito do Cabo, podendo o mesmo também estar associado aos granitos anorogênicos da Nigéria (no lado africano). Trabalhos mais recentes [...] mostram que esse magmatismo pode refletir anomalias térmicas associadas com a quebra do continente Gondwana e, possivelmente, a migração da placa Sul-Americana sobre a pluma de Santa Helena (NASCIMENTO; SOUZA, 2009, p. 225).

Em reportagem publicada na edição de 14 de julho de 2002[18] do jornal Diário de Pernambuco, o então professor e geólogo Cláudio de Castro, do Departamento de Geologia e Engenharia de Minas da Universidade Federal de Pernambuco, afirmou que

> [...] o Cabo de Santo Agostinho tem uma outra peculiaridade que é pouco conhecida: foi o ponto de ruptura entre a América de Sul e a África. O que antes estava unido à atual região da Nigéria-Gabão, separou-se há 100 milhões de anos, no Cretácio Inferior, época que coincide com a extinção dos dinossauros. O divórcio foi um tanto conturbado, com erupções de vulcões e terremotos. As consequências do cataclismo podem ser vistas até hoje na costa sul do litoral pernambucano.

Portanto, geograficamente falando, Cabo de Santo Agostinho e África já constituíram uma única terra.

No aspecto historiográfico, Pernambuco começa muito antes das Capitanias Hereditárias. Os Sítios Arqueológicos das regiões sertaneja e agrestina assim a atesta. Entre esses sítios, é possível elencar a *Gruta do Padre*, o *abrigo do Letreiro do Sobrado*, o *abrigo do Sol Poente* e a *Gruta do Anselmo*, todos em Petrolândia, no Vale do São Francisco; os sítios da microrregião de Arcoverde, entre eles o *Parque Nacional do Catimbau*, que abrange as cidades de Buíque, Ibimirim, Sertânia e Tupanatinga (Agreste e Sertão pernambucanos). Essas áreas são assim definidas por Gabriela Martin:

> [...] chamamos de áreas arqueológicas as divisões geográficas que compartem das mesmas condições ecológicas e nas quais está delimitado um número expressivo de sítios pré-históricos. Estes correspondem a assentamentos humanos onde se tenham observado condições de ocupação suficientes para se poder estudar os grupos étnicos que os povoavam (MARTIN, 2008, p. 87).

---

[18] Ver em: http://www.old.pernambuco.com/diario/2002/07/14/urbana7_0.html. Acesso em: 3 jan. 2020.

Vale ser feito um registro maior do acervo do Museu de Arqueologia e Ciências Naturais da Universidade Católica de Pernambuco (UNICAP), que contém os achados do Sítio Arqueológico Furna do Estrago, no município de Brejo da Madre de Deus, no Agreste, resultado dos trabalhos desenvolvidos por uma equipe coordenada pela professora Jeannette Maria Dias Lima, nas décadas de 1980/90. A partir dos estudos desenvolvidos desde então e com o apoio de tecnologia avançada, foi possível a reconstrução em 3D de *"O Flautista"*, a partir de um crânio ao lado de uma flauta feita de tíbia humana localizado na primeira década dos estudos arqueológicos. Por isso, o personagem mais ilustre do museu recebeu a alcunha de o *Flautista*.

Figura 1 – Processo de reconstituição da face de o *Flautista*

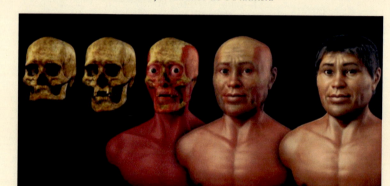

Fonte: Processo de reconstituição da face de o *Flautista*. Disponível em: https://museu.UNICAP.br/image/data/noticias/noticia_28_imagem_capa.jpeg. Acesso em: 24 fev. 2021

De acordo com informações disponíveis no *site* do Museu, participaram desse trabalho de reconstituição uma equipe multidisciplinar.

> O estudo foi acompanhado pelo cirurgião plástico Pablo Maricevich, pelo historiador e professor do curso de licenciatura em história da UNICAP, Luiz Carlos Marques, e pelos arqueólogos Flávio Moraes, coordenador do Núcleo de Pesquisas e Estudos Arqueológicos e Históricos da UFAL, e Daniela Cisneiros Mützenberg, professora de graduação em arqueologia da UFPE e pesquisadora da Fundação do Museu do Homem Americano.[19]

---

[19] Museu de Arqueologia e Ciências Naturais UNICAP. Disponível em: https://museu.UNICAP.br/image/data/noticias/noticia_28_imagem_capa.jpeg. Acesso em: 16 fev. 2021.

Anos depois, seguindo o mesmo processo, foi possível reconstituir o segundo rosto, dessa feita, o de uma indígena, assim descrito no *site* do museu:

> [...] pesquisadores conseguiram reconstituir a face de uma mulher indígena que viveu há 2 mil anos no município de Brejo da Madre de Deus, no Agreste de Pernambuco, a partir do crânio dela. Ela pertenceu a um grupo nômade e tinha idade entre 15 e 18 anos, e é considerada a parente mais antiga dos pernambucanos. Com o crânio em 3D, programas de computador definiram a espessura da pele e a posição dos músculos. Projeções desenharam o nariz, os lábios, a posição das orelhas. Pelo processo de escultura digital, o rosto foi modelado e ganhou acabamento.[20]

Figura 2 – Processo de reconstituição da face de uma mulher indígena

Fonte: Unicap (2021)

Esses "povos-testemunho", como definiu Darcy Ribeiro (1995), também estavam no litoral. Em Pernambuco, a história registra dois grandes grupos do tronco tupi: os Caetés e os Potiguaras. Rivais entre si, juntaram-se para enfrentar os franceses, fregueses antigos da costa do Nordeste brasileiro. Desde quando os europeus andavam por aqui, os historiadores não chegam a uma conclusão precisa. Mas todos concordam que essa presença já era fato desde o século XV.

Oficialmente, contudo, a invasão europeia deu-se a partir de 22 de abril de 1500, quando as caravelas de Pedro Álvares Cabral, navegador português,

---

[20] Unicap (2021).

aportaram na enseada de Porto Seguro, interior do sul do Estado da Bahia. Essa história, porém, não convence dois povos específicos: os espanhóis e os cabenses. Para ambos, o Brasil foi "descoberto" por Vicente Yáñez Pinzón, navegador e explorador espanhol que participara da expedição do italiano Cristóvão Colombo, quando do "descobrimento" da América, em 12 de outubro de 1492. Pinzón teria chegado ao Cabo de Santo Agostinho em 26 de janeiro de 1500, portanto, meses antes de Cabral chegar a Porto Seguro.

Existe, entretanto, uma disputa entre Pernambuco e Ceará. Ambos reivindicam que são suas as terras "descobertas" por Pinzón. Para os cearenses, o Cabo de Santa Maria de La Consolación — nome concedido pelo explorador espanhol acima citado — refere-se à Ponta do Mucuripe, hoje município de Fortaleza. Para os cabenses, a referência diz respeito à ponta do Cabo de Santo Agostinho enquanto acidente geográfico. Acerca dessa questão, há uma matéria publicada na Folha de São Paulo, em sua edição de 24 de janeiro de 2000:

> [...] historiadores buscam apoio para a tese nos registros contidos no chamado "Arquivo de Índias", instalado em Sevilha. Entre os documentos do arquivo, está um relato de Pinzón sobre a viagem, feito 13 anos depois. Segundo a professora de história ibérica Bartira Ferraz, da UFPE (Universidade Federal de Pernambuco), Pinzón descreve o local onde aportou e cita, entre outras particularidades, os arrecifes de corais que encontrou. Esse tipo de barreira natural é comum no litoral nordestino da Bahia até o Rio Grande do Norte. "No Ceará, entretanto, os arrecifes não existem", disse Ferraz. No mesmo documento, Pinzón diz que o local do desembarque correspondia à latitude de oito graus ao sul do Equador (aproximadamente onde fica Recife). O cabo de Santo Agostinho fica a cerca de 40 km ao sul de Recife. [...]. "A principal questão foi a conquista. Os espanhóis encontraram o território, mas não puderam tomar posse por causa do Tratado de Tordesilhas. A chegada dos portugueses não foi, portanto, simplesmente o descobrimento, mas a conquista das terras que já haviam sido demarcadas seis anos antes", disse (500 anos..., 2000, s/p).

Embora dominassem a pólvora, o que lhes conferia um poderio bélico imensamente superior às armas dos nativos caetés — que se resumiam a arcos e flechas —, a conquista dos portugueses não foi tarefa fácil.

O divisor de águas que possibilitou a dominação dessas terras "descobertas" teve duas fases. Na primeira, os nativos foram acusados de devorarem o bispo dom Pero Fernandes Sardinha e seus companheiros de naufrágio, próximo à foz do rio Coruripe, no sul do atual Estado das Alagoas. O ritual da antropofagia não era um ato banal ou violento apenas, desassociado de qualquer significado, como se a carne humana fosse igual à carne de qualquer outro animal. Para os nativos, era um ritual com regras e preceitos muito bem definidos. De acordo com Darcy Ribeiro,

> [...] o caráter cultural e co-participativo dessas cerimônias tornava quase imperativo capturar os guerreiros que seriam sacrificados dentro do próprio grupo tupi. Somente esses — por compartilhar do mesmo conjunto de valores — desempenhavam à perfeição o papel que lhes era prescrito: de guerreiro altivo, que dialogava soberbamente com seu matador e com aqueles que iriam devorá-lo. Comprova essa dinâmica o texto de Hans Staden, que três vezes foi levado à cerimônia de antropofagia e três vezes os índios se recusaram a comê-lo, porque chorava e se sujava pedindo clemência. Não se comia um covarde (RIBEIRO, 1995, p. 34).

Este fato comum entre os Caetés deflagrou um ódio mortal aos nativos e foi decretada a "guerra justa". A este respeito, Ribeiro afirma que "Mem de Sá autorizou uma guerra de vingança para escravizar os índios Caetés por haverem comido o bispo Fernandes Sardinha" (RIBEIRO, 1995, p. 99). Começou o processo de quase extinção dos índios da costa da Capitania de Pernambuco, considerando que suas terras se estendiam de Igarassu até a foz do rio São Francisco, hoje divisa entre os estados de Alagoas e Sergipe.

A segunda fase, após a frustrada tentativa de escravização dos povos nativos para o eito da cana, cultura desenvolvida com sucesso pelos portugueses nas Ilhas de Madeira e Açores. Ali, já era utilizada a mão de obra escravizada africana. Ela singra os mares e aporta na Terra de Santa Cruz, chegando também àquelas da Capitania de Pernambuco, doada a Duarte Coelho, um militar e administrador colonial português. Vale, aqui, um breve registro sobre a escravidão na história da humanidade. Senão por outro motivo, a análise ajudará a alargar o olhar sobre a questão que permeou as grandes civilizações e permanece como uma das grandes chagas da humanidade no nosso tempo. Segundo Gomes (2019),

> [...] a escravidão é uma chaga aberta na história da humanidade. Suas marcas físicas são ainda hoje bem visíveis na geografia do planeta. Podem ser observadas, bem de longe,

por astronautas em órbita da Terra, aos 21.196 quilômetros de extensão da Grande Muralha da China, construída ao longo de quase mil anos com trabalho forçado de cerca de 1 milhão de cativos. Ou, bem de perto, nos 639 minúsculos diamantes da coroa de dom Pedro II, exposta no Museu Imperial de Petrópolis — garimpados por escravos em Minas Gerais e outras regiões do Brasil. Seus traços estão nas pirâmides do Egito; nas ruínas do Coliseu, em Roma; nos Jardins da Babilônia, no atual Iraque; nos Arcos da Lapa, no Rio de Janeiro (GOMES, 2019, p. 63).

A escravidão no Brasil não foi diferente. Ironicamente, chegou para produzir o doce melaço da cana de açúcar, a partir da amarga negação da condição humana de um dos nossos povos transplantados — o negro.

4.2 DOS ENGENHOS ÀS USINAS

A história dos engenhos de açúcar no Brasil, com recorte em Pernambuco, começa a partir de uma usurpação, aliás, como todas as histórias de invasões por parte de povos belicamente mais poderosos sobre aqueles menos preparados. O ponto nevrálgico é sempre a necessidade dos primeiros. No caso do Brasil, não foi diferente. Frente à situação sociopolítica e econômica que Portugal vivia à época, a alternativa que lhe restava era o aventurar-se ao mar para encontrar o caminho das Índias e, consequentemente, outras alternativas de comércio.

E tudo começa (ou serve como ponto de partida) com a assinatura de um contrato firmado na cidade espanhola de Tordesilhas, como já registrado, entre as Coroas de Portugal e Espanha, sob as bênçãos da Igreja Católica, dividindo entre esses dois reinos, a partir de uma linha imaginária, as terras a serem descobertas. Como isso é possível? Guardando as suas proporções e as organizações que apoiam, é o mesmo que acontece hoje com ocupação de terras fazendo-se uso de grilagem como prática antiga de forjar documentos para garantir a posse da terra.

No Brasil, a grilagem do século XVI começou pela necessidade de garantir a posse da terra. Assim, o fatiamento das terras "recém-descobertas" em capitanias com a garantia de que essas posses ficariam para a família do beneficiado. Portanto, hereditárias. O Brasil, então, foi dividido em 15 latifúndios que deveriam produzir para salvar Portugal de sua eminente falência. Em relação à capitania de Pernambuco, Ferraz nos dá a imensa dimensão de tal latifúndio:

> [...] a extensão da capitania, no momento da doação, em 1534, era de sessenta léguas de terras da costa do Brasil, as quais começavam no Rio São Francisco, que está ao sul do cabo de Santo Agostinho e terminavam no rio de Santa Cruz, que cerca a ilha de Itamaracá. A mesma largura deveria ser observada em relação ao Sertão, ou seja, na direção oeste até esbarrar na linha de Tordesilhas. Portanto, a capitania de Pernambuco incluía o que hoje conhecemos como Alagoas e, também o que depois veio a se denominar a Comarca do São Francisco (FERRAZ, 2008, p. 62).

A segunda fase da grilagem colonial — com o aval e autorização do rei de Portugal desde 24 de setembro de 1534 (FERRAZ, 2008) — foi respaldada pela lei de sesmarias[21]. As primeiras sesmarias começaram a ser distribuídas, em 1535, entre fidalgos portugueses, a maioria da parentela do próprio Duarte Coelho. Porém, a presença portuguesa em terras cabenses é anterior a essa distribuição. Ferraz registra uma frota portuguesa que fazia uma viagem de reconhecimento das terras pernambucanas, quando, em 28 de agosto de 1521, dobrou um promontório, uma elevação. No calendário dos santos da igreja católica, 28 de agosto é o dia de Santo Agostinho. Como era costume da época, dava-se o nome do santo ou santa do dia para marcar um feito importante. Assim, aquele acidente geográfico foi batizado como Cabo de Santo Agostinho.

> Com a chegada de Duarte Coelho e após ter conquistado terras a partir dos marcos, no canal de Santa Cruz e ocupar os sítios que hoje chamamos de Igarassu e Olinda, o donatário deu início ao seu plano de colonização: ampliar a conquista das terras, para distribuí-las em sesmarias para que se transformassem em engenhos de açúcar. O sítio, conhecido hoje como o Cabo de Santo Agostinho foi conquistado entre 1560 e 1571, em duas campanhas violentas contra os índios, das quais participaram o Capitão da Vila de Igarassu Fernão Lourenço, Cristóvão Lins, Gonçalo Mendes Leitão, o capitão João Paes Barreto, Bento Dias Santiago e Gonçalo Mendes Dalva (FERRAZ, 2008, p. 67).

Foi na Capitania de Pernambuco, sob o comando de Duarte Coelho e, posteriormente, de sua esposa Brites de Albuquerque, onde se implantou e

---

[21] "Segundo Costa Porto, o termo estaria ligado ao sesmo, colégio feudal, integrado por seis membros, encarregados de repartir o solo entre os moradores. A Lei de Sesmarias data de 1375, reinado de D. Fernando e tinha como objetivo colocar em produção todas as terras agricultáveis". (VAINFAS, Ronaldo (org.). **Dicionário do Brasil Colonial**. Rio de Janeiro: Objetiva, 2001 *apud* FERRAZ, 2008, p. 77).

floresceu o primeiro grande centro açucareiro do Brasil motivado por três aspectos importantes: a habilidade e eficiência do donatário e sua parentela; a terra e clima favorável à cultura da cana; e a situação geográfica de localização mais próxima da Europa.

> A *plantation*, iniciada em Pernambuco e na Bahia na primeira metade do século XVI, foi dedicada sobretudo à cana-de-açúcar, ativando o desmatamento e implantando os engenhos que fabricavam o açúcar bruto, a rapadura e a aguardente. Movidos no início à força humana, posteriormente os engenhos utilizaram a tração animal — bois e éguas — ou a água. Havia engenhos dos mais diversos portes e importância, convivendo com os chamados engenhos reais e as engenhocas. Em geral, os proprietários eram sesmeiros ligados aos donatários das capitanias e recebiam o financiamento de comerciantes europeus, sobretudo de judeus sefarditas que haviam sido expulsos de Portugal e se instalado na Holanda. Daí a ação holandesa, invadindo o Nordeste do Brasil quando entrou em guerra com a Espanha, dominando a região de 1580 a 1640, para garantir os capitais investidos e os lucros advindos do comércio açucareiro (ANDRADE, 2001, p. 272).

Os engenhos atendiam às mais lucrativas atividades econômicas da época: asseguravam a produção do açúcar e garantiam o mercado de escravizados. Mas o empreendimento não se restringiu à economia. A moenda de cana e o mercado de escravizados era o esteio da vida social, religiosa e política. Tudo acontecia a partir dos engenhos. Os senhores de terras e de gentes estavam no topo da pirâmide social como nos descreve Manuel Diégues Júnior:

> [...] nos primeiros séculos, sobretudo antes que começasse a surgir a vida urbana, o proprietário de terras representava o ponto mais elevado da estrutura social: as classes altas eram formadas pelos proprietários. O *status* de proprietário de terras era completado por uma outra condição: a de ser proprietário de escravos. Terra e escravos eram as riquezas que davam posição social. O número de escravos definia a riqueza do senhor, e lhe caracterizava a posição, não apenas econômica, mas também social. (DIÉGUES JÚNIOR, 1976, p. 128).

Conforme Diégues Júnior, essa alta posição social tinha ainda outras implicações:

> [...] a propriedade de terra refletia alta posição social de onde decorria influência política e econômica. As Câmaras se for-

> mavam com os proprietários da terra ou seus prepostos; e não raro essas Câmaras falavam com autoridade ao próprio Rei. Eram elas que governavam, baixavam posturas, aprovavam atos legais. Em consequência, não era de estranhar que os proprietários legislassem em seu próprio proveito (DIÉGUES JÚNIOR, 1976, p. 128).

Nesse exercício de governança desenvolvido pelos senhores de engenho encontram-se as formas de poder explicitadas por Bobbio, sobre as quais discorre o primeiro capítulo desta obra. Nessa governança está, de forma explícita, o quanto os poderes econômico e social se fundem, sustentam o poder político, e determinam as leis que interessam à classe dominante e que devem ser seguidas — sobretudo pelos dominados. É um tipo de governança que consolida a sociedade de desiguais.

Em Nelson Barbalho, como em tantos outros autores, encontra-se o contrassenso, isto é, a descrição do árduo trabalho no eito da cana e o distanciamento das benesses do resultado desta obra. Ou seja, como em outras economias que perpassam a história da humanidade, inclusive a do tempo presente, as riquezas estão concentradas nas mãos de tão poucos, quando são as mãos de tão muitos que as produzem. Para Barbalho (1984),

> [...] o verdadeiro alicerce da chamada 'civilização do açúcar' foi o escravo que, trabalhando de sol a sol nos canaviais e/ou dia e noite na parte industrial dos engenhos, representava mão-de--obra de custo relativamente barato e que sempre acumulava lucros não para si, evidentemente, mas para o patrão, ou seja, para o senhor de engenho (BARBALHO, 1984, p. 196).

Eis o ponto de interesse dessa discussão: a forma como, durante séculos, os trabalhadores do eito da cana e suas fabriquetas foram tratados e a formação da nossa pirâmide socioeconômica e política. Desnecessário descrever o quanto de sofrimento físico, moral, religioso, psicológico foi imputado àqueles responsáveis pela produção da riqueza primeira das *terras brasilis* perante o sistema escravocrata. Sistema este que foi oficialmente reconhecido tanto pela realeza, quanto pela Igreja Católica, mesmo no período da proibição oficial do tráfico de escravizados resultando da Lei Eusébio de Queirós (Lei n.º 581), popularmente reconhecida como "a lei para inglês ver", por ter sido uma imposição da Inglaterra e por não representar nenhuma eficácia, tendo em vista a continuidade de tal comércio caracterizado como contrabando durante os 20 anos seguintes (COSTA, 1999), mesmo que às vistas (grossas) das autoridades.

Cabe-nos, para nossa tese, salientar também o quanto a Lei Áurea foi ilusória. Se, oficialmente, deu um basta à escravidão no Brasil, em termos sociais apenas acrescentou uma gama de libertos a uma gigantesca massa de mão de obra excedente extremamente pobre, espoliada, sem perspectivas de futuro, excluída do processo educacional. Acrescente-se a esse quadro a concessão de uma liberdade assegurada por lei, porém sem o recebimento de qualquer provento indenizatório que lhe possibilitasse dar um novo rumo à própria vida e a vida de suas famílias.

De acordo com Costa, a Lei Áurea aboliu a escravidão, mas não o seu legado. Para ela, os abolicionistas "estavam mais interessados em livrar a sociedade brasileira do câncer da escravidão do que em cuidar da sorte dos libertos". E lembra que "uma vez conquistada a abolição, a maioria deu-se por satisfeita: tinha alcançado seu objetivo" (COSTA, 2008, p. 134).

Em suas considerações sobre a abolição da escravatura no Brasil, Gomes coloca em pauta o seu significado para a classe dominante. Em sua análise conclui que

> [...] para os senhores de escravos, a abolição havia sido um atentado contra o direito de propriedade. Eles consideravam os cativos um bem particular, tão valioso quanto as fazendas, as lavouras de café e de cana, os engenhos de açúcar e outros itens de seu patrimônio. Forçados a aceitar o fim da escravidão depois de décadas de resistência, exigiam que o governo concordasse, ao menos, em indenizá-los pelos prejuízos que julgavam sofrer (GOMES, 2013, p. 234).

Sem qualquer ideologia política, aos latifundiários brasileiros interessava apenas a garantia de seus proventos. Por se sentirem traídos pelo governo imperial que não atendeu às suas reivindicações indenizatórias, aderiram maciçamente ao movimento republicano, contribuindo, veementemente, para a Proclamação da República, ocorrida um ano e cinco meses após a abolição, exatamente em 15 de novembro de 1889.

Mudanças de pseudoposições ideológicas e políticas não foram privilégios de um grupo determinado ou de uma região geográfica específica, nem, tampouco, inauguradas por ocasião do descontentamento com os possíveis resultados econômicos negativos que tal lei libertária poderia infringir aos senhores latifundiários. Muito antes desse fato, com distanciamento de quase 250 anos, aconteceu o mesmo em Pernambuco.

Com a chegada de Maurício de Nassau para consolidar a invasão holandesa, a Companhia das Índias — da qual o gestor era legítimo representante — abriu linhas de crédito para possibilitar a modernização dos engenhos do então ouro branco, tão cobiçado pela economia mundial. Os barões do açúcar, passado o primeiro impacto, compuseram a corte de Nassau. Depois de seu retorno à Holanda, quando a Companhia das Índias começou a cobrar os empréstimos cedidos sem abrir mão da política de juros previamente estabelecida, chegara o momento do calote. Os latifundiários realinharam-se à Coroa portuguesa, organizaram e lideraram as lutas para expulsar os holandeses em nome da "defesa da pátria". Nasceu, assim, a Insurreição Pernambucana. De acordo com Silva,

> [...] eram os senhores de engenho os grandes devedores da Companhia, débito que já alcançava a elevada importância de 130 tonéis de ouro, correspondente a 13 milhões de florins, graças aos altos juros cobrados por seus empréstimos como já denunciara o Conde de Nassau quando do seu relatório aos Estados Gerais. O Conde de Nassau, compreendendo o risco para a segurança do Estado aconselhara em seu *Testamento Político* (1644) que "convém proceder com brandura em relação aos lavradores e aos senhores de engenho", antevendo assim a revolta que começava a fermentar no âmbito da indústria do açúcar (SILVA, 2004, p. 4).[22]

Alguma diferença de postura?

Retomando à questão da abolição, a análise de Costa aponta para um traço que a promulgação da Lei Áurea não dirimiu, a questão social gerada pelo sistema escravocrata e que se tornou, no percurso da história, aquele mais sutil e duradouro perfil da escravidão que permeia os dias atuais: o preconceito contra negros e afrodescendentes. A esse respeito a historiadora Emília Viotti da Costa relata um episódio envolvendo 3 personalidades da Academia Brasileira de Letras: Machado de Assis, José Veríssimo e Joaquim Nabuco, reconhecidamente um dos maiores políticos abolicionistas do país, natural do Recife, cuja infância foi vivida no Engenho Massangana, no município do Cabo de Santo Agostinho. Costa (1999) relata que

> [...] quando Machado de Assis morreu, um de seus amigos, José Veríssimo, escreveu um artigo em sua homenagem. Numa

---

[22] No período de 7 de julho de 2003 a 19 de janeiro de 2004, em suas edições das segundas-feiras, o Jornal Diário de Pernambuco publicou encartes sobre a história dos holandeses no Brasil, com textos do historiador pernambucano Leonardo Dantas Silva. O texto acima transcrito está no fascículo 26, p. D1, publicado em 29 de dezembro de 2003, sob o título: "1645 – começo da derrocada".

> explosão de admiração pelo homem de origens modestas e ancestrais negros que se tornara um dos maiores romancistas do século, Veríssimo violou uma convenção social e referiu-se a Machado como o mulato Machado de Assis. Joaquim Nabuco, que leu o artigo, rapidamente percebeu o *faux-pas* e recomendou a supressão da palavra, insistindo que Machado não teria gostado dela. "Seu artigo no jornal está belíssimo" — escreveu a Veríssimo — "mas esta frase causou-me arrepio: 'Mulato, foi de fato grego da melhor época'. Eu não teria chamado o Machado de mulato e penso que nada lhe doeria mais do que essa síntese. Rogo-lhe que tire isso quando reduzir os artigos a páginas permanentes. A palavra não é literária e é pejorativa, basta ver-lhe a etimologia. O Machado para mim era um branco e creio que por tal se tomava... (COSTA, 1999, p. 376).

Para a autora, esse episódio retrata as tensões sociais e raciais da sociedade brasileira da época — final do século XIX, início do século XX. De acordo com Costa, Nabuco estava certo por considerar os pesadelos enfrentados por Machado de Assis durante toda sua vida: os ataques epiléticos, a origem pobre e a cor da pele, "três fontes de medo, ansiedade e vergonha" (COSTA, 1999, p. 377). Assim, para a historiadora, a atitude de Joaquim Nabuco seguiu o cavalheiresco da elite branca a qual pertencia, embora mantivesse relações de amizade com negros e brancos igualmente.

Esse ranço gerou uma série de atitudes que foram além de uma observação do abolicionista Joaquim Nabuco. A Lei Áurea está inserida no bojo dos acontecimentos que antecederam a Proclamação da República. No que se refere ao aspecto jurídico, as relações de trabalho assumiram um novo formato, fazendo nascer o "assalariado". Todavia, a classe dominante não queria perder o controle social.

Assim, o primeiro Código Penal (Decreto n.º 847, de 11 de outubro de 1890) da recém-proclamada república, em seu capítulo XII que trata *Dos Vadios e Capoeiras*, estavam previstas punições para aqueles que fossem acusados de ociosidade e prática de capoeira. Os artigos 399, 400 e 401 eram específicos à vadiagem e previam penas de 15 a 30 dias de reclusão para os condenados. Uma das formas encontradas de manter sob controle o contingente que acabara de ser liberto? Com base nessa lei, instalou-se "o controle sobre candomblés, batuques, sambas, capoeiras e qualquer outra forma de manifestação identificada genericamente como africanismos" (FRAGA, 2018, p. 356).

Esse hodierno perfil criminal atingiu em cheio os novos libertos. Qual o destino desse contingente resultante da lei assinada pela Princesa Isabel? Migrando para as cidades, passou a ocupar-se de subempregos, aqueles mesmos que outros tantos libertos já desempenhavam, com maior concentração nas áreas portuárias e no entorno dos mercados públicos, nas feiras livres. Ali, não era tarefa difícil para a polícia enquadrá-los como vadios e recolhê-los ao xadrez. Na zona rural, ocupou as terras devolutas e aquelas abandonadas por proprietários falidos, ou procurou outros patrões na ilusão de poderem barganhar um salário; parte seguiu em busca de encontrar a parentela e perambulou pelos centros urbanos; e parte permaneceu a serviço dos senhores e senhoras brancas, raiz da concepção servical de empregados e empregadas domésticas somente alforriadas a partir da Lei Complementar n.º 150, de 1º de junho de 2015, a PEC das Domésticas como ficou conhecida. Portanto, 127 anos depois.

Cabe, também para esta tese, ressaltar as lutas desencadeadas pela população escravizada em busca do sonho de liberdade que, naquelas circunstâncias, representava, sobretudo a procura pela condição de se reconhecer pessoa porque, sair do chicote do feitor, do pelourinho, das correntes e instrumentos de tortura era, mesmo se de forma inconsciente, reencontrar-se a si mesmo. Comentando sobre as consequências desse tipo de produção implementada também em Pernambuco, com recorte nos movimentos de resistência, Francisco Julião esclarece que

> [...] esse sistema de concentração de terras e monoculturas, onde quer que ele tenha surgido e predominado, é o responsável pelo rápido empobrecimento do solo, o advento da escravidão e da servidão, com o seu cortejo trágico: a ignorância, o atraso, a fome, a doença, a miséria e o crime. No Nordeste, ele deu ensejo a rebeliões e à formação de grupos de resistência. O mais famoso desses grupos, o Quilombo dos Palmares, no Estado de Alagoas, chegou a congregar 20.000 negros em torno do seu chefe, Zumbi [...]. A fim de desbaratar esse quilombo — república dos negros fugidos da escravidão —, somaram-se as forças de repressão regionais, tanto do Governo como dos grandes senhores de terra, às tropas bem equipadas sob o comando do experiente bandeirante paulista Domingos Jorge Velho (JULIÃO, 2009, p. 124).

Continuando a saga do açúcar, por imposição mercadológica frente à produção do açúcar de beterraba desenvolvida a partir de estudos do químico alemão Andreas Marggraf, em meados do século XVIII, a partir do século

XIX, em Pernambuco, alguns proprietários mais ricos e empreendedores, melhoraram as condições técnicas dos seus engenhos, com a implantação de máquinas para a produção do açúcar cristal. Esses engenhos modernos seriam chamados de engenhos centrais e usinas. Do ponto de vista técnico, não havia diferenças entre si. Do ponto de vista econômico, em geral, as usinas formavam uma sociedade, não possuíam terras e, portanto, não desenvolviam atividades agrícolas.

Analisando a economia açucareira do Nordeste, Darcy Ribeiro descreve com a clareza que lhe é peculiar as consequências dessa modernização para os senhores sesmeiros. Discorrendo sobre a evolução tecnológica, Ribeiro esclarece que é consequência da Revolução Industrial analisada no capítulo anterior. Esta possibilitou a substituição dos modelos de engenho aqui existentes por maquinários a vapor muito mais eficientes, viabilizando a produção em larga escala. O sociólogo lembra que o começo foi marcado pela implantação de centrais de produção do açúcar que adquiriram a cana cultivada em terras vizinhas, transformando os senhores de engenho em meros fornecedores de cana. Ribeiro assim sintetiza a situação dos barões do açúcar no final do século XIX:

> [...] segue-se a concentração da propriedade das terras em mãos das centrais, que tomam a forma de grandes usinas modernas, instaladas à custa de empréstimos a banqueiros estrangeiros e estruturadas como sociedades anônimas. Os senhores de engenho, que sobrevivem no negócio como donos ou como cotistas das novas empresas, transferem-se para as cidades, entregando a casa-grande ao administrador e utilizando novos meios de transporte, como o trem e, mais tarde, o automóvel, para visitar periodicamente a propriedade. [...].Os filhos bacharéis dos antigos senhores, todos eles citadinos, têm agora como sua "fazenda" a cota de ações que restou da propriedade familiar e, sobretudo, o erário público de que se torna uma das principais clientelas. (RIBEIRO, 1995, p. 302-303).

Começou, assim, uma mudança gradual na agroindústria açucareira em Pernambuco. O desenvolvimento das usinas trouxe outras inovações, entre elas a construção de uma malha ferroviária para facilitar o escoamento da produção das usinas rumo ao porto do Recife. Sabe-se que o segundo trecho de linha férrea a ser construído no Brasil saiu do Recife com destino ao Cabo de Santo Agostinho, fruto de uma concessão aos irmãos Alfredo e Eduardo de Mornay, cujo projeto inicial previa sua construção até as margens do rio São Francisco. Portanto, cortaria o que hoje se conhece como os estados de Pernambuco e Alagoas. Tal concessão está no Decreto n.º 1.030, de 07 de agosto de 1852[23], e o estatuto da Companhia da Estrada de Ferro de Pernambuco foi aprovado pelo Decreto n.º 1.246, de 13 de outubro de 1853.[24]

Com a figura do senhor de engenho resumido a "fornecedor de cana", consolida-se outro tipo de relação de trabalho, cujas raízes estão no sistema escravocrata, o qual se encontra descrito por Singer, que, mesmo se contextualiza na fazenda, não difere da situação dos engenhos:

> [...] o assalariado agrícola não é um homem livre, isto é, não dispõe da liberdade de movimentos que lhe permita buscar as melhores condições de venda de sua força de trabalho. A mobilidade da mão de obra é cerceada pelo regime de dívidas, pela dependência do armazém, que prendem o trabalhador à fazenda como o servo de outros tempos à gleba. É verdade que os vínculos agora parecem ser econômicos. Mas, o fazendeiro desfruta de uma posição privilegiada — a de comerciante monopolista e de agiota (graças à qual consegue impor à mão de obra uma dependência que não decorre das leis do mercado), devido à hegemonia social e política, proveniente do sistema colonial (SINGER, 1976, p. 137).

O armazém a que se refere Singer corresponde, nos engenhos, ao barracão. Armazém ou barracão pouca importância tem como nomenclatura. O que interessa é a forma como se processava sua relação com os trabalhadores. O armazém ou barracão era de propriedade da usina ou do senhor de engenho. Ali, eram vendidos gêneros de primeira necessidade. Até aí, nada de extraordinário. O que aparecia como extraordinário — no exato sentido da palavra — era a forma cotidiana dessa relação. Os trabalhadores recebiam seus proventos num "sistema de vales": esses vales só poderiam ser trocados por mercadorias nos armazéns ou barracões. Outro sistema de pagamento era aquele popularmente denominado de "cadernetas". Esse sistema "consistia em vender os produtos 'fiados', e, no final de cada quinzena de pagamento, descontar do salário do trabalhador" (AMORIM, 2008, p. 79) as compras anteriormente debitadas nas "cadernetas".

---

[23] Coleção das Leis do Império do Brasil, Tomo XV, Parte II. Disponível no *site* da Câmara dos Deputados – Coleção das Leis do Império e da República. Acesso em: 9 mar. 2021.

[24] Coleção das Leis do Império do Brasil, Tomo XV, Parte II. Disponível no *site* da Câmara dos Deputados – Coleção das Leis do Império e da República. Acesso em: 9 mar. 2021.

Esse exemplo do barracão ou armazém respalda a análise de Mac Cord e Souza sobre a diferença entre trabalhadores livres e aqueles libertos a partir da Lei Áurea. São estas suas considerações:

> Devemos relativizar, pois, a ideia de que existiu uma "transição" (ou "substituição") mecânica e natural do trabalho escravo para o trabalho (dito) livre. Tampouco ocorreu um processo histórico conduzido por algum tipo de "aperfeiçoamento" das relações de trabalho. Após a abolição, em 1888, é certo que o mercado de trabalho ganhou novos contornos, mas permaneceu absolutamente condicionado por pressões políticas, econômicas e sociais excludentes. O capital manteve o mercado de trabalho sem regulamentação estatal até as primeiras décadas do século XX, quando as lutas operárias alcançaram suas primeiras e mais contundentes vitórias contra o patronato (MAC CORD; SOUZA, 2018, p. 411).

Dos engenhos às usinas, ou seja, do trabalhador do eito da cana — e, por eito da cana, entenda-se todas as atividades desempenhadas do desmatamento da Mata Atlântica ao transporte do açúcar, passando pela moenda, pelo cozimento, pelos pães-de-açúcar, enfim, por todo o processo de sua feitura, embora não detalhadas essas peculiaridades porque, a esta tese, interessa a pessoa — até o trabalhador assalariado. Nesse sentido, o que está em evidência são as relações de trabalho antes e depois da Lei Áurea.

Assim, de forma objetiva, como uma forragem, o terreno está posto para que se compreendam as lutas dos trabalhadores rurais aqui em Pernambuco, com dois recortes: as ligas camponesas e a constituição dos sindicatos dos trabalhadores rurais. Essas lutas traduzem resistência e busca por cidadania — que têm suas raízes naquelas primeiras, e cujo maior símbolo é o Quilombo dos Palmares que, à época, estava todo contido em Pernambuco e cujos mocambos espalharam-se por toda a Zona da Mata, inclusive no Cabo de Santo Agostinho. Além desses dois recortes, a intervenção estatal para o fomento de cooperativas rurais, entre elas, a Cooperativa Agrícola de Tiriri LTDA, também na mesma zona rural da cidade do Cabo.

Em outras palavras, foram apresentadas as razões primeiras que fizeram eclodir os problemas da questão agrária no Brasil, os quais persistem até os dias atuais, mesmo depois de cinco séculos de história, para podermos compreender as lutas que surgiram a partir da primeira metade do século XX e seus desdobramentos.

4.3 LIGAS CAMPONESAS

Como exposto anteriormente, a Lei Áurea por si só não foi capaz de garantir cidadania a seus beneficiários. Além disso, como também foi mencionado, as lutas por liberdade e dignidade acompanharam desde sempre a forma como as terras brasileiras foram ocupadas, sobretudo nos traços e retraços de resistências por parte dos nativos e da mão de obra escravizada vinda do além-mar. As Ligas Camponesas, mesmo que surgidas a partir da década de 1940, são parte integrante dessas lutas por justiça social que se concretizará, entre outros aspectos, na socialização do uso da terra como consequência da implementação de uma real reforma no sistema agrário brasileiro que ainda hoje se espera.

Falar sobre as Ligas remete a duas paragens: vislumbrar o sonho do fruto da terra ser destinado para quem nela trabalha — os camponeses, e enfrentar a secular política latifundiária que se perpetua ao longo de séculos, na busca de soluções legalmente justas, inclusivas, que beneficiem, outrossim, esses camponeses, afinal, de acordo com Octavio Ianni,

> [...] o trabalhador rural é o elo mais fraco na cadeia do sistema produtivo que começa com a sua força de trabalho e termina no mercado internacional. Ele parece ser o vértice de uma pirâmide invertida, no sentido em que o produto do seu trabalho se reparte por muitos, sobrando-lhe pouco. Esse é o contexto em que surge a liga camponesa, simbolizando a reação do trabalhador rural às precárias condições de vida vigentes no mundo agrícola (IANNI, 1976, p. 155).

Para compreendê-las — aliás, como qualquer processo de construção social —, é necessário conhecer sua história e o contexto que propiciou seu nascedouro. Assim, o primeiro passo é entender que elas constituem um tipo de organização social campesina que não foi inventada por agricultores pernambucanos e/ou brasileiros. Ao contrário, é um tipo de organização secular. Talvez, por terem sido estudadas por Engels, dentre essas organizações, as que estiveram em evidência foram as Ligas Camponesas da Alemanha, nos séculos XV e XVI, como forma de enfrentamento à escravização promovida pelos senhores feudais por um lado, os pesados dízimos cobrados pela igreja por outro, além do abusivo foro pago pelo uso da terra.

No Brasil, tentativas de organizações desse tipo aconteceram em alguns estados como, por exemplo, no norte do Paraná, em Porecatu, entre o final da década de 1940 e início da década seguinte, quando posseiros se organizaram para defender a posse da terra e as benfeitorias realizadas, frente aos grileiros com seus jagunços e pistoleiros. Além desta, a luta reconhecida como Revolta de Trombas e Formoso, outro importante conflito camponês do país que teve seu auge entre 1954 e 1957 no norte de Goiás quando ainda não existia o estado de Tocantins, por seu protagonismo e organização política e social, tendo em vista a conquista do título das terras mediante o embate com grileiros e o próprio Estado.

Todavia, o movimento que ficou nacionalmente conhecido como Ligas Camponesas começou no engenho Galileia, no município de Vitória de Santo Antão, em Pernambuco, sob a influência do Partido Comunista Brasileiro, então Partido Comunista do Brasil (PCB). A título de informação, é interessante registrar que a organização de camponeses nascente recebeu, por parte da imprensa, o nome de "liga camponesa", como esclarece Aspásia Camargo, no Dicionário Histórico-Biográfico Brasileiro — DHBB, da Fundação Getúlio Vargas (LIGAS, 2009, s/p):

> [...] coube a setores conservadores na imprensa e na Assembleia batizar a sociedade de "liga", temerosos que ela fosse a reedição de outras ligas que, em período recente (1945-1947), haviam proliferado abertamente na periferia de Recife e nas cidades-satélites, sob a influência do Partido Comunista Brasileiro, então Partido Comunista do Brasil (PCB).

Algumas memórias desse engenho e suas lutas são narradas por Zito da Galileia, um camponês nascido e criado naquelas terras. Ele conta que os camponeses tinham o direito de morar no engenho, portanto, tornarem-se "morador de engenho" como eram chamados, e ainda hoje é a denominação utilizada para quem mora nesse tipo de propriedade que não lhe pertence. Porém, esse direito se respaldava na obrigação de "trabalhar para o proprietário três dias por semana, da moagem à fabricação do açúcar, à limpeza e à capinagem da soca[25]" (GALILEIA, 2016, p. 17). Sobre o cotidiano da vida naquele engenho, Zito da Galileia explica, (2016):

> [...] no eito da cana havia um cabo, ou feitor[26], com uma vara na mão para medir as contas, as tarefas para os trabalhadores. A vara tinha 2,50m de comprimento, medida que se chamava braça. Uma conta era formada por um quadrado que media

---

[25] Soca – A segunda produção da cana depois de cortada a primeira (Dicionário do Nordeste, 2013, p. 599).

[26] Feitor ou capataz eram termos usados para identificar aquele que supervisionava o trabalho escravo. A permanência da utilização do termo denota a cicatriz deixada pelo regime escravista vivido no Brasil durante séculos de colonização.

quarenta braças. Nela o trabalhador iniciava o serviço às cinco horas da manhã e terminava às cinco da tarde. O cabo, ao fazer a medição, colocava uma ponta da vara no chão e avançava vários palmos, ao colocar a ponta na frente. Isto era o chamado "pulo da vara", que aumentava em um terço o tamanho de cada conta. Na maioria das vezes, o trabalhador não conseguia terminar sua tarefa. O restante era acumulado para o dia seguinte, com a ajuda das crianças entre 10 e 15 anos no eito, no canavial, no cambito[27], na fornalha e na capinagem da soca. Se não cumprisse a tarefa, o trabalhador poderia ser despedido do engenho sem nenhum direito (GALILEIA, 2016, p. 18).

No que se refere à relação direta com o senhor da terra, é emblemática a narrativa de Zito da Galileia falando sobre as laranjas-cravo que o coronel Oscar Beltrão, então dono do engenho Galileia, mandou plantar em frente à casa grande. Quando da colheita, o próprio coronel, sentado numa confortável cadeira colocada na varanda, numa posição estratégica, mandava os trabalhadores limparem o laranjal e colher as frutas. Enquanto desempenhavam tal tarefa, deveriam estar assoviando como garantia de que as laranjas não fossem por eles consumidas. Se alguém parasse, o coronel gritava de lá: "por que parou a música? Aqui não tem moleza pra ninguém" (GALILEIA, 2016, p. 18).

O engenho Galileia parou de produzir. Tornou-se engenho de fogo morto. "O seu proprietário resolveu arrendar a propriedade aos seus próprios ocupantes, à época 140 famílias, repartindo a terra em pequenas parcelas" (GALILEIA, 2016, p. 23). Entre os compromissos financeiros assumidos pelos camponeses, estavam o pagamento do foro pela ocupação da terra e o aluguel da casa de taipa onde morava com sua família, fardo que se tornava cada vez mais pesado, uma vez que os reajustes financeiros eram feitos ao bel prazer do proprietário.

No início da década de 1950, mais precisamente em 1952, os moradores conheceram José Ayres dos Prazeres, administrador do engenho vizinho, o Bela Vista. Homem experiente e acostumado a lidar com organizações populares. A partir de contatos pessoais, passou a promover reuniões com os moradores do Galileia nas quais a pauta sempre girava em torno do "aumento do foro, as péssimas condições de trabalho, da falta de escola para os filhos, da precariedade na saúde, da escravidão imposta pelo proprietário da terra" (GALILEIA, 2016, p. 25).

---

[27] Transporte da cana de dentro do canavial até o local determinado pelo feitor ou dono do engenho.

Um fato narrado por Zito da Galileia é umbrátil e traduz a miserabilidade a que estavam submetidos. Conta que, quando morria alguém — fato comum dada a ausência de assistência médica ao homem do campo, — a família tomava emprestado um caixão na prefeitura de Vitória de Santo Antão. Fazia o velório, tudo dentro da normalidade. Quando ia sepultar o falecido, o corpo era jogado na cova e o caixão devolvido à prefeitura para ser reutilizado em outro sepultamento.

O estopim da revolta contra esse tipo de patronato, e resultante das conversas que se sucediam periodicamente foi a expulsão de José Hortêncio, um dos mais antigos e respeitados moradores do Galileia. O motivo? O pagamento incompleto do valor do foro. A proposta por busca de mudança veio de José dos Prazeres:

> [...] a ideia era fundar uma sociedade de direito privado, onde todos os camponeses pagariam uma quantia de dez mil reis todo mês, angariando fundos para comprar caixões para enterrar os defuntos, comprar ferramentas de trabalho, construir uma escola e garantir assistência médica e jurídica aos camponeses. Pretendia-se, também, formar uma cooperativa de crédito para comprar sementes, adubos, e ajudar a pagar foros atrasados. A sociedade tinha um caráter assistencialista, e não político (GALILEIA, 2016, p. 27).

O grande impasse para a criação de tal sociedade estava em um impedimento jurídico: era necessária a autorização do proprietário da terra, o coronel Oscar Beltrão. Para conseguirem tal autorização, junto à proposta da criação da sociedade, formalizaram o convite para que o coronel fosse empossado como presidente de honra. Afagou o ego. Proposta aceita. Depois, por influência do filho que via no movimento dos trabalhadores influência do comunismo, convenceu o pai a desistir do título antes aceito. Não só. Junto à negativa, veio a ameaça de expulsão da propriedade, com prazo determinado de 24 horas, sem direito a indenização, deixando para trás lavouras, fruteiras e todas as benfeitorias, levando apenas a roupa do corpo e a filharada. Os camponeses decidiram resistir. No Relatório Final da Comissão Estadual da Memória e Verdade Dom Helder Câmara, tem-se:

> [...] a perseguição se fez cada vez mais violenta e a reação dos camponeses, através de suas lideranças, foi buscar apoio no Recife, junto à Assembleia Legislativa de Pernambuco. José dos Prazeres, líder da Liga da Iputinga e Paulo Travassos, presidente da SAPPP, conseguiram o apoio de parlamen-

tares como os deputados Ignácio Valadares Filho, José Dias da Silva, do Partido da UDN, Francisco Julião de Paula, do Partido Socialista, Clodomir Morais e Paulo Viana de Queiroz, do Partido Trabalhista Brasileiro; o vereador Guimarães Sobrinho do Partido Social Trabalhista, o prefeito de Paulista Cunha Primo, do Partido Social Democrático, e o advogado Djaci Magalhães do Partido Comunista (Relatório Final da Comissão Estadual da Memória e Verdade Dom Helder Câmara, 2017, p. 116).

Zito da Galileia relata as etapas da saga da Sociedade Agrícola e Pecuária dos Plantadores de Pernambuco (SAPPP)[28] — citação acima —, que é considerada a primeira associação camponesa do Estado, tendo sido registrada em cartório na última semana de 1954 e inaugurada no dia 1º de janeiro de 1955:

> A luta dos camponeses da Galileia teve três momentos distintos. O primeiro foi o combate à miséria, à fome, à nudez, ao analfabetismo, à obrigação de trabalhar de graça, ao cambão,[29] ao engano do lápis, ao pulo da vara e ao vale do barracão. Por isto foi fundada a Sociedade. Depois veio a resistência ante a ameaça de expulsão da terra sem indenização. Por último, já com Galileia desapropriada, o nível de consciência dos camponeses foi aumentando, até que eles chegaram à conclusão de que, com a libertação da Galileia, apenas um pequeno grupo seria beneficiado, sendo necessário lutar por uma reforma agrária radical que atingisse todo o Brasil, segundo pregava Julião. Naquele momento, a luta principal de Francisco Julião foi tirar o camponês da frente do delegado de polícia e colocá-lo na frente do juiz de direito. Como deputado estadual ele levou a causa do camponês à tribuna da Assembleia Legislativa e às páginas dos jornais (GALILEIA, 2016, p. 31).

Dessa forma, entre os políticos que apoiaram a causa das Ligas estava Francisco Julião, um jovem advogado e deputado estadual filiado ao Partido Socialista, que já defendera outras causas envolvendo trabalhadores rurais

---

[28] Nomenclatura que encontrada no livro "**A história das ligas camponesas – testemunho de quem a viveu**", escrito por Zito da Galileia, embora outros autores, a exemplo de Clodomir Santos de Morais, a denominem Sociedade Agrícola de Plantadores e Pecuaristas de Pernambuco.

[29] Cambão – Acerto verbal "obrigação" do morador ou arrendatário de trabalhar sem pagamento, em certos dias da semana, para o dono das terras; herança legítima do coronelismo, do atraso econômico e do autoritarismo político, permanece atual em parte do interior dos Estados (NAVARRO, 2013, p. 176). Chispa que incendeia o campo, espoleta que faz explodir a carga, a velha carga, tão velha quanto o camponês, o servo, é também o sinal de partida para uma longa e dura caminhada. Tem muitos nomes, bem mais do os idiomas existentes, e dentro de cada um, muitos apelidos, querendo dizer sempre uma só coisa: servidão! (JULIÃO, 2009, p. 15).

e que tomou para si a causa do engenho Galileia, acompanhando o passo a passo dessa experiência em plena Zona da Mata Sul de Pernambuco. Para historiadores e sociólogos, a história das Ligas Camponesas traduz alguns aspectos indispensáveis para a compreensão da história social e política brasileira da época transitória entre o ciclo da democracia populista e início da ditadura militar. São aspectos indissociáveis e seus ensinamentos históricos e teóricos rompem o tempo e extrapolam essa época. Nessa perspectiva, de acordo com Elide Rugai Bastos,

> [...] primeiro, as "ligas" recolocam a questão agrária em forma totalmente nova, tão forte que põem em causa a forma do Estado. O campesinato e proletariado agrícola rompem o elo agrário do bloco do poder que prevalece no controle do estado brasileiro desde 1930. Segundo, a emergência das "ligas" e os seus desenvolvimentos subsequentes, em âmbito regional e nacional, mostram como se efetivam as articulações entre o movimento social, expresso pelas "ligas", e os partidos políticos, tais como o PTB, PCB e outros, além da Igreja. Terceiro, a história das "ligas" abre, em forma surpreendente, a questão da revolução de base operário-camponesa (BASTOS, 1984, p. 117).

A organização das Ligas Camponesas seguiu três princípios básicos a qualquer instituição que queira se estruturar legal e pacificamente. Quais sejam: o jurídico, que significa dispor, na sociedade em que se situa, de uma lei que proteja alguns de seus direitos; o financeiro, o que significa possuir o mínimo que lhe permita autonomia na condução legal da defesa de seus direitos; e o econômico para ter condições de resistir ao adversário, crescer e disputar mercado (JULIÃO, 1962). É importante esclarecer que, juridicamente, esse tipo de organização era permitido pelo Código Civil da época, o que imprimiu o caráter legal das Ligas. Para Mauro Koury, essa legalidade também serviu para refrear, em parte,

> [...] a violência dos senhores da terra e dando, ao mesmo tempo, um suporte às lutas e reivindicações dos trabalhadores, além de servirem como ponto de convergência entre os núcleos internos das *plantations,* retirando cada luta e/ou reivindicação do possível isolamento, por engenho ou fazenda, e tornando-as comuns a toda uma categoria. As lutas, [...], eram pela permanência nas terras em que trabalhavam (KOURY, 1983, p. 168).

Para o processo formativo dos integrantes das Ligas, Francisco Julião utilizava instrumentos facilitadores para a compreensão da importância do papel exercido pelos trabalhadores rurais e os caminhos que poderiam percorrer para atingirem os objetivos traçados. Assim, numa linguagem de fácil entendimento, tornava acessível o Código Civil, contextualizava a situação campesina à luz de textos bíblicos, utilizava a poesia popular, fazendo circular, assim, cartilhas e documentos orientadores. Nesse sentido, três documentos despontam como elementares e de suma importância: a Cartilha do Camponês, o documento "Bença, Mãe!" e a Carta de Alforria do Camponês, todos redigidos por Francisco Julião.

Na Cartilha do Camponês encontra-se um dos exemplos da metodologia utilizada por Julião. Reconhecendo, no meio popular, o alto índice de analfabetismo em contraponto a influência não apenas da Igreja Católica, mas também dos evangélicos, utiliza exemplos bíblicos, constrói uma hermenêutica própria, livre, se é possível classificar assim. O fato é que, por essa via, o advogado fazia-se compreender através das lideranças, a maioria alfabetizada, e formava entre os camponeses um sentido de solidariedade, companheirismo e resistência às investidas dos latifundiários e do próprio Estado. Denuncia, também, a estratégia dos poderosos que se utilizavam da fé popular para manter as pessoas sob seu jugo, da mesma forma como acontecia no Brasil Colônia, onde a "obediência ao feitor e ao senhor de engenho é obediência a Deus" (HOORNAERT, 1979, p. 329), como exposto anteriormente, e como acontece ainda hoje, embora sob outras vestes. Nesse sentido, Julião identifica a mesma concepção imposta séculos depois:

> [...] o latifúndio diz assim: "Deus castiga aquele que se rebela contra Ele. Se um é rico e o outro é pobre, se um tem terra e o outro não tem, se um deve botar a enxada nas costas para dar o 'cambão' e o outro se mantém ou enriquece com o fruto desse cambão, se um mora no palácio e o outro no mocambo, é porque Deus quer. Quem se rebelar contra isso está contra Deus. Sofre os castigos do céu: peste, guerra e fome. E quando morre, vai para o inferno. O pobre deve ser pobre para que o rico seja rico. O mundo sempre foi assim. E há de ser sempre assim. É Deus quem quer". Assim fala o latifundiário, camponês. Usa o nome de Deus para te fazer medo. Porque tu crês em Deus. (JULIÃO, 1960, p. 8-9).

Francisco Julião, todavia, evidencia que o Deus do camponês é Jesus Cristo, o Filho de Deus, que viveu entre os pobres mais pobres, entre pescadores, camponeses, operários e mendigos, que queria a liberdade para todos, que o fruto da terra e do trabalho deveria ser dividido entre todos. Lembra, ainda na Cartilha do Camponês, que por se colocar ao lado dos esquecidos, Jesus foi crucificado pelos latifundiários de seu tempo e que, se fosse nos dias que estavam vivendo, "seria fuzilado. Se não fosse metido em um asilo de loucos. Ou preso como comunista" (JULIÃO, 1960, p. 9).

Julião alerta os camponeses contra os maus pastores e padres, aqueles que defendem os poderosos, lembrando que pastores e padres que são alinhados com os ensinamentos do evangelho, anunciam que Deus fez a terra para todos; que se deve ganhar o pão de cada dia com o próprio suor e não com aquele alheio; que todos são iguais perante Deus, a lei e a natureza. Com a ousadia que lhe é peculiar, Julião afirma: "se isso é comunismo, então Deus é comunista. Porque é o que está na Escritura Sagrada. E na boca de Cristo. E na boca de todos os seus apóstolos" (JULIÃO, 1960, p. 9).

Por fim, fala que a força do camponês — como em qualquer luta social — está na união de todos. Não fala em luta armada, mas aponta vários exemplos para mostrar a força que nasce da coesão de uma classe. Apresenta a greve como uma poderosa arma. E acrescenta: "Não é preciso usar a foice. Nem o olho da enxada. A massa é quem faz a lei" (JULIÃO, 1960, p. 10).

Na Carta de Alforria do Camponês, escrita em 12 de fevereiro de 1961 e que contempla 2 aspectos, Francisco Julião parte da necessidade da união entre todos — o primeiro aspecto. Para isso, a mudança acontece a partir do homem, no caso, a partir do camponês, quando este perder o medo e se juntar aos demais. Diz Julião:

> [...] sozinho és um pingo d'água. Unido ao teu irmão, és uma cachoeira. A união faz a força. É o feixe de varas. É o povo marchando, é o capanga fugindo. É a polícia apeada. É a justiça nascendo. E a liberdade chegando. Com a Liga nos braços. E o Sindicato nas mãos (JULIÃO, 1962, p. 71).

O segundo aspecto para que a alforria aconteça são os caminhos que levarão à liberdade compreendida como a possibilidade de uma alimentação saudável, de uma moradia digna, do cuidado com a saúde, com a educação, com a paz. Portanto, pão, casa, remédio, escola. E quais os caminhos apontados por Francisco Julião?

Primeiro, a democracia, que, para o camponês, é representada pela Liga. Significa tirar o soldado da porta do trabalhador, desarmar o capanga do senhor do engenho, acabar com o cambão, com o sistema de meia ou de terça (dar ao dono da terra a metade ou a terça parte do que foi produzido pelo camponês), cancelar o vale-de-barracão, anular a medição das contas com a vara e seu pulo, lutar contra o aumento do foro ao bel prazer do latifundiário, findando, assim, os resquícios da escravidão.

O segundo caminho apontado é o sindicato rural, uma vez que, quando o camponês não é foreiro, nem posseiro, ele aluga a força de seu braço. Sem um sindicato capaz de lutar por seus direitos, o trabalhador rural é apenas "ave de arribação" (que muda de região dependendo da época do ano), assim como aqueles que vêm para o eito da cana no período da safra para emprestar sua força de trabalho. Na voz de Julião, "o salário não dá. És escravo [...]. Teu filho é pasto de fome. E quando morre, já nem te causa dor. Porque teu coração [...] é um calo no peito" (JULIÃO, 1960, p. 73). Lembra que o operário já tem o próprio sindicato. Falta aquele do camponês, do trabalhador rural.

A Cooperativa é o terceiro caminho apontado na Carta de Alforria do Camponês que, sempre de acordo com Francisco Julião, serve como esteio para o posseiro, o pequeno e médio produtor, na luta contra o latifúndio, o atravessador, o isolamento.

O quarto caminho dessa longa jornada se apresenta via uma lei justa e humana. A esse respeito, o advogado das Ligas considera a lei trabalhista uma "história de Trancoso". E sentencia: "essa democracia não é tua. É do grileiro" (JULIÃO, 1960, p. 76). Somente com a organização da classe é que se conseguirá a implementação de leis justas e humanas que contemplem também o trabalhador rural.

Por fim, o quinto caminho, o voto para o analfabeto, o que somente se conseguiu em 1985, com a promulgação da Emenda Constitucional n.º 25, de 15 de maio de 1985, à Constituição de 1967.

O terceiro documento listado — "Bença, Mãe!" — foi lido em 2 de janeiro de 1964 para cerca de 10 mil pessoas (e depois amplamente divulgado, sobretudo pela imprensa e entre os camponeses) em plena praça Dantas Barreto, no centro do Recife, em um evento comemorativo ao 5º aniversário da Revolução Cubana. Nesse documento, Francisco Julião declara as Ligas como a "mãe" dos sindicatos rurais e estabelece, com muita clareza, os papeis que devem ser desempenhados por cada um, incentivando os camponeses a se engajarem em ambas as frentes. Para Francisco Julião,

> [...] o Sindicato luta pelo SALÁRIO, a LIGA luta pela TERRA. O SALÁRIO é como um copo d'água. A TERRA é como a fonte que enche o copo. O SALÁRIO é como um raio de luz.

> A TERRA é como a madrugada. O SALÁRIO é como um torrão de açúcar. A TERRA é como o canavial. O SALÁRIO é como um ponto de partida. A TERRA é o fim da viagem. O SALÁRIO é a promessa. A TERRA é o milagre. O SALÁRIO é a esperança. A TERRA é a liberdade. Repetimos para que todo camponês grave bem na lembrança: quem for da Liga entre para o Sindicato, e quem entrar no Sindicato, fique na Liga. É mais seguro andar com suas armas do que com uma só. A Liga é a foice. O Sindicato é o bacamarte. O latifúndio é a onça que tem sede de sangue. Desde que o Brasil é Brasil, que ele devora camponês [...] (JULIÃO, 2009, p. 219).

Antes de elencar alguns conselhos práticos, Julião consegue, naquele mesmo discurso, juntar os elementos que alicerçam as conquistas sociais.

> É preciso que o camponês não se iluda com o salário, mas lute pela terra. Aquele que luta pela terra, luta pelo poder. Porque o poder vem da terra em forma de pão e de petróleo. Pão quer dizer camponês. Petróleo quer dizer operário. Os dois unidos, o camponês e o operário, são a pólvora e a chama, o sol e a chuva, a bandeira e o hino, a PAZ e a LIBERDADE, a PÁTRIA e o FUTURO (JULIÃO, 2009, p. 220).

O exercício de liderança dos dirigentes das Ligas iniciado no engenho Galileia fez toda a diferença e provocou o alastramento desse tipo de sociedade. As narrativas de Zito da Galileia resumem o exemplo emblemático do movimento.

Ainda no início do movimento, Zezé da Galileia — uma das lideranças — recebeu a visita de dois camponeses do engenho Bento Velho, também em Vitória de Santo Antão. Vieram escondidos, porque, se o senhor da terra soubesse, seriam por estes expulsos junto com suas famílias. Qual era a pendenga? Uma das famílias que morava no Bento Velho estava para ser despejada: o casal, doente e impossibilitado de trabalhar a terra, não tinha produção nem para a sobrevivência da família, muito menos para fazer frente às exigências do proprietário. A solução começou com a ordem dada por Zezé para soltarem um foguetão. Era o sinal de convocação para uma reunião emergencial. Foi exatamente assim: mais de 70 camponeses concordaram com a proposta de Zezé e, entre homens, mulheres e crianças, rumaram para o sítio da família em apuros. Os homens com suas enxadas; as mulheres com as manivas de macaxeira. Começou o trabalho. Os homens preparando a terra, as mulheres colocando as manivas nas covas e as crianças tapando os buracos. O dono se desesperou e chamou a polícia. Afinal, estavam invadindo parte de sua propriedade.

> E chegaram a polícia, o delegado e o juiz, que perguntou: "Estão invadindo a terra do homem?" "Não, doutor, estamos dando uma ajuda no roçado do nosso companheiro que está doente" [...]. O juiz gritou: "Estão armados?" "Estamos, sim" [...]. "Joguem as armas no chão" [...] Nesse momento, todos soltaram as enxadas [...]. Foi quando o juiz e o delegado ficaram envergonhados, recolheram os policiais e foram embora (GALILEIA, 2016, p. 43-44).

Trabalharam até às 3 horas da tarde, assegurando, assim, a produtividade da terra, uma das garantias que podia embargar qualquer ação de expulsão por parte do senhor de engenho que decidiu não mexer com aquela família.

Esse fato reporta a um dos princípios da DSI apresentado no capítulo anterior: o princípio da solidariedade. Não cabe aqui, em se tratando de uma experiência das Ligas Camponesas, analisar a relação de fé ou de conhecimento de tal doutrina. Trata-se de compreender o quanto, na simplicidade da vida, os valores apregoados pela DSI são possíveis de serem colocados em prática por se tratarem de princípios norteadores das relações humanas, independente de crenças ou instituições religiosas de pertença.

Essa experiência de luta e solidariedade cresceu, extrapolou os limites do engenho Galileia, firmando-se, ainda em Vitória de Santo Antão, nos três primeiros engenhos que seguiram o exemplo do Galileia: Bento Velho, Serra e Águas Cumpridas. Depois, os engenhos Serra Grande, Soledade, Arandu de Cima, Cova da Onça, Tiriri e São José. Mas ultrapassou os limites vitorienses. Em pouco tempo, já estavam espalhadas pelos municípios do Cabo de Santo Agostinho, Água Preta, Cortês, Goiana entre outros. Varou Pernambuco, chegou a outros estados, transformou-se em referência para o Brasil. Entre 1960 e 1961, as Ligas organizaram comitês regionais em dez Estados da Federação.

> Alguns eventos contribuíram para o avanço e reconhecimento das ligas. Um desses foi o Congresso de Salvação do Nordeste, convocado por personalidades e organizações mais progressivas de Pernambuco, realizado entre 20 e 27 de agosto de 1955, no Clube Português, à época um dos mais importantes clubes do Recife. Esse Congresso foi um marco na história da luta dos camponeses: pela primeira vez no Brasil, mais de duas mil pessoas, entre autoridades, parlamentares, representantes da indústria, do comércio, de sindicatos, das ligas camponeses, profissionais liberais,

estudantes, reuniram-se para discutir abertamente os principais problemas socioeconômicos da região. A Comissão de Política da Terra era composta por mais de duzentos delegados, em sua maioria camponeses representantes das Ligas. Em setembro do mesmo ano, foi realizado, também no Recife, o *Primeiro Congresso de Camponeses de Pernambuco*, organizado pelo professor Josué de Castro, que culminou com um grande desfile de camponeses pelas ruas cidade (GASPAR, on-line).

É interessante registrar que, para a realização do Congresso de Salvação do Nordeste, o então deputado federal por Pernambuco, Antônio de Barros Carvalho, natural de Palmares - PE, encaminhou uma solicitação à Câmara Federal e foi concedido pelo Congresso Nacional, à época na cidade do Rio de Janeiro, um auxílio no valor de Cr$ 500.000,00 (quinhentos mil cruzeiros), que corrigidos pelo IGP-DI (FGV)[30]. Em fevereiro de 2021, o total representa o valor de R$ 396.375,90 e, se para o mesmo valor de Cr$ 500.000,00 for utilizado para sua correção o IPC-SP (FIPE)[31], chegar-se-á à importância de R$ 100.738,75, no mesmo período, ambos calculados com base em informações colhidas em link divulgado pelo Banco Central do Brasil.

Francisco Julião considerava o período do governo de Pernambuco exercido pelo general Osvaldo Cordeiro de Albuquerque (1955-1958) como o "quadriênio do terror". Alinhado aos oligarcas, o que inclui a oligarquia latifundiária, implementou, como política de Estado, a perseguição, a tortura e o assassinato de pessoas que assumissem posições políticas contrárias às suas. Assim, durante seu governo, o número de prisões de caráter político em Pernambuco foi seis vezes maior do que as ocorridas nos outros Estados da Federação. Em onze meses, entre janeiro e novembro de 1956, foram registradas 630 prisões políticas de camponeses, operários, estudantes, comunistas, socialistas, líderes comunitários. "O Recife ainda se lembra do "suicídio" de João Cotó, atirado do pavimento superior da Delegacia Auxiliar" (JULIÃO, 1962, p. 44). Mas as lutas continuaram.

Durante o governo de Cid Sampaio (1959-1963), ocorreu uma multiplicação de Ligas Camponesas em Pernambuco e, por conseguinte, o aumento de choques entre latifundiários x trabalhadores. Foi nesse período

---

[30] IGP-DI (FGV) – uma das modalidades do índice que mede apenas a Disponibilidade Interna, deixando de considerar produtos e serviços exportados, calculado pelo Instituto Brasileiro de Economia da Fundação Getúlio Vargas (FGV).

[31] IPC-SP (FIPE) – Índice de Preços ao Consumidor do Município de São Paulo, calculado pela Fundação Instituto de Pesquisas Econômicas.

que o SAPPP conseguiu, finalmente, a desapropriação das terras do engenho Galileia. Todavia, não foi um percurso fácil. Depois de anos ocupando aquelas terras e honrando os compromissos assumidos com o coronel Oscar Beltrão, este resolveu entrar com uma ação de integração de posse no fórum de Vitória de Santo Antão.

Designado por Francisco Julião, o advogado Djacy Magalhães compareceu à audiência marcada pelo juiz Nelson Arruda Pereira para defender os camponeses. Durante essa primeira audiência, em novembro de 1959, o advogado do coronel, inquirindo Zezé da Galileia, quis saber se ele era comunista. Doutor Djacy tentou impugnar a perguntar por compreender que ali não estava em julgamento a filiação partidária de ninguém. A questão era uma outra. O juiz, com toda sua autoridade, perguntou se o advogado estava armado e mandou revistá-lo. Doutor Djacy não permitiu a revista. Foi o suficiente para que o próprio juiz sacasse sua arma e apontasse para o advogado. O circo estava armado. Depois de muita confusão, o advogado conseguiu escapar, mesmo tendo recebido voz de prisão. Quinze dias depois, nova audiência com os mesmos personagens. Nada resolvido, uma terceira audiência ficou estabelecida. O Tribunal de Justiça designou outro juiz, dr. José Albino de Aguiar, para conduzir o processo. Deu a sentença favorável ao coronel Beltrão.

Com as ações de despejo proferidas, Francisco Julião e os camponeses caíram em campo e criaram outra estratégia. O deputado Carlos Luiz de Andrade, entrou com um projeto de lei de desapropriação das terras do Galileia. Paralelamente, os galileus (homens, mulheres e crianças) chegaram aos montes à Assembleia Legislativa para acompanhar os debates. Manter a reintegração de posse ao coronel Beltrão era uma questão de honra para os latifundiários e uma forma legal de não abrir precedentes. Sem alternativas, os camponeses rumaram para o Palácio das Princesas. Era 7 de dezembro de 1959, véspera da festa da Imaculada Conceição, a Virgem dos Pobres. Em frente à residência oficial do governador, Cid Sampaio encontrou uma multidão de galileus e escutou o apelo de Francisco Julião:

> "Excelentíssimo senhor governador Cid Sampaio, o prazo da permanência do povo da Galileia está terminando, resta agora a polícia fazer o despejo destes marginalizados, como já foi ordenado pelo juiz. Portanto, hoje, ao romper da manhã, a polícia estará despejando os camponeses de suas residências, derrubando as casas. Por isso quero expor minhas últimas palavras. Ou Vossa Excelência desapropria Galileia hoje, ou

então, ao amanhecer do dia, pode mandar os carros funerais para remover e transportar meu cadáver, junto com os dos camponeses da Galileia". O governador, sentindo o perigo de um confronto entre os policiais e os camponeses, disse ao povo: "Voltem para a Assembleia e peçam aos deputados que votem e aprovem o projeto de desapropriação da Galileia" (GALILEIA, 2016, p. 54).

Retornaram à Assembleia. Encheram as galerias. Primeiro, a aprovação do requerimento de urgência. Depois, nova sessão iniciada às 21h. Foi para o segundo turno. Às 23h30, finalmente, a desapropriação foi aprovada em terceiro turno.

Embora respeitando e acatando a decisão da Assembleia Legislativa como resposta do governo na tentativa de controlar o avanço dessas organizações e consequentes conflitos, Cid Sampaio criou a Companhia de Revenda e Colonização (CRC). O objetivo da entidade era elaborar um plano de colonização para todo estado capaz de atender a Mata, o Agreste e o Sertão, contemplando a produção de gêneros de primeira necessidade para os centros urbanos do estado; construção de pequenas indústrias de transformação de produtos agrícolas; promoção de treinamento de técnicos e artesãos para outros núcleos da CRC; constituição de padrões de empresas rurais modelos; e formação de uma elite rural média.

O que chama a atenção, já a partir do termo utilizado — colonização — é que este plano piloto, no que tange à questão agrária, foi implantado justamente na região da Liga Camponesa de Galileia.

Assim, depois da desapropriação, e sem o título de posse por parte dos camponeses, as terras ficaram sob responsabilidade da CRC que, à revelia dos agricultores, começou a traçar seu plano de ação: a casa grande continuou sendo o símbolo do poder — se antes era habitada pelo senhor do engenho, passou a ser o escritório da Companhia; a viabilidade do escoamento da produção, isto é, a Companhia disponibilizou um caminhão que, semanalmente, levava a produção dos agricultores para ser comercializada na atual CEASA, eliminando, assim, a figura do atravessador; o planejamento da construção de uma vila para bem acomodar as famílias; e professoras para as crianças durante a manhã e para os adultos à noite.

Aparentemente, eram os benefícios que começavam a chegar. Todavia, os embates não tardaram. A proposta do governo via CRC era dividir as terras do engenho Galileia em propriedades de 10 hectares para cada agricultor. Acontece que o engenho media 503 hectares. Assim sendo, somente 50 famílias poderiam ficar ali. As demais deveriam ir para outras áreas que o próprio governo determinasse, assegurando toda a infraestrutura necessária: maquinário, adubo, sementes, assistência técnica. Os camponeses entenderam nesse jogo o início do processo de desarticulação da Liga. Não aceitaram. Agora a luta era contra o Estado. Veio a retaliação, como relata Zito da Galileia:

> [...] a CRC começou a impedir o corte de lenha na mata, criou um comissariado de polícia local, nomeou alguns capatazes para provocar o pessoal, entre eles o senhor Osvaldo Sena Sales, que desfilava na Galileia com um revolver na cintura [...]. A intenção era amedrontar os camponeses decididos a permanecer em Galileia com os seus sítios. [...]. Daí começou a revolta dos camponeses contra o governo de Cid Sampaio, considerado traidor até o fim do seu mandato. Só em 1963, no governo de Miguel Arraes, o engenho Galileia foi dividido ao gosto dos camponeses (GALILEIA, 2016, p. 58-59).

O seu apogeu como organização de trabalhadores rurais ocorreu no início de 1964, quando foi organizada a Federação das Ligas Camponesas de Pernambuco, da qual faziam parte 40 organizações, com cerca de 40 mil filiados no Estado.

4.4 ASPECTOS DA HISTÓRIA DOS SINDICATOS DE TRABALHADORES RURAIS

Como visto no contexto do universo europeu, a Revolução Industrial provocou, entre outros fatos, um deslocamento tanto do poder, quanto da força de trabalho. A nova ordem que surgiu a partir de então foi fator determinante para consolidar a estrutura social e política a partir do poder econômico, desta feita, nas mãos de quem ia assumindo os meios de produção. Portanto, o motor a vapor e toda a gama de consequências de sua implementação trouxe ao cenário europeu um novo tipo de exercício de poder e a figura do operário assalariado.

> O movimento operário retomou as formas de luta características dos movimentos e classes populares que o precederam: escravos, plebeus, artesãos, camponeses. Mas não se limitou a retomá-las: também as reformulou, de acordo com as novas condições de produção (contrato "livre" de trabalho, e não mais trabalho compulsório), criando formas específicas de organização: os sindicatos. Na luta do movimento operário,

> porém, não houve duas fases em sequência cronológica, primeiro sindical (em defesa do valor da força de trabalho) e, só depois, política (luta pelo poder na sociedade, e pela abolição da exploração capitalista). Toda luta de classes é, ou tende a ser, uma luta política. No berço histórico do movimento operário (a Inglaterra), os sindicatos e as organizações e reivindicações políticas (sufrágio universal, Parlamento aberto aos representantes dos trabalhadores) surgiram paralelamente no tempo (COGGIOLA, 2010, p. 19).

O Brasil, experimentou, no final do século XIX, também como processo histórico, o deslocamento do poder sobretudo a partir de dois fatos históricos, como esclarecido, o fim do trabalho escravo e a Proclamação da República.

Nesse contexto, pretende-se compreender a caminhada histórica do sindicato rural no Brasil, com recorte no Nordeste, visto ter sido um dos campos de atuação do padre Melo. De acordo com Mauro Guilherme Pinheiro Koury,

> [...] o movimento camponês no Nordeste surge, como força política, no momento do aparecimento das Ligas Camponesas, na segunda metade da década de cinquenta. É bom frisar, no entanto, que a preocupação com a organização do homem do campo vem se dando desde o início do século. Na leitura de alguns congressos — notadamente o 1º e o 2º Congresso Operário Brasileiro, [...], realizados na cidade do Rio de Janeiro, nos anos de 1906 e 1913 — observa-se, com insistência, inquietações no sentido de "fazer chegar até ele (colonos e trabalhadores do campo), [...] a nossa propaganda, estimulando-os a se constituírem em sociedades de resistência" (KOURY, 1983, p. 168).

Esse percurso, porém, não foi simples. O primeiro grande obstáculo está na forma como se deu a feitura da legislação trabalhista brasileira. A primeira Constituição Federal republicada, de 1891, com forte caráter liberal, é omissa em relação aos direitos trabalhistas. Mas é na vigência, desta Constituição que surgem os primeiros indícios de tentativa de um tratamento legal à causa dos trabalhadores. O primeiro passo nesse sentido é o Decreto n.º 1.313, de 17 de janeiro de 1891, que trata direta e tão somente da questão do trabalho de menores nas fábricas da capital federal. Não para combater o trabalho infantil, mas para regulamentá-lo. Assim, está previsto no seu Art. 4º:

> [...] os menores do sexo feminino de 12 a 15 annos e os do sexo masculino de 12 a 14 só poderão trabalhar no maximo sete horas por dia, não consecutivas, de modo que nunca exceda de quatro horas o trabalho continuo, e os do sexo masculino de 14 a 15 annos até nove horas, nas mesmas condições (BRASIL, 1981, s/p).

Somente em 1927 surge o *Código dos Menores* (Decreto n.º 17.943-A, de 12 de outubro), cujo teor está voltado para a assistência e proteção a menores abandonados. Somente no seu Art. 101 está explícito a proibição do trabalho para menores de 12 anos e aqueles que, chegando aos 14 anos, não tenham completado sua instrução primária. Não só. Vide o seu Art. 103:

> [...] os menores não podem ser admittidos nas usinas, manufacturas, estaleiros, minas ou qualquer trabalho subterraneo, pedreiras, officinas e suas dependências, de qualquer natureza que sejam, públicas ou privadas, ainda quando esses estabelecimentos tenham carácter profissional ou de beneficência, antes da idade de 11 annos.

A primeira regulamentação das obrigações referentes a acidentes de trabalho veio por meio do Decreto n.º 3.724, de 15 de janeiro de 1919.

A Revolução de 1930 acabou com a política vulgarmente conhecida como do "café-com-leite", assim denominada por demarcar a Velha República, período que imperou a República Oligárquica, quando se revezavam no poder central as elites de São Paulo e de Minas Gerais.

A Revolução de 1930 levou Getúlio Vargas ao poder e, em relação à classe trabalhadora, ocorreram as primeiras substanciais mudanças, entre elas a criação do Ministério do Trabalho, Indústria e Comércio, em 26 de novembro de 1930, uma das primeiras iniciativas do governo Vargas. O "ministério da Revolução" — como foi chamado por Lindolfo Collor, o primeiro titular da pasta — surgiu para concretizar o projeto do novo regime de interferir sistematicamente no conflito entre capital e trabalho. Até então, no Brasil, as questões relativas ao mundo do trabalho eram tratadas pelo Ministério da Agricultura, sendo na realidade praticamente ignoradas pelo governo.

> No campo da organização sindical, Lindolfo Collor declarava explicitamente que concebia os sindicatos como um instrumento para mediar o conflito entre empregados e patrões. Seu objetivo era trazer as organizações sindicais para a órbita do novo ministério, de forma que elas passassem a ser con-

troladas pelo Estado. Por outro lado, estimulava-se também a organização e reconhecimento de sindicatos patronais, na perspectiva de se construir uma organização social sobre bases corporativas. No que se refere à questão dos direitos trabalhistas, o regime procurava atender algumas reivindicações históricas do proletariado, ao mesmo tempo em que construía todo um discurso ideológico sustentado na ideia da outorga dos direitos dos trabalhadores pelo Estado. Esse projeto foi intensamente criticado pelos grupos de esquerda, que denunciavam seu caráter corporativista e diluidor dos conflitos entre capital e trabalho. Por conta disso, nos primeiros tempos somente os sindicatos das categorias com menor tradição organizativa aceitaram se enquadrar nas condições exigidas pelo Ministério do Trabalho para que fossem oficialmente reconhecidos.[32]

A Revolução de 1932, que teve como causa imediata a revolta paulista — cuja elite se sentia relegada a segundo plano pelo governo Vargas, — tem uma importância incontestável. Uma de suas consequências foi a edição e promulgação da Constituição de 1934, que, entre outros aspectos, caracterizou-se pelo avanço das leis trabalhistas, direitos democráticos e nacionalismo econômico, o que auxiliou sobremaneira a popularidade do então presidente.

Dois anos depois, com a promulgação da Lei de n.º 185, em janeiro de 1936, o salário-mínimo foi instituído no Brasil, tendo seus valores fixados no dia 1º de Maio, pelo então presidente Getúlio Vargas. À época, existiam 14 salários-mínimos diferentes. Em termos comparativos, aquele praticado na capital do país, a cidade do Rio de Janeiro, era quase três vezes mais o valor do salário-mínimo estabelecido para o Nordeste. A primeira tabela do salário-mínimo, com vigência de três anos, sofreu a primeira alteração com a aprovação da Consolidação das Leis Trabalhistas - CLT, (Decreto-lei n.º 5.452, de 1º de maio de 1943). O fato é que o reajuste do salário-mínimo é determinado pelo Governo Federal, levando em considerações os índices econômicos nacionais.

No que se refere à legislação sindical, considerando suas disposições até a década de 1970, é possível constatar que sua subordinação ao Estado teve início em 1931, por meio do Decreto-Lei n.º 19.770, de 1º de março de 1931, regulando a sindicalização das classes patronais e operárias. No Art. 2º, fica evidente essa subordinação.

---

[32] **Ministério do Trabalho** – Texto produzido pelo Centro de Pesquisa e Documentação de História Contemporânea do Brasil, da Fundação Getúlio Vargas. Disponível em: https://cpdoc.fgv.br/producao/dossies/AEraVargas1/anos30-37/PoliticaSocial/MinisterioTrabalho. Acesso em: 23 mar. 2021.

> Constituídos os sindicatos de acordo com o artigo 1º, exige-se ainda, para serem reconhecidos pelo Ministério do Trabalho, Indústria e Comércio, e que adquirirem, assim, personalidade jurídica, <u>tenham aprovados pelo Ministério os seus estatutos</u>, acompanhados de cópia autêntica da ata de instalação e de uma relação do número de sócios com os respectivos nomes, profissão, idade, estado civil, nacionalidade, residência e lugares ou empresas onde exercerem a sua atividade profissional (BRASIL, 1931, Srt. 2º).

A Constituição Federal de 1934, no parágrafo único do Artigo 120, tentou mudar o cenário, admitindo a pluralidade e a autonomia sindicais. Não foi possível. Apenas quatro dias antes da promulgação da Carta Magna, foi editado o Decreto n.º 24.694, mantendo os princípios do Decreto n.º 19.770/31.

No Estado Novo, período entre 10 de novembro de 1937 e 31 de janeiro de 1946, o Decreto-Lei n.º 1.402 — que consagrou a unicidade sindical e a Consolidação das Leis do Trabalho (CLT) —, por meio do Decreto-Lei n.º 5.452, de 1º de maio de 1943, o modelo sindical brasileiro foi disciplinado (nos artigos 511 a 610). Os sindicatos passaram a obter seu reconhecimento legal junto ao Estado através da obtenção da Carta Sindical, fornecida pela Secretaria de Relações do Trabalho do Ministério do Trabalho.

E por parte dos trabalhadores, quais os passos mais significativos? Vale começar pela criação da Confederação Operária Brasileira (COB), em 1908 — que reuniu em torno de 50 associações de classe, sobretudo aquelas fabris, por abrigarem o maior número de operários em várias cidades, tais como São Paulo, Salvador, Rio de Janeiro e Recife.

Essas associações, em suas respectivas localidades, realizaram manifestações e campanhas contra as arbitrariedades policiais, além daquelas onde a tônica era a solidariedade (novamente em evidência um dos princípios da DSI): arrecadação financeira para ajudar as lutas sindicais em outros países, ou àquela categoria em período de greve. Todavia, não obstante o surgimento de associações de classe, não era tarefa fácil chegar ao interior do Brasil e, no meio rural, tentar articular algum movimento organizativo e sistemático capaz de gerar a compreensão, adesão e criação de sindicatos que representassem o camponês, não apenas pela imensidão territorial, mas principalmente pela "dependência" ao patronato por séculos sedimentada.

De acordo com Mauro Koury, somente na década de 1930, o camponês entrou de forma incisiva na pauta das questões sociais de outras categorias laborais, mesmo não apontando, ainda, para um sindicato próprio.

> Na década de trinta, agora já sob a égide do Partido Comunista (PC), se recoloca a questão das condições de vida e trabalho do homem do campo, visando um trabalho de caráter organizativo, principalmente no sentido de angariar o apoio campesino as lutas que estão sendo travadas no meio urbano. A Confederação Sindical Unitária do Brasil (CSUB) e a Federação das Classes Trabalhadoras de Pernambuco, por exemplo, estabelecem um plano de trabalho para intervir no meio rural, com objetivos de propaganda, filiação de trabalhadores nos Sindicatos de Ofícios Vários ainda existentes, como o da cidade de Barreiros (Pernambuco), e de criação de núcleos e associações. Este trabalho é interrompido bruscamente com a repressão advinda do insucesso do levante armado de 1935 (KOURY, 1983, p. 168).

O período de redemocratização do país a partir de 1945 possibilitou que o Partido Comunista saísse da clandestinidade, mesmo se por um curto período, o suficiente para a retomada das tentativas de organização dos trabalhadores rurais, sobretudo daqueles que trabalhavam no eito da cana. A formação dos núcleos se deu, então, por militantes (de origem camponesa, de preferência), dentro dos canaviais, para realizarem o trabalho de propaganda e organização.

Segundo Koury, a imprensa da época, principalmente aquela simpatizante às ideias de esquerda, agia em duas frentes: ao mesmo tempo em que divulgava as ações desenvolvidas, denunciava sistematicamente o regime de trabalho no canavial, assim como da repressão desenfreada exercida pelos senhores proprietários de terra contra os trabalhadores que buscavam se organizar. Mesmo na clandestinidade, durante todo o restante da década de quarenta e primeira metade dos anos de 1950, continuou o trabalho de organização e agitação da massa rural.

Estudando a conjuntura da época, Maria do Socorro de Abreu e Lima proporciona uma síntese histórica e analítica do processo sociopolítico que fez germinar os sindicatos rurais na zona canavieira também em Pernambuco. Nesse sentido, explica que

> [...] no mundo rural, onde a exclusão política e social dos trabalhadores foi sendo construída ao longo de séculos de escravidão e mantida posteriormente, por conta de uma dominação não só econômica e política, mas também cultural, a violência, o medo e o conformismo dificultavam, por seu turno, a organização dos trabalhadores. Ser injusti-

> çado e sentir-se revoltado não implicava, necessariamente, numa ação contrária imediata a esse estado de coisas. Porém, quando a conjuntura se tornava mais favorável, a tendência era o avanço. Entre 1945 e 1960, ocorreram várias greves no campo [...]. E, no início dos anos 60, o que se vê é o aumento das lutas e organizações dos camponeses, agora também através do sindicalismo rural (ABREU E LIMA, 2005, p. 19).

Não sem resistências por parte dos latifundiários, em 2 de março de 1963, foi promulgada a lei n.º 4.214 — conhecida como o Estatuto do Trabalhador Rural —, e publicada no Diário Oficial da União, no dia 18 do mesmo mês, o que representou a inclusão do trabalhador rural na legislação social brasileira, fornecendo as bases legais para sua organização sindical. Também em Pernambuco não foi simples o reconhecimento dos direitos assegurados na referida lei, entre os quais, o salário, as férias e o 13º salário.

Marcada pela modernização tecnológica, a década de 1970 gerou o trabalho temporário no campo, mais conhecido como "volante", "boia-fria", "clandestino", sem direitos trabalhistas, isso porque a Lei n.º 5.889/73 definia como empregado aquele que prestava serviço de natureza não eventual. Somente a Constituição de 1988 unificou os direitos de trabalhadores rurais e urbanos.

4.5 A COOPERATIVA TIRIRI

A origem do cooperativismo enquanto forma de enfrentamento à concentração de renda surgiu na Europa, mais especificamente na Inglaterra, como alternativa do proletariado para sair, o quanto fosse possível, das garras do liberalismo que ia tomando forma e assumindo as relações de trabalho, no que se refere, também, a imposição de leis que pouco ou nada beneficiava àqueles que careciam de vender sua força de trabalho. Portanto, um movimento que nasceu na base do proletariado inglês e se expandiu por toda a Europa.

No Brasil, não é de se estranhar que as primeiras cooperativas tenham surgido no sul do país explorado e povoado por imigrantes europeus, em sua maioria, e que trouxeram não apenas traços de suas culturas, mas também uma forma de trabalho agrícola diferente daquela implementada no Brasil até então. Ali, no Sul, a princípio sem contar com os brasileiros, formaram suas colônias, o que caracterizou o povoamento dos atuais estados do Rio Grande do Sul, Santa Catarina e Paraná. A esse tipo de migração chamou-se "concentração". A abertura se deu pela necessidade de expansão da comercialização daquilo que produziam e a busca por aquilo que lhes faltavam.

Um segundo tipo, chamado "dispersão", caracterizou a vinda de imigrantes para as plantações de café nas fazendas de São Paulo e Rio de Janeiro. Diferentemente do que ocorreu no Sul, os imigrantes estavam em contato direto e permanente com a população nacional.

Esse quadro sucintamente exposto leva a compreensão de que a luta pelo rompimento das mazelas oriundas da questão agrária do país estava no Nordeste. Aqui, diferente do Sul e do Sudeste, a herança latifundiária se perpetuava (e se perpetua) no varar dos séculos. Diferentemente das cooperativas que começaram a surgir naquelas regiões — que estavam voltadas para a questão do abastecimento e consumo —, as organizações que foram brotando no Nordeste, com recorte no campo, não estavam direcionadas ao abastecimento alimentar, por assim dizer, mas, sim, às questões sociais produzidas pela herança agrária. Aqui, estava o barril de pólvora na ótica governamental.

O governo central tinha consciência dessa situação. Acompanhava a efervescência da formação do movimento sindical com assessoramento do Partido Comunista — estando ou não na clandestinidade — e o crescimento das Ligas Camponesas, cujo foco primeiro era a reforma agrária. Uma das formas de controle foi fomentar a criação de mecanismos que tutelassem as iniciativas de busca por uma maior justiça social. Um desses mecanismos consistiu em colocar as cooperativas sob sua tutela.

É nesse contexto que nasceu a Cooperativa Agrícola de Tiriri LTDA, doravante denominada apenas Cooperativa de Tiriri. Em sua ata de fundação (anexo 2), datada em 24 de abril de 1963, está explícito que os estatutos da mesma, aprovado por unanimidade após sua leitura, foram concebidos sob a orientação do Departamento de Assistência ao Cooperativismo. Assim, consta na referida ata que o presidente da assembleia convocada para esse fim específico, senhor Mário de Aguiar Pires Leal "declarou definitivamente constituída, desta data para o futuro, a Cooperativa Agrícola de Tiriri, com sede na cidade do Cabo e com o objetivo de promover a melhoria de condições sociais e econômicas dos seus associados".

Nessa mesma ata, encontra-se registrada a composição do primeiro Conselho de Administração assim constituído:

Tabela 4 – conselho Administrativo da Cooperativa Agrícola de Tiriri

Diretoria	
Diretor Presidente	José Luiz da Silva
Diretor Secretário	José Dario da Silva
Diretor comercial	José de Oliveira Silva
Suplentes da Diretoria	
Primeiro Suplente	Sebastião Tavares da Silva
Segundo Suplente	Antônio Rozendo de Oliveira
Terceiro Suplente	Amaro Rozendo de Oliveira
Conselho Fiscal	**Suplentes do Conselho Fiscal**
Sebastião Severino Filho	Maria Anunciada de Albuquerque
José Paulino da Silva	Júlia Bernarda da Silva
José Silvino da Silva	Maria José dos Santos

Fonte: Arquivo Público de Pernambuco/PE

A Cooperativa de Tiriri começou sua história com um capital social declarado de 1.740 quotas partes[33], no valor total estimado em Cr$ 174.000,00 (cento e setenta e quatro mil cruzeiros). Em valores atuais (fevereiro de 2021), corresponde ao valor de R$ 15.827,44. Pelo índice IGP-DI (FGV) e ao valor de R$ 3.720,84 pelo índice IPC-SP (Fipe).

Ainda nessa mesma ata de criação, constata-se no carimbo, *a posteriori*, a sua aprovação pela Coordenadoria Regional do Incra/MA[34], conforme imagem a seguir:

---

[33] Quota-parte – é um valor financeiro que deve ser integralizado para associar-se a uma cooperativa, isto é, uma quantia em dinheiro que os associados depositam no momento em que integram a **Cooperativa**. É intransferível e o princípio da igualdade de cooperados aplica-se também nesse caso. Assim, não existe valores diferenciados.

[34] Instituto Nacional de Reforma Agrária/Ministério da Agricultura (Incra/MA).

Figura 3 – Comprovação de vínculo empregatício de padre melo na secretária de Interior e Justiça de Pernambuco

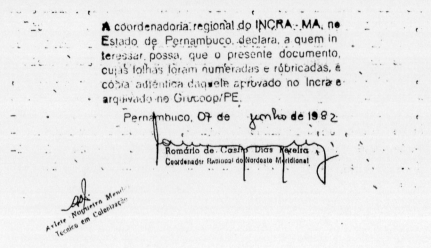

Fonte: Arquivo Público de Pernambuco/PE

Esse carimbo remete à tutela do Estado em relação às cooperativas. O Decreto-Lei n.º 581 — de 1º de agosto de 1938 — "dispõe sobre registro, fiscalização e assistência de sociedades cooperativas". Neste decreto, as cooperativas, obrigatoriamente, devem requerer o registro na então Diretoria de Organização e Defesa de Produção do Ministério da Agricultura. As responsabilidades para com o a referida Diretoria estão explícitas no Art. 8º:

> todas as cooperativas registadas, para efeito de estatística e publicidade, deverão enviar à Diretoria de Organização e Defesa da Produção e à repartição fiscalizadora a que estiverem sujeitas:
>
> a) mensalmente, cópia do balancete do mês anterior;
>
> b) semestralmente, lista nominativa dos associados, observando o dispositivo no número III, § 1º do art. 4º;
>
> c) anualmente, e até quinze dias depois da data marcada para a assembleia geral das prestações de contas, cópia do balanço geral acompanhado da demonstração da conta de lucros e perdas, do parecer do Conselho fiscal e de um exemplar do relatório.

No que se refere às cooperativas agrícolas, esse mesmo decreto — no Art. 15 — submete as à fiscalização do Ministério da Agricultura, "por intermédio da Diretoria de Organização e Defesa da Produção".

Seguindo a "política de contenção" das lutas sociais, segundo Koury, foi por meio do Instituto Brasileiro de Reforma Agrária - IBRA, autarquia criada pela Lei n.º 4.504, de 30 de novembro de 1964, conhecida como a lei do Estatuto da Terra, com personalidade jurídica e orçamento próprio, subordinada diretamente à Presidência da República, que "foi desapropriada uma área de 3.326,24 hectares do engenho Tiriri, no município do Cabo, para a função de Reforma Agrária" (KOURY, 2009, p. 393). Em tese, 320 famílias do município deveriam ser beneficiadas, entre moradores e ex-moradores do referido engenho. Cada família receberia 10 hectares como pagamentos dos atrasados.

No II volume do Relatório Final da Comissão Estadual da Memória e Verdade Dom Helder Câmara[35], há uma minuciosa descrição histórica da Cooperativa Tiriri: a instituição surge em meio às propostas de mudanças apresentadas pelo governo João Goulart para a questão agrária do país. A Cooperativa de Tiriri foi uma experiência realizada pela Superintendência do Desenvolvimento do Nordeste (SUDENE) sob a responsabilidade do economista e técnico Jader Andrade. O referido Relatório traz o seguinte:

> [...] o início das atividades da Cooperativa Agrícola de Tiriri, no município do Cabo, parecia inaugurar uma fase nova no relacionamento entre empresários do campo e trabalhadores assalariados. Representava uma experiência de parceria, que a Sudene se dispusera a estimular, contribuindo para resolver os problemas enfrentados pelas usinas Santo Inácio e Salgado e o drama que estavam vivendo centenas de camponeses, ameaçados de perderem seus empregos. Um experimento diferente no grande laboratório social em que o Nordeste se transformara, e que poderia, para os técnicos daquela agência, se tivesse êxito, ser transplantado para outras áreas, com problemas semelhantes. (COELHO et al., 2017, p. 184).

A Cooperativa de Tiriri aglutinou trabalhadores pertencentes ás duas Usinas e antigos invasores de áreas ociosas da antiga Rede Ferroviária do Nordeste e tinha como finalidade arrendar terras das Usinas, assegurando o fornecimento da cana para garantir a moagem. O arrendamento envolveu os engenhos Tiriri, Massangana, Algodoais, Serraria e Jasmim, por um

---

[35] A Comissão Estadual da Memória e Verdade Dom Helder Câmara foi criada pela Lei n.º 14.688, de 1º de junho de 2012, cuja finalidade está assim expressa no seu Art. 1º: "Examinar e esclarecer as graves violações de direitos humanos ocorridas contra qualquer pessoa, no território do Estado de Pernambuco, ou contra pernambucanos ainda que fora do Estado, praticadas por agentes públicos estaduais, durante o período fixado no art. 8º do Ato das Disposições Constitucionais Transitórias, a fim de efetivar o direito à memória e à verdade histórica e promover a consolidação do Estado Democrático de Direito".

prazo de 10 anos. Tal foi a importância deste contrato de arrendamento que, na solenidade de sua assinatura, estavam presentes o próprio presidente João Goulart, os ministros Abelardo Jurema, da Justiça; Celso Furtado, do Planejamento; Paulo de Tarso, da Educação; Amauri Silva, do Trabalho; e Darcy Ribeiro, da Casa Civil.

Além da comitiva federal, o evento contou com a participação do governador de Pernambuco, Miguel Arraes, o da Bahia, Lomanto Júnior e outras autoridades estaduais e municipais. O fato é que, em seus primeiros anos, a Cooperativa de Tiriri, foi um ponto de convergência de esforços governamentais e bancos oficiais para apresentar uma experiência-piloto que pudesse apontar saídas para a crise agroaçucareira de Pernambuco e, por tabela, para todo Nordeste.

Christine Rufino Dabat apresenta a história da Cooperativa de Tiriri em três fases:

> [...] a primeira limita-se ao ano inicial de sua existência, da fundação até o golpe militar de 1964; a segunda compreende sua retomada pelas elites tradicionais da região, reinstaladas no poder pelo novo regime, e o parcelamento das terras em 1968; a terceira comporta a extensão industrial de suas atividades, com a compra das usinas de Mussurepe e Serro Azul (a partir de 1978) (DABAT, 2005, p. 131).

Dabat também identificou no cenário onde nasceu a Cooperativa de Tiriri a existência de atores determinantes: os trabalhadores rurais da propriedade e outros engenhos que pertenciam aos mesmos latifundiários, cujo conflito estava posto em face ao não cumprimento das novas normas trabalhistas, inclusive os salários; os proprietários Rui e Valter Cardoso que, assumindo por herança as duas usinas e vários engenhos, alegavam dificuldades econômicas para fazer frente às despesas que lhes competiam. Some-se a isto a vinda do padre Melo, pároco do Cabo de Santo Agostinho para desempenhar papel importante junto à Cooperativa de Tiriri e os sindicatos rurais — como pode ser visto no próximo capítulo — e as autoridades federais e estaduais já mencionadas.

Diante desse conjunto de atores, Gregório Bezerra afirmou: "pela primeira vez na história de Pernambuco, a polícia atuou no sentido de manter a ordem justa sem espancar nem prender camponeses" (BEZERRA, 1980, p. 174).

Eis os alicerces fundantes da Cooperativa de Tiriri.

5

TEXTOS E CONTEXTOS DA AÇÃO DE PADRE MELO NO CABO DE SANTO AGOSTINHO

E o cerco vai se fechando. Observe-se o emaranhado de situações que se entrelaçaram. Começando pela ingerência estadunidense na política interna brasileira: o Brasil vivia o pós-II Grande Guerra. Para além do muro de Berlim, ergueram-se outros tantos muros que provocaram, de forma invisível a olhares menos atentos, um controle abissal sobre a vida de países inteiros em nome de uma pseudoliberdade em contraponto ao regime fechado do Leste Europeu. Essa pseudoliberdade escondia as garras de um imperialismo capitalista representado pelos Estados Unidos, que viu na Revolução Cubana o nascedouro de um vírus que poderia se alastrar em toda a América do Sul, especialmente no Brasil. Cuidadosamente planejada, a ingerência atingiu diretamente as eleições gerais de 1962 e preparou o terreno para o Golpe Militar de 1964, por meio de instituições como o Instituto Brasileiro de Ação Democrática — IBAD, e o Instituto de Pesquisas e Estudos Sociais — IPES.

Assim, é necessário compreender o funcionamento desses dois institutos e suas ações na zona canavieira do Estado de Pernambuco. Adentrando em suas atuações, encontra-se a Comissão Parlamentar de Inquérito — CPI, do IBAD e, nesta, o depoimento de Miguel Arraes de Alencar com provas cabais do envolvimento de padre Melo nessa engrenagem.

Nesse contexto, a pergunta norteadora: qual, então, o papel da Igreja Católica nesse emaranhado? O Serviço de Orientação Rural de Pernambuco que, a exemplo das atividades desenvolvidas na Arquidiocese de Natal na década de 1950 e à luz da DSI, começou um trabalho de organização dos camponeses em Pernambuco com o intuito de contribuir com a fundação de sindicatos rurais. Este trabalho fez germinar a atual Federação dos Trabalhadores Rurais, Agricultores e Agricultoras Familiares do Estado de Pernambuco — FETAPE. Nesse trabalho, dois sacerdotes se destacaram: padre Crespo, cujo papel estava direcionado para a organização dos sindicatos propriamente dita, e padre Melo, com a incumbência de estabelecer as articulações sociais e políticas necessárias a tal empreendimento.

Entretanto, esse movimento de estruturação dos sindicatos rurais foi contemporâneo àquele desenvolvido pelas Ligas Camponesas, que encontrou em Francisco Julião dois aportes importantes: o jurídico, visto ser ele um advogado que já trabalhava com as causas camponesas, e o político por ocupar uma cadeira na Assembleia Legislativa do Estado.

O terceiro cenário campesino está relacionado com a Cooperativa de Tiriri, uma atividade que começou no município do Cabo de Santo Agostinho sob a batuta da SUDENE, despontando como uma experiência piloto, na qual o Governo Federal da época (1963) apostou todas as fichas por enxergar nesse empreendimento uma saída pacífica para a questão agrária e a crise da indústria do açúcar particularmente no Nordeste brasileiro. Também aqui se encontra a forte presença de padre Melo.

E por fim, como fruto de suas articulações políticas que perpassaram todo esse percurso, por vezes escancaradamente, por vezes na surdina, o padre Melo é encontrado tentando criar um novo partido político, o Partido Democrático Republicano, no período em que o Brasil vivia o bipartidarismo. Um partido que se apresentava como uma terceira opção e, ao mesmo tempo, completamente alinhado à ideologia defendida pelo regime militar que conduziu o Brasil por longos 21 anos.

Padre Melo viveu no epicentro de todos esses acontecimentos, o que se verifica a seguir.

5.1 INGERÊNCIA ESTADUNIDENSE NO BRASIL

Erich Hobsbawm (1995) apresenta o século XX como a "era dos extremos". Um desses, uma consequência do pós-II Guerra Mundial, foi a divisão do mundo em dois grandes blocos: aquele Ocidental — formado pelos Estados Unidos e seus aliados — e o bloco Oriental — formado pela União das Repúblicas Socialistas Soviéticas (URSS), ou apenas União Soviética, ou, ainda, atualmente referendado como países do Leste Europeu depois da dissolução da URSS que teve como marco simbólico a queda do muro de Berlim, iniciada na virada do dia 9 para o dia 10 de novembro de 1989.

Esse hiato entre o fim da II Grande Guerra e a dissolução da União Soviética, passou para a história como o conhecido período da Guerra Fria, com a constante publicitária ameaça de uma guerra nuclear — o próprio apocalipse —, se uma das duas superpotências cometesse algum vacilo.

A humanidade, então, sentia-se vivendo sobre um fio de navalha, sobretudo a Europa, por ter sido palco das duas Grandes Guerras, e o Japão, por ter experimentado o devastador efeito de duas bombas nucleares suficientes para exterminar mais de 240 mil pessoas. Era o poder bélico se impondo e demonstrando o que aconteceria ao mundo caso fosse usado em sua plenitude. Os explosivos de urânio e plutônio — batizadas de *Little Boy* ("garotinho") *Fat Man* ("homem gordo") — foram lançados, respectivamente, nas cidades de Hiroshima, em 6 e 9 de agosto de 1945. Assim, durante 45 anos, a Guerra Fria disseminou o pavor de uma possível Terceira Grande Guerra, desta feita, à base de armas nucleares e, posteriormente, biológicas.

Para Hobsbawm, (2003):

> [...] a peculiaridade da Guerra Fria era a de que, em termos objetivos, não existia perigo iminente de guerra mundial. Mais que isso: apesar da retórica apocalíptica de ambos os lados, mas sobretudo do lado americano, os governos das duas superpotências aceitaram a distribuição global de forças no fim da Segunda Guerra Mundial, que equivalia a um equilíbrio de poder desigual mas não contestado em sua essência. A URSS controlava uma parte do globo, ou sobre ela exercia predominante influência — a zona ocupada pelo Exército Vermelho e/ou outras Forças Armadas comunistas no término da guerra — e não tentava ampliá-la com o uso de força militar. Os EUA exerciam controle e predominância sobre o resto do mundo capitalista, além do hemisfério norte e oceanos, assumindo o que restava da velha hegemonia imperial das antigas potências coloniais. Em troca, não intervinha na zona aceita de hegemonia soviética (HOBSBAWM, 2003, p. 224).

Esses dois blocos mediam forças sob a tutela de três tipos de poderes exercidos por ambos os lados: o econômico, o bélico e o ideológico. Todos estavam a serviço de um poder político, cujos tentáculos queriam abarcar o mundo, cada um à sua maneira, ainda que, como afirmou Hobsbawm, mantivessem uma política de não interferência em territórios estabelecidos. Todavia, para as duas superpotências, era necessário garantir a hegemonia naquele bloco que estava sob sua influência direta ou não.

No entanto, no meio do percurso, um contratempo para os Estados Unidos: a Revolução Cubana, que significou, a apenas 100 km de distância entre Miami e Havana — em linha reta, pelo Mar do Caribe —, um contraponto ao imperialismo estadunidense, ou, como alguns autores tratam, à prática intervencionista de sua política externa:

> [...] na segunda metade do século 19, os Estados Unidos tinham alargado sobre ela a rede dos seus interesses econômicos e, para preservá-los, acabaram por frear a transformação do estatuto colonial em estatuto nacional. Cuba deslizou da "dominação colonial direta" (Espanha) para a "dominação indireta" (Estados Unidos) (CÂNDIDO, 2012, p. 10).

Quando da independência de Cuba, o "deslizamento" concebido pelo autor supracitado é resultante de um profundo e bem planejado padrão de desenvolvimento capitalista do pós-guerra implementado pelos Estados Unidos, fazendo com que seus tentáculos abarcassem todas as Américas (com exceção do Canadá), e, percorrendo o traçado inverso das antigas caravelas de Cristóvão Colombo, alcançassem também Europa Ocidental — por meio de pactos, acordos políticos, transações comerciais. O que importava, em essência, era garantir um poder imperialista cada vez maior.

Assim, a chegada desses tentáculos a Cuba, arquipélago formado por mais de 4 mil ilhas e enseadas, no mar do Caribé (ou mar das Caraíbas), América Central, começou desde as lutas por sua independência em relação à Coroa espanhola, o que ocorreu em 1898, quando os Estados Unidos intervieram na Guerra da Independência Cubana.

> A dimensão da presença dos Estados Unidos em Cuba excedia em muito os interesses que a *United Fruit* tinha na Guatemala. No momento da independência da Espanha, em 1898, os investimentos ascendiam a 50 milhões de dólares e se elevaram para 80 milhões em 1902, quando o país impôs a Cuba a emenda Platt, que estabelecia as bases permanentes das relações entre os dois países (AYERBE, 2002, p. 128).

Essa Emenda *Platt* foi um dos instrumentos unilaterais criados pelos Estados Unidos para consolidar a política do governo Roosevelt (1901-1909) que tinha como um de seus objetivos, a hegemonia nas Américas, o que incluía intervenções em vários países. A referida Emenda, assinada em 1902, estabeleceu "a tutela sobre Cuba e a autorização, em 1903, de uma base militar em Guantánamo" (AYERBE, 2002, p. 54). Qualquer semelhança ao Tratado de Tordesilhas será uma mera coincidência? Não foi igualmente um tratado sem a participação do lado mais interessado, isto é, aquele que, em sua fragilidade bélica e econômica, possuía os "tesouros" cobiçados por quem se creditava o poder de mando e de comando?

Entre 1930 e 1959, a balança comercial de Cuba pendeu de tal forma para os Estados Unidos que desestabilizou por completo sua própria economia. Ora, até 1930, Cuba era responsável por 59% do mercado açucareiro estadunidense e despencou para 33% apenas 29 anos depois. Em proporção inversa, as importações dos produtos vindos dos Estados Unidos cresceram no mesmo período 21%, passando de 54% para 75%. "O capital dos Estados Unidos estava presente nas plantações de cana-de-açúcar, nas usinas, nas refinarias de petróleo, no sistema telefônico e no de eletricidade" (AYERBE, 2002, p. 129).

Há outros fatos. No seu livro "Noturno de Havana – como a Máfia conquistou Cuba e a perdeu para a Revolução, English (2011) apresenta, com riqueza de detalhes", o quanto o crime organizado e a corrupção política andavam juntas, tanto nos Estados Unidos, como em Cuba. É uma história multifacetada. Enquanto o povo cubano trabalhava sob um regime violentamente opressor nos anos 1950, gangsters, como Meyer Lansky, Charles Lucky, Sam Giancana e Santo Trafficante, viraram seus olhos para Havana, transformando-a em um verdadeiro playground, fazendo de Cuba o paraíso da orgia estadunidense, onde tudo era permitido e as mulheres cubanas "compradas" para estarem a serviço daqueles que a Máfia trazia em seus iates luxuosos para as luxúrias e jogatinas dos finais de semana. Afinal, em linha reta, pelo mar do Caribe, como mencionado, Miami está a apenas 100 km de Havana. Assim, a exploração do povo cubano extrapolou as relações econômicas e políticas, dando continuidade à exploração moral imposta pela dominação da Coroa espanhola.

A Revolução Cubana liderada por Fidel Castro destronou esse imperialismo, alinhou-se à União Soviética, ameaçou a hegemonia ianque. Em que pese suas razões e resultados, tornou-se espelho para as Américas e pesadelo para o imperialista país vizinho, o que lhe custou o isolamento com os países alinhados ao imperialismo capitalista estadunidense sob a justificativa de violação aos direitos humanos imposto pelo regime socialista implantado pelo governo revolucionário.

Seguindo a mesma rota traçada, eis que os tentáculos do país — que, ironicamente, tem como um de seus símbolos a "Estátua da Liberdade" — chegam também ao Brasil. Analisando o papel desempenhado pela economia brasileira no cenário mundial, Alves afirma que, sobretudo na década de 1950, nossa economia configurou-se em "uma aliança entre o capital internacional, o capital nacional associado-dependente e o capital de Estado" (ALVES, 1989, p. 19). É a partir desse tripé que Alves contextualiza o significado de "desenvolvimento dependente". No caso brasileiro, leia-se aliança com o capital estrangeiro estadunidense.

Para a autora, visto que desenvolvimento se define tomando por base a expansão da capacidade produtiva de uma sociedade frente às suas necessidades e, também como condições de competir externamente no mercado internacional, o que implica necessariamente todo "o espectro de mudanças em procedimentos tecnológicos, sociais, políticos e culturais que acompanhem e (em diversos graus) facilitem essa expansão" (ALVES, 1989, p. 19).

Dessa forma, seguindo suas reflexões, o sistema econômico autônomo somente pode ser assim denominado quando for capaz de gerar seu próprio desenvolvimento, o que está intimamente ligado à capacidade de criar novas tecnologias, de expandir o setor de bens de capital e de controlar seu sistema financeiro e bancário.

Por outro lado, as economias dependentes vão na contramão de tudo isso. Elas caminham à sombra do sistema mundial que as quer assim para delas extrair aquilo que mais lhe interessa. Essas economias transformam seus Estados em fornecedores de matéria-prima para que a máquina de quem está no patamar do desenvolvimento não sofra interrupções. Portanto, convém direcionar seu investimento para manter um *status quo* de permanente subdesenvolvimento gerado pela dependência econômica.

> A dependência implica o desenvolvimento de "classes clientelistas" cujos interesses associam-se, por meio da propriedade conjunta e de mecanismos formais de cooperação, ao capital estrangeiro, e portanto apoiam ativamente a penetração internacional da economia nacional. A essência do capitalismo dependente só pode ser compreendida, assim, no contexto das relações de dominação que caracterizam o sistema internacional (ALVES, 1989, p. 21).

Além da questão econômica, o outro aspecto apontado por Alves refere-se à segurança nacional. Como compreendê-la? Tecendo seus comentários, a autora a coloca no patamar de uma ideologia, isto é, dá à segurança nacional implementada no Brasil esse status, identificando-a como um conjunto de ideias, pensamentos e doutrinas da classe dominante para garantir-se no poder político, econômico e social. Assim sendo, as regras, normas e leis eram determinados à luz dessa ideologia. Nesse sentido, aqui, no Brasil do início da segunda metade do século XX, a segurança nacional tornou-se, ainda de acordo com Alves,

> [...] um instrumento utilizado pelas classes dominantes, associadas ao capital estrangeiro, para justificar e legitimar

> a perpetuação por meios não-democráticos de um modelo altamente explorador de desenvolvimento dependente (ALVES, 1989, p. 23).

Some-se a essa manutenção da submissão econômica e a ideologia da segurança nacional, a campanha anticomunista, cujos primeiros passos remontam ao início do século XX e, desde então, oscilou entre momentos mais efervescentes, mais duros e declarados, e outros mais camuflados, mas sempre em plena atividade e rudeza. No final da década de 1950, essa campanha ganhou força descomunal pela ameaça que representou a Revolução Cubana ao imperialismo estadunidense. Não cabia, pois, uma discussão acadêmica sobre as diferenças entre comunismo e socialismo, uma leitura analítica, histórica e sociológica sobre o que estava acontecendo na maior ilha do Caribe. Importava rotular e colocar tudo no caldeirão do comunismo. Em paralelo, processar paulatinamente sua demonização, com especial recorte na "ausência de Deus" associada a tal ideologia em um terreno extremamente religioso, com uma excepcional hegemonia da Igreja Católica. Portanto, o palco do teatro de horrores estava começando a ser montado.

Dessa forma, a propaganda, inclusive com direito a uma reedição na segunda década do século XXI, era não transformar o Brasil em uma Cuba. O pano de fundo, no entanto, era não permitir que o maior país da América Latina saísse das garras estadunidenses e experimentasse, enfim, sua independência, tal como acontecerá àquela ilha do Mar do Caribe. Assim, no Brasil, o anticomunismo ficou marcado como doutrina típica de grupos reacionários e conservadores associados à Igreja Católica, o que criava um ônus político a quem fosse imputado tal rótulo, a quem aderisse ao comunismo, ou ao socialismo por acreditar em suas proposições, ou, simplesmente, a quem não concordasse com a política de dominação imposta pelo capitalismo do qual os Estados Unidos era (e continua sendo) o maior garoto propaganda.

Para medir a influências de outras ideologias no Brasil e ter elementos suficientes para alimentar sua plataforma de expansão, os Estados Unidos financiaram diversas pesquisas de opinião. De acordo com Motta,

> [...] a partir de 1959, [...] ganharam nova dimensão, devido a mudanças na política externa do país. Desde o final do governo Kubitschek (1955-1960) a diplomacia brasileira buscava aproximação com o bloco soviético e os países não alinhados. A motivação era comercial, mas, aos poucos, a sensibilidade nacionalista aumentava sua influência. Kubits-

chek restabeleceu relações comerciais com a URSS, em 1959; o presidente Jânio Quadros anunciou uma Política Externa Independente, cujo ato mais ousado foi a condecoração do líder guerrilheiro Che Guevara, no início de 1961; e o presidente João Goulart restabeleceu relações diplomáticas plenas com a URSS, em novembro de 1961, assim como iniciou negociações com a China comunista (MOTTA, 2016, s/p).

Para os Estados Unidos, era indispensável manter o "desenvolvimento dependente" do Brasil e de outros países sul-americanos. Para tanto, de acordo com Alves,

> [...] o desenvolvimento dependente e os específicos interesses internacionais e nacionais a ele associados formam o pano de fundo indispensável à avaliação da conspiração civil e militar que derrubou o governo constitucional de João Goulart, no Brasil, a 31 de março de 1964 (ALVES, 1989, p. 21).

Nos interessa particularmente dois dos meios utilizados pelos Estados Unidos — o IBAD e o IPES — para injetar capital no Brasil, com recorte em Pernambuco, com a intenção de interferir diretamente nos resultados eleitorais de 1962, e frear, assim, os avanços sociais que algumas classes de trabalhadores buscavam, entre elas os trabalhadores rurais com as Ligas Camponesas e os Sindicatos.

Paralelamente, por meio da Conferência Nacional dos Bispos do Brasil (CNBB), a Igreja Católica criou o Plano de Emergência para a Igreja do Brasil em resposta à carta do papa João XXIII endereçada ao Conselho Episcopal Latino-americano (CELAM), em abril de 1961, solicitando que fossem elaborados "planos de pastorais para atenderem às especiais condições da Igreja no Continente" (Documentos da CNBB — 76, 1963, p. 5). Começava, assim, a ser delineado um dos percursos de concretude da Doutrina Social da Igreja também no Brasil.

Tomando como base o referido Plano de Emergência traçado pela CNBB, ao término do encontro, ainda em 1961, um grupo de sacerdotes reunidos no município de Jaboatão dos Guararapes criou o Serviço de Orientação Rural de Pernambuco - SORPE. Entre os clérigos estavam os padres Antônio Melo Costa, personagem central desta nossa obra, e Paulo Crespo, que assumiu o posto de coordenador estadual da recém-criada instituição. Os trabalhos do SORPE começaram em junho de 1961 (ABREU E LIMA, 2005, p. 43).

O que significou cada uma dessas instituições? Quais papéis desenvolveram entre os trabalhadores rurais de Pernambuco? Quais as relações que se estabeleceram entre elas? E, sobretudo, qual foi o texto escrito por padre Melo dentro desse contexto? Que tipo de liderança exerceu? É o que será apresentado e analisado a partir de agora.

5.2 IBAD — INSTITUTO BRASILEIRO DE AÇÃO DEMOCRÁTICA

O Instituto Brasileiro de Ação Democrática (IBAD) lançou seus alicerces no final do governo de Juscelino Kubitschek sob a justificativa de enfrentamento da crescente inflação e do populismo do então presidente. Foi fundado em maio de 1959 por Ivan Hasslocher, agente de ligação da Agência Central de Inteligência dos Estados Unidos – CIA, para o Brasil, Bolívia e Equador. Para viabilizar seu funcionamento, o IBAD recebeu contribuições financeiras de empresários brasileiros e estrangeiros. Essencialmente político, com o discurso sobretudo de combate ao comunismo, por trás estava também a necessidade de consolidar a hegemonia estadunidense nas Américas e garantir o fornecimento das matérias primas que os Estados Unidos precisavam.

Além disso, o IBAD buscava consolidar o mercado consumidor de seus produtos industrializados, o que incluía a indústria automobilística e aquela cinematográfica especializada em "vender" a imagem do Tio Sam como o grande herói que salvaria o mundo inteiro das garras de outras ideologias contrárias ao seu imperialismo. Outra garantia que se buscava era a "reserva" de cobaias para as pesquisas farmacológicas, além de outras necessidades que poderiam ser supridas pelas riquezas e gentes das Américas e do Brasil especificamente.

O estopim da ação mais contundente do IBAD foi a posse do vice-presidente João Goulart, após a renúncia do presidente eleito Jânio Quadros, mesmo com todas as manobras feitas pela classe política e pela elite brasileira para impedir tal posse, impondo, inclusive, uma nova forma de governo nunca experienciada pelo Brasil: o parlamentarismo. Nesse mesmo período, crescia a pressão social por melhorias das condições de vida. Essa pressão vinha sobretudo do movimento estudantil e dos camponeses.

O que, então, inquietava a classe dominante e os Estados Unidos? O compromisso do presidente João Goulart em dar continuidade às reformas de base que contemplavam as áreas agrícola, tributária, educacional, eleitoral, urbana e bancária.

Ademais, a política externa adotada pelo governo federal implicava a defesa de uma terceira via, isto é, de uma não obrigatoriedade em alinhar-se exclusivamente à política econômica dos Estados Unidos, mas estabelecer, o quanto possível, alianças e acordos políticos e econômicos com países do mundo inteiro. Assim, estava no programa do governo a Política Externa Independente (PEI), que, entre outros desdobramentos, possibilitou ao Brasil recusar-se a ratificar as sanções impostas a Cuba pelos Estados Unidos na Conferência de Punta del Leste, em 1962.

Explicando a PEI em mensagem enviada ao Congresso em 20 março de 1961, o então presidente Jânio Quadros já havia definido os direcionamentos da Política Externa, a qual Goulart deu continuidade, colocando em evidência os interesses nacionais. Na referida mensagem presidencial está explícito:

> [...] o Brasil só pode ver a causa ideológica condicionada por seu caráter nacional e seus interesses legítimos. O grande interesse brasileiro, nessa fase histórica, é o de vencer a pobreza, o de realizar efetivamente seu desenvolvimento. O desenvolvimento e a justiça social são da essência dos mesmos ideais democráticos (FRANCO, 2007, p. 50).

Uma das formas encontradas para estancar esses avanços e redirecionar a PEI foi o estratégico programa traçado e levado a cabo para influenciar decididamente as eleições de 1962, o último pleito antes do Regime Militar de 1964. Para tanto, o IBAD criou a Ação Democrática Popular – ADEP, com fins explicitamente eleitorais. Sua função era canalizar recursos para os candidatos contrários a Goulart que concorreriam às eleições legislativas e para o governo de 11 estados. O plano consistia em derrubar qualquer governo que não estivesse à serviço dos Estados Unidos. E o discurso de demonização do comunismo caiu como uma luva.

O planejamento traçado incluiu a produção e difusão de grande número de programas de rádio e de televisão e matérias pagas nos jornais de grande circulação nacional e/ou estadual, sobretudo com conteúdo anticomunista, associando a esta ideologia todos os que não estivessem submissos à política imperialista estadunidense. O IBAD atuou intensamente na área rural, no meio parlamentar, no movimento estudantil e sindical e junto à Igreja Católica.

Além da ADEP, o IBAD criou a PROMOTION S/A, uma agência de publicidade com sede no Rio de Janeiro responsável por disseminar a propaganda política do mencionado instituto nas estações de rádio, jornais, revistas e canais de televisão, cujo teor era sempre o anticomunismo e o combate ao governo de João Goulart, o que significava a luta contra as reformas de base já apresentadas.

Em relação a ação do IBAD, René Dreifuss esclarece que ela serviu de "conduto de fundos maciços para influenciar o processo eleitoral e coordenou a ação política de indivíduos, associações e organizações ideologicamente compatíveis" (DREIFUSS, 1987, p. 103).

Essa ingerência do IBAD, com injeção de altos volumes financeiros, foi tão acintosa que provocou uma Comissão Parlamentar de Inquérito — CPI, instalada em 1963. No relatório desta CPI — publicado em 2016 pela Secretaria da Casa Civil do Estado de Pernambuco (SCCEPE), em parceria com a Comissão Estadual da Memória e da Verdade Dom Helder Câmara — encontra-se o depoimento de Lincoln Gordon, então embaixador estadunidense no Brasil, sobre o financiamento das campanhas eleitorais de 1962, ao ser questionado, 39 anos depois do golpe de 1964. A pergunta em questão era se a CIA havia ou não dado dinheiro para mudar o rumo político do Brasil, dois anos antes do referido golpe. Lincoln Gordon respondeu:

> [...] demos. Definitivamente. Com o passar do tempo, considerei que este foi um erro de nossa parte. Nós estávamos, na época, influenciados pelo que tinha acontecido na Itália logo depois da guerra: historiadores acham que o apoio aos anti-comunistas italianos — inclusive com dinheiro e propaganda — foi o que tornou impossível a vitória eleitoral dos comunistas. [...]. A minha estimativa é de que foram cinco milhões de dólares. Mas não se produziram resultados importantes, porque o Congresso que foi eleito em 1962 não foi diferente do Congresso anterior. Miguel Arraes — por exemplo — se elegeu governador de Pernambuco, o que foi um fato mais importante do que qualquer mudança no Congresso (SCCEPE, 2016, p. 240).

Como resultado da CPI, no final de agosto de 1963, o presidente João Goulart determinou a suspensão das atividades do IBAD e da ADEP por um período de 3 meses e, ao mesmo tempo, estabeleceu que o Poder Judiciário examinasse a atuação da entidade e tomasse as medidas cabíveis. Este prazo foi prorrogado por igual período. Em 20 de dezembro do mesmo ano, o IBAD e a ADEP foram dissolvidos por determinação do Poder Judiciário.

5.3 IPES — INSTITUTO DE PESQUISAS E ESTUDOS SOCIAIS

As propostas de mudanças estruturais para o país incomodaram sobremaneira a classe empresarial brasileira que via no governo uma ameaça à sua estabilidade e um alinhamento às questões dos trabalhadores defendidas pelos sindicatos. Oficialmente criado em 2 de fevereiro de 1962, no Rio de Janeiro, o Instituto de Pesquisa e Estudos Sociais (IPES) foi resultado da fusão de empresários do eixo Rio-São Paulo que partiram em defesa de seus próprios interesses em detrimento dos interesses da nação, contaminando, também, empresários de outros estados da Federação. Com funcionamento paralelo ao IBAD e suas subsidiárias que foram dissolvidos em 1963, restou ao IPES continuar o que estava preestabelecido, missão que cumpriu até 1972.

O discurso de justificação era o mesmo, ou seja, evitar que o Brasil se tornasse um país comunista. Para tanto, era necessária a ação contundente dos "homens de bem," a ponto de interromper tal tendência. De acordo com Christiane de Paula,

> [...] o instituto promoveu intensa campanha anti-governamental. [...] A entidade utilizou os mais diversos meios de comunicação na defesa da "democracia" e da livre iniciativa. Publicou artigos nos principais jornais do país; produziu uma série de 14 filmes de "doutrinação democrática", apresentados em todo o país; financiou cursos, seminários, conferências públicas; publicou e distribuiu inúmeros livros, folhetos e panfletos anticomunistas, dentre os quais *UNE, instrumento de subversão*, de Sônia Seganfredo, dirigido aos estudantes universitários, então tidos como um dos pilares da infiltração comunista (PAULA, 1972, p. 102).

O IPES financiou — dentre outras entidades — os Círculos Operários carioca e paulista, a Confederação Brasileira de Trabalhadores Cristãos, a Campanha da Mulher pela Democracia (CAMDE) do Rio, a União Cívica Feminina de São Paulo, o Instituto Universitário do Livro e o Movimento Universitário de Desfavelamento, além da Associação de Diplomados da Escola Superior de Guerra.

Heloisa Starling, da Universidade Federal de Minas Gerais, explica que:

> [...] o IPES tinha uma estrutura interna construída em torno de dez Grupos de Estudo e Ação. Os GEA operavam em áreas distintas de intervenção política, produção de propaganda e dou-

trinação ideológica, manipulação da opinião pública e capacidade de influência em áreas e grupos sociais específicos — nas Forças Armadas, no Congresso, na Igreja, na imprensa, ou junto às classes médias. [...]. O IPES não foi um mero disseminador de propaganda anticomunista ou um grupo de extrema direita ocupado em armazenar armas. Era um núcleo de conspiração golpista com agenda política própria. Seus membros estavam estrategicamente informados e muito bem posicionados entre os conspiradores que derrubaram Goulart. E, ao lado dos militares, foram os protagonistas do processo de ocupação da estrutura do Estado após março de 1964 — o IPES funcionou regularmente até o ano de 1973 (STARLING, online).

Entre os Grupos de Estudo e Ação estava o Grupo de Levantamento da Conjuntura, dirigido à época pelo general Golbery do Couto e Silva. Em seus arquivos, contavam dados sobre 400 mil brasileiros. Tais arquivos serviram de base para a criação do Serviço Nacional de Informações (SNI), em junho de 1964.

Ainda conforme Heloisa Starling, o IPES, além daquela interna, tinha uma estrutura clandestina que direcionou suas ações contra o governo de João Goulart e sob o guarda-chuva do Instituto atuavam

[...] grupos de mulheres politicamente organizadas — Campanha da Mulher Democrata (Rio de Janeiro), União Cívica Radical (São Paulo), Liga da Mulher Democrata (Minas Gerais), grupos responsáveis por desencadearem as Marchas da Família com Deus pela Liberdade. O IPES atuava também em organizações estudantis como, por exemplo, o Movimento Estudantil Democrático; entre os trabalhadores urbanos e operários como o Movimento Sindical Democrático e a Confederação Nacional dos Trabalhadores Cristãos; junto aos grupos de camponeses e líderes rurais, como os que se organizavam em torno do Serviço de Orientação Rural de Pernambuco; e, em associação com o bloco de parlamentares patrocinado pela Ação Democrática Parlamentar, uma frente conservadora voltada para a desestabilização do governo Goulart, com atuação intensa no Congresso Nacional (STARLING, 1972, p. 145).

Quanto às fontes de recursos, esclarece Starling, o Instituto contava com arrecadações junto aos empresários brasileiros, dirigentes de empresas multinacionais e associações de classe empresariais. E continua Starling:

> [...] a outra fonte financeira do IPES, clandestina, vinha do exterior. O instituto recebia uma substancial assistência de fundos estadunidenses para suas operações através da Embaixada dos EUA. Esses recursos vinham principalmente da *American Chamber*, do Departamento de Estado e da *Chamber of Commerce* dos EUA. Além disso, o IPES recebia doações regulares de 297 corporações estrangeiras: norte-americanas (cerca de 7 milhões de dólares anuais); britânicas (cerca de 4 milhões de dólares anuais); suecas e alemãs (STARLING, 1972, p. 146).

Quando da CPI do IBAD, o IPES foi arrolado sem, contudo, sofrer qualquer tipo de condenação.

5.4 SORPE — SERVIÇO DE ORIENTAÇÃO DE PERNAMBUCO

Um preâmbulo. Para René Dreifuss,

> [...] em princípios da década de sessenta, o complexo IPES/IBAD viu o contexto camponês como um barril de pólvora político e ideológico e, da mesma forma, a atenção do resto do país, naquela época, voltou-se para o progresso do movimento dos trabalhadores rurais, especialmente aquele que se desenvolvia há muitos anos em Pernambuco, sob a liderança de Julião, bem como os esforços de sindicalização realizado pelo Partido Comunista. O objetivo específico da elite orgânica era se opor ao que ela considerava como atividades subversivas das Ligas Camponesas, principalmente as de Pernambuco, o Estado-chave do Nordeste (DREIFUSS, 1987, p. 300).

E o que seria *elite orgânica* concebida por Dreifuss? Partindo da compreensão de elite como o que existe de melhor numa sociedade, e de orgânico como algo referente à organização, aos seres organizados em sua pura essência, é possível assimilar como *elite orgânica* aquele grupo que se autodetermina como a nata da sociedade e, ao mesmo tempo, estabelece uma organização comum capaz de defender seus próprios interesses. Com esse esteio, pode-se compreender Dreifuss (1987), para quem a elite orgânica constitui-se em um articulado conjunto de agentes político-ideológicos especializados no planejamento estratégico e na implantação da ação política, com dinâmica própria, em busca de eficácia e eficiência que garantam o seu *status quo*. Portanto, a elite orgânica equaliza as exigências econômicas com a ação política em função de sua realização institucional. Eis a face neoliberal dessa elite. Nela, não existe um projeto para a "coisa pública". Existem estratégias político-econômicas que satisfazem as necessidades de si mesma.

Foi com a elite orgânica brasileira que a Igreja Católica estabeleceu sua aliança. Conforme o Instituto Nacional de Pastoral (INP),

> [...] com relação à Igreja Católica, foi feita uma aliança com setores conservadores e integristas. Alguns padres compuseram a *Comissão de Propaganda Auditiva e Mista*, objetivando atingir as massas católicas. Nas eleições de 1962, houve articulação na *Aliança Eleitoral pela Família*, para orientar o eleitorado católico. Revistas católicas eram subsidiadas pelo complexo IPES/IBAD (INP, 2003, p. 464).

Importando métodos e performances dos Estados Unidos, a Igreja Católica no Brasil lançou mão de *slogans* capazes de produzir efeitos devastadores à capacidade crítica de um povo, cuja taxa de analfabetismo, na década de 1960, era de 46,7% (FERRARO; KREIDLOW, 2008). Portanto, os *slogans* funcionavam quase como palavras de ordem e soavam como verdades absolutas. Tais *slogans* apresentavam apelos religiosos, a exemplo daquele *"A família que reza unida permanece unida"*, como forma de assegurar ao povo em geral que aqueles movimentos eram ligados à Igreja, portanto, dignos de toda a credibilidade e, com tal credibilidade, lançar uma furiosa campanha política contra a comunização do Brasil, começando pela oposição ao governo de João Goulart. Conforme a *Revista Eclesiástica Brasileira* (v. 24, fasc. 2, junho de 1964, p. 496), "as faixas, melhor do que os discursos, proclamavam as convicções dos participantes". Entre essas faixas estavam: *"Democracia tudo, comunismo nada"*; *"Kremlin não compensa! Cristo contra o comunismo!"*; *"Nossas Igrejas não serão fechadas"* (INP, 2003, p. 464).

Seria mesmo por convicção que essa massa de católicos e católicas foram às ruas protestar, ensandecidamente, contra uma ideologia nunca estudada ou, pelo menos, estudada de forma superficial? Teria essa massa a capacidade de formar uma análise crítica sobre qualquer ideologia? Ou apenas seguiam lideranças eclesiais e aquelas leigas ligadas aos movimentos oficialmente reconhecidos pela Igreja, a exemplo de a Ação Católica? O fato é que, historicamente, a maioria das autoridades da Igreja Católica e suas lideranças do laicado aderiram ao discurso condenatório imposto pelos Estados Unidos, arrastando impiedosamente uma grande massa de seus adeptos.

Foi nesse contexto que nasceu em 1961, no seio da Igreja Católica de Pernambuco, o Serviço de Orientação Rural de Pernambuco - SORPE, mais especificamente na Arquidiocese de Olinda e Recife. Era o mesmo chão onde fervilhavam as lutas empreendidas pelas Ligas Camponesas e pela organização sindical entre os trabalhadores rurais em paralelo ao crescimento de movimentos sociais e o avanço político comprometido com as mudanças de base. Estavam assessorados pelo Partido Comunista, sendo "organizados e orientados pelo líder comunista Gregório Bezerra — de origem camponesa e familiarizado com os problemas do campo" (COELHO *et al.*, 2017, p. 167). "Estavam ligados ao SORPE Dom Helder Câmara, Dom Antônio Fragoso, Padre Paulo Crespo, Padre Servat, e o Padre Melo" (COELHO *et al.*, 2017, p. 196). O SORPE funcionou nas dependências da sede administrativa da Arquidiocese de Olinda e Recife, situada à rua do Giriquiti, 48, no bairro da Boa Vista, onde hoje está instalado o Shopping Boa Vista.

Esses avanços sociais e políticos foram simbolizados no final de década de 1950 pela eleição de Pelópidas Silveira, primeiro prefeito eleito pelo voto direto para a Prefeitura da Cidade do Recife, pela *Frente do Recife* — coligação que reunia seu partido (o Socialista Brasileiro, oriundo da Esquerda Democrática), o Partido Trabalhista Brasileiro e o Partido Trabalhista Nacional, com o apoio do Partido Comunista Brasileiro, à época na clandestinidade.

Pelópidas Silveira teve como sucessor na prefeitura, Miguel Arraes de Alencar que, não obstante todas as manobras do complexo IPES/IBAD, foi eleito governador de Pernambuco, em 1962, conforme registrado neste texto. Outro sinal de alerta para os conservadores era o avanço das Ligas Camponesas, o que colocava em xeque o poderio agrário em Pernambuco consolidado paulatinamente desde a chegada de Duarte Coelho e sua parentela, no início do século XVI.

Três alicerces apoiavam o SORPE: primeiro, a Doutrina Social da Igreja Católica, que desde o lançamento da Encíclica *Rerum Novarum*, promulgada pelo papa Leão XIII, em 15 de maio de 1891, especificada no segundo capítulo dessa tese, vinha ganhando corpo e sendo atualizada sistematicamente pelos papas sucessores; segundo, pela experiência do Movimento de Natal, o qual incluía o Serviço de Assistência Rural – SAR, mais direcionado aos trabalhadores e trabalhadoras rurais na Arquidiocese de Natal, no Rio Grande do Norte, sob a batuta de dom Eugênio Sales; e o terceiro, o Plano Emergencial para a Igreja do Brasil como resposta ao apelo do papa João XXIII.

> A fundação do SAR pode ser considerada como uma obra isolada de um bispo do estado do Rio Grande do Norte preocupado com os problemas do meio rural da região. Ao se olhar um pouco mais de perto, porém, ver-se-á a experiência do Rio Grande do Norte como uma espécie de experiência-piloto da Igreja Católica a ser levada à prática posteriormente em todo

o Brasil. De fato, 1951, o esforço de implantação do SAR foi assimilado pelo conjunto da Igreja Católica no Brasil, durante a realização da *"pastoral conjunta sobre os problemas rurais do Rio Grande do Norte"*, patrocinada pelos bispos brasileiros e representantes do Vaticano (KOURY, 2010, p. 97).

Para Koury, o objetivo do SORPE era coordenar a ação sindical em Pernambuco. Assim sendo, direcionou suas ações para treinar pessoas capazes de trabalhar na sindicalização e formação de lideranças sob a perspectiva da DSI. Desse modo, nos cursos por este promovidos, o SORPE — além das explicações e esclarecimentos sobre a legislação trabalhista — "transmitia também as linhas fundamentais, doutrinárias, do movimento sindical católico para o meio rural" (KOURY, 2010, p. 109).

Além do complexo IPES/IBAD, o SORPE recebeu recursos de outras instituições americanas, entre elas, a Cooperative League of the United States of America — CLUSA — e a United States Agency for International Development USAID — Agência dos Estados Unidos para o Desenvolvimento Internacional. A ação se dava por meio da "Aliança para o Progresso", um programa de assistência ao desenvolvimento socioeconômico da América Latina — formalizado quando os Estados Unidos e 22 outras nações do hemisfério, incluindo o Brasil, assinaram a *Carta de Punta del Este*, em agosto de 1961.

Dois sacerdotes desempenharam papéis preponderantes na constituição e atividades do SORPE: o padre Paulo Crespo e o padre Antônio Melo. Em entrevista concedida ao Centro de Pesquisa e Documentação de História Contemporânea (CPDOC), da Fundação Getúlio Vargas, nos dias 14 e 15 de abril de 1978 e publicada 12 anos depois, em 1990, padre Crespo lembrou o trabalho desenvolvido pela Arquidiocese de Natal (RN) junto aos trabalhadores e discorreu sobre a reunião dos padres ocorrida em Jaboatão dos Guararapes:

> [...] ao final de três dias completos de reunião, nós chegamos à conclusão de que a situação dos agricultores não era somente na minha paróquia: era uma situação geral — era no estado, era no Nordeste, era no país inteiro uma situação de marginalização. Naquela época já havia as Ligas Camponesas do deputado Francisco Julião, mas elas tinham um caráter, assim, muito filantrópico ou de reivindicação da terra e atendiam apenas ao grupo de associados. Nós achávamos que era necessário um movimento muito mais amplo, para reformar a própria estrutura da posse e uso da terra e do nível de vida dos agricultores. Isto só poderia ser num movimento

grande, geral, no país inteiro. Então nós resolvemos organizar sindicatos de trabalhadores rurais (CPDOC, 1978).

Na mesma entrevista padre Crespo explica que, entre as linhas de ação no sentido de criar os sindicatos rurais em várias cidades, estava, também, a perspectiva da criação de uma federação que conglomerasse os sindicatos criados. Assim aconteceu. Em 6 de junho de 1962, foi criada a Federação dos Trabalhadores da Agricultura de Pernambuco, então controlada diretamente pelo SORPE e reconhecida em 17 de outubro do mesmo ano, pelo Ministério do Trabalho e Previdência Social. Hoje, é a autônoma Federação dos Trabalhadores Rurais, Agricultores e Agricultoras Familiares de Pernambuco (FETAPE), com a inclusão das mulheres e da agricultura familiar.

Dessa forma, na concepção dos padres reunidos em Jaboatão, na paróquia do padre Crespo, as "Ligas Camponesas de Francisco Julião" eram restritas às questões da reforma agrária e a seus integrantes. Os sacerdotes queriam uma instituição mais larga tanto no sentido de congregar pessoas, quanto no sentido de pautas reivindicatórias, o que incluía as questões trabalhistas. Daí, a importância dada à legislação pertinente que começou a existir em 1903, sempre de acordo com o depoimento do padre Crespo ao CPDOC.

É interessante o registro feito por Mauro Koury sobre a maneira como nasceram esses sindicatos oriundos do trabalho do SORPE. Para ele, o processo era simples e imediatista. As reuniões eram realizadas nas várias paróquias animadas e orientadas por membros da Juventude Agrária Católica, uma associação ligada à Ação Católica do Brasil, reconhecida pela hierarquia eclesiástica em julho de 1950 e que tinha por objetivo difundir os ensinamentos da Igreja nas zonas rurais. Essas reuniões, conclui Koury, serviam para esclarecer

> [...] a porquê e o como, e sobre a necessidade de um sindicato no município ou microrregião eram realizadas com frequência, como forma de sensibilizar a população. Normalmente, essas reuniões eram organizadas com o apoio, ou sob o controle do pároco local. Após algumas reuniões preparatórias elaboravam-se os estatutos e uma diretoria provisória [...], o SORPE registrava o novo sindicato e iniciava o processo para o seu reconhecimento (KOURY, 2010, p. 116).

Assim, não é estranho que, sob a orientação do SORPE, de acordo com Stein (2008), até meados de 1963, 77 sindicatos foram fundados, dos quais 33 devidamente reconhecidos pelo Ministério do Trabalho e Previdência Social (MTPS) e 44 à espera de tal reconhecimento. Para Koury, sobre esses sindicatos tutelados pelo SORPE e espalhados por todo o estado,

> [...] recaíam a orientação política da conciliação entre classes, e a um combate exaustivo aos quadros das Ligas Camponesas e sindicatos rurais ligados a partidos, grupos e movimentos de esquerda, chamados no jargão da época, de *independentes* (KOURY, 2010, p. 121).

No que se refere à relação com padre Melo, o pároco de Jaboatão explica a divisão de trabalho entre ambos, o que ficou estabelecido de comum acordo. Embora seja um depoimento longo, é importante conferir o registro em sua totalidade ainda como parte da entrevista concedida ao CPDOC:

> [...] as coisas entre nós foram planejadas e definidas em áreas de trabalho. Tudo o que aconteceu não foi nada de fortuito; foi fruto de uma reunião com o arcebispo, com outras pessoas, comigo, com o padre Melo etc. Ele é, como você conhece, um homem com uma inteligência muito viva, muito rápida, um pensamento muito rápido. Um homem que tem uma fala muito fácil de discursar, de influenciar. É um homem de comunicação, de jornais, televisão. Ele é para o grande público, para a grande massa; e eu não sou nada disto. O meu trabalho é organizar. Meu trabalho era ficar organizando o pessoal, os sindicatos, os grupos, dando consciência, discutindo com eles seus problemas, suas dificuldades, questionando, problematizando, para que eles mesmos descobrissem as soluções. Tendo todo o cuidado para não impor, para que eles fossem vendo suas possibilidades de enfrentar, com suas próprias forças, determinadas situações. E não isoladamente, mas de maneira conjunta, organizada. Ficou acertado que este seria o meu trabalho e aquele, o de padre Melo. Porque o nosso trabalho no sindicato precisava muito de um apoio da grande opinião pública. A gente necessitava que a classe dominante, que a classe média, que a classe estudantil, que a classe operária, enfim, que todo o resto do Brasil começasse a perceber a luta dos camponeses. Isto, dentro do nosso planejamento, era essencial, para que a classe não ficasse odiada, isolada na sua luta, na sua reivindicação. Por que os camponeses estão invadindo a cidade do Recife? Todo mundo fica contra, o comércio fechando as portas, as donas-de-casa apavoradas, os ônibus fechando as portas, entendeu? Era preciso que a cidade do Recife soubesse: "Esse povo está morrendo de fome. Esse povo está vindo aqui, porque já deviam ter pago a ele o 13º salário que vocês receberam em dezembro. Já é fevereiro e não pagaram ainda. Esse povo está aqui, porque são eles que plantam o feijão, o milho, o arroz

que vocês têm na mesa, e eles, muitas vezes, não têm esse alimento na mesa deles". Era necessário criar uma opinião pública favorável ao movimento camponês. O encarregado disto era o padre Melo (CPDOC, 2001).

Portanto, papéis definidos, começava assim o trabalho da Igreja Católica junto aos trabalhadores e trabalhadoras rurais no estado de Pernambuco.

Além de sindicatos organizados pelos padres Melo e Crespo, havia também sindicatos organizados e orientados pelo líder comunista Gregório Bezerra, de origem camponesa e familiarizado com os problemas do campo (Relatório Final, volume II, p. 167). Esses sindicatos sofreram intervenções e perseguições políticas no período pós-golpe (Relatório Final, volume II, p. 173).

5.5 AÇÃO DO PADRE MELO: QUE TIPO DE LIDERANÇA?

Faz-se necessário e urgente, aqui, compreender sob qual ótica deve-se analisar a ação de padre Melo especificamente no município do Cabo de Santo Agostinho, no período em que atuou como pároco dessa cidade — 1963/1977 —, quando desenvolveu um intenso trabalho junto aos trabalhadores rurais. A segunda urgência — complementar, porém, não menos importante — é desvendar, o quanto possível, esse sacerdote de personalidade forte e controversa que, sem sombra de dúvidas, tornou-se uma das referências históricas, em se tratando das questões que envolvem o sindicalismo e o cooperativismo rurais pernambucanos, nas décadas de 1960/1970.

Iniciamos com a *busca do ser social*. Para tanto, foi realizada uma revisita ao percurso da evolução do homem até chegar à transmissão cultural compreendida por Dawkins (1979). Essa busca pela formação do tecido social deparou-se com a "consciência coletiva" (DURKHEIM, 2009), a ação social (WEBER, 1991). Mas, sobretudo, pela figura da liderança nesse complexo e multifacetado corpo social. Liderança que passa pelo exercício do poder, podendo desembocar na dominação e exigência de uma rígida disciplina de duas vidas, isto é, tanto da parte de quem a exerce, quanto de quem se deixa guiar por tal liderança.

Em seguida, a partir da Encíclica *Rerum Novarum*, foi apresentada a preocupação da Igreja Católica face às questões do mundo do trabalho, a partir da profunda transformação provocada pela Revolução Industrial e o nascedouro do proletariado, com todas as questões sociais dela decorrente. Assim, foi possível acompanhar a formação da Doutrina Social da Igreja até a década de 1970, incluindo a questão sindical da forma como a Igreja a concebe.

Por fim, revisitando a construção do Brasil, foi feito um esboço da transmissão cultural e a formação societária da nação, com recorte no que se refere às questões agrárias e a monocultura da cana de açúcar. Aqui, destrinchou-se, mesmo se de forma sucinta, a ingerência estadunidense que, no pós II Guerra Mundial, necessitava consolidar-se como grande potência mundial, alargando seu imperialismo até a América Latina, principalmente após assistir à Revolução Cubana, que despontava como farol que poderia guiar para longe dos tentáculos do Tio Sam outros países das Américas Central e do Sul. São vias aparentemente distante uma das outras, mas que se encontram na pessoa e no trabalho do padre Melo, enquanto esteve como responsável da paróquia de Santo Antônio, no Cabo de Santo Agostinho.

Em se tratando da vida de um sacerdote, o ponto de partida não poderia ser outro senão a Doutrina Social da Igreja. Ali, naquela reunião de sacerdotes que aconteceu em Jaboatão dos Guararapes, conforme mencionado, o divisor de águas, o começo de uma saga histórica. Nesta saga, percorreram-se os caminhos de padre Melo para que se obtivesse uma sólida base, onde fosse possível apoiar a análise a respeito do exercício de sua liderança, o que será apresentado com maior profundidade nas considerações finais, o que não isenta este trabalho de tecer comentários a esse respeito no decorrer da apresentação e análise das atuações do sacerdote ora estudado.

5.5.1 Primeiros passos da vida pública de padre Melo

O primeiro registro da ação pública do padre Melo apareceu na mídia ainda em 1961, no mesmo ano da criação do SORPE. Foi a voz que se levantou em defesa dos lavradores do Cabo de Santo Agostinho quando o governo de Cid Sampaio quis implantar ali o plano de colonização. Esse plano, de acordo com a Revista Visão, em sua edição de 15 de dezembro de 1961, consistia, entre outros objetivos, na transferência de muitas famílias de agricultores que ocupavam terras da Usina José Rufino e que foram adquiridas pelo governo para a implantação da Companhia Pernambucana de Borracha Sintética, (COPERBO), a partir da qual começaria o polo industrial do Cabo de Santo Agostinho. Nessa reportagem, foi o próprio padre Melo que explicou a situação:

> [...] o Governador Cid Sampaio, durante sua campanha, prometeu duas coisas básicas: industrialização do Estado e amparo à agricultura. Para qualquer pessoa de bom senso, essas promessas seriam suficientes para que o voto lhe fosse

> dado. No entanto, agora, quando o Governo adquiriu as terras da Usina José Rufino (13 engenhos), Cid pareceu ter esquecido a promessa.

Foi esse acontecimento que projetou o padre Melo em nível nacional graças ao interesse despertado pela grande mídia da época. O governo, para implantação de seu projeto de industrialização do estado, no específico caso da COPERBO, concomitante à aquisição das terras, iniciou o processo de despejo dos foreiros e pequenos proprietários ali acomodados. Padre Melo, sob as ordens de Dom Carlos Coelho[36], saiu em defesa desses camponeses, organizando e encorajando um movimento de resistência.

> A ação de defesa do padre Antônio Melo ganhou noticiário nacional, chamando a atenção da opinião pública para o problema. O que fez o governador recuar e aceitar uma contraproposta por ele elaborada. Na proposta dava-se garantia a permanência dos foreiros nas terras desapropriadas para a instalação da COPERBO até que o governo, através da Companhia de Revenda e Colonização — CRC, conseguisse outro local para movê-los (KOURY, 2010, p. 111).

Essa projeção nacional deu ao padre Melo uma certa independência em relação ao SORPE e, ao mesmo tempo, foi consolidando o seu trabalho na zona rural de Pernambuco. Analisando essa projeção do padre Melo, Koury afirma que

> [...] com seu temperamento mais expansivo, vestia uma imagem mais radical do seu trabalho. Com isso tentando disputar pelo **carisma a liderança** do movimento dos trabalhadores rurais de Pernambuco, em mãos do Partido Comunista e de Francisco Julião (KOURY, 2010, p. 111, grifo nosso).

Nessa citação de Koury, encontra-se uma clara referência à liderança carismática do padre Melo, o que reporta às discussões teóricas com as quais esta tese teve início. Entre elas, deve-se relembrar as duas características pautadas por Lima e Carvalho Neto (2011, p. 6-11): a primeira, o reconhecimento do líder por possuir habilidades inatas de conseguir encantar, persuadir, fascinar ou seduzir outros indivíduos através da sua forma de ser e de agir identificadas como carisma; a segunda, a maneira como essas lideranças chegam ao poder. Assim, essas duas características podem ser identificadas em padre Melo, de fato, já a partir do momento em que tomou

---

[36] Arcebispo da Arquidiocese de Olinda e Recife, entre os anos de 1960/1964, sucedido por dom Helder Câmara.

para si a causa daqueles camponeses, com sua eloquência e compromisso social respaldado em seu exercício ministerial que a condição de sacerdote lhe imprimia, padre Melo assumiu a liderança de parte do movimento sindical do estado.

Ainda na mesma matéria da Revista Visão, o sacerdote se autodefiniu como um "despertador de consciências" em contraponto ao estigma de agitador que, já a partir dali, quiseram imprimir a ele. Falou sobre seu traço conciliador e declarou, com suas palavras, o alinhamento à DSI, insinuando uma terceira via para a solução dos problemas campesinos:

> [...] os capitalistas procuram sempre adiar o problema, mas a revolução virá. Os meios é que ainda não se sabe quais serão, e isso quem vai determinar são as circunstâncias. O marxista assevera que somente pela violência, embora com isso pretenda apenas e quase sempre adiar a solução. Eu, por mim, acho que ambos partem de um preconceito e digo simplesmente: a reforma terá que vir! Por formação, prefiro a solução pacífica e estou lutando para isso, quando procuro organizar o camponês. Organizado, ele adquirirá consciência, e a reforma será então inevitável.

Esse caráter conciliatório também se estendeu a Francisco Julião. Sobre o deputado federal, padre Melo afirmou ser "um homem acessível", que veio visitá-lo em sua residência, no Cabo de Santo Agostinho. Dessa conversa, o sacerdote evidenciou três pontos por ele considerados importantes e publicados na referida matéria da Revista Visão:

> [...] os camponeses como classe, não devem ser organizados em torno de ideologias, partidos políticos ou crenças religiosas. O camponês não deve ser adversário do camponês. Aqui é que reside a malícia capitalista: não podendo impedir a organização, pretende ao menos que se organizem divididos. E é por isso que incentivam as antiligas. Mas eu, por mim, lutarei até o fim contra essa divisão; 2) Não devemos organizar o camponês para a luta armada, mas para defender seus direitos e cumprir melhor seus deveres. Todavia, se para isso for preciso lutar, o problema será de quem tentar impedi-lo; 3) este ponto é talvez o mais importante de todo o diálogo: a propriedade privada.

Em relação a esse terceiro aspecto, como a Igreja Católica enfatiza em sua Doutrina Social, há de se defender a propriedade privada, sem, contudo, abrir mão de sua função social, o que, necessariamente, implica uma profunda formação no mínimo humanista por parte dos proprietários, fato incomum de se encontrar, sobretudo numa sociedade que, até por herança cultural, vê na posse o seu *status quo*.

Ainda com referência à sua projeção nacional, a reboque, padre Melo atraiu para si as mais controversas interpretações. Pela classe dominante, herdeira latifundiária, foi tachado de comunista; setores da opinião pública, no entanto, o reconheciam como "um homem dedicado ao bem-estar dos trabalhadores rurais" (KOURY, 2010, p. 112).

Em maio de 1962, o movimento cristão que se dedicava ao trabalho com os camponeses — liderados e orientados pelo SORPE — realizou, em Itabuna, no Sul da Bahia, o I Congresso de Trabalhadores Rurais do Norte e Nordeste, entre os dias 7 e 13 de maio de 1962, com a presença de 36 sindicatos. A escolha do local foi estratégica, como explicou padre Crespo em sua entrevista ao CPDOC (1990, p. 32) "deveria ser lá — o primeiro sindicato de trabalhadores tinha sido lá — para levar o pessoal às fontes do sindicato". Depois, em sendo no Sul da Bahia, seria mais fácil a articulação com a mídia nacional, cujo foco estava (como ainda está) no eixo Rio-São Paulo, o que de fato aconteceu.

Para a realização desse Congresso, os sacerdotes Crespo e Melo foram ao Rio de Janeiro falar com o então Ministro do Trabalho e Previdência Social, Franco Montoro sobre o reconhecimento legal dos sindicatos rurais. Na conversa com o ministro, diante da possibilidade de perder o cargo caso defendesse a causa dos camponeses, padre Melo foi incisivo: "olhe, ministro, a rainha Isabel perdeu o trono, mas assinou a Lei da Abolição dos Escravos. Vale a pena o senhor assinar a lei, reconhecendo os sindicatos rurais e perder o ministério" (CRESPO, 1990, p. 10).

> Colocamos o dia do encerramento do congresso no 13 de maio de caso pensado, para que ficasse na história o início da abolição dos escravos brancos, que são os camponeses deste país. No encerramento do congresso, muita gente, mais de cinco mil pessoas na praça; e: "Cadê o ministro, não chega?" Terminou a assembléia do encerramento, e o ministro não chegou. Quando o povo já estava dispersando, chega um avião com o secretário do ministro do Trabalho, trazendo, em mão, 23 cartas sindicais assinadas pelo ministro. Nós colocamos alto-falantes pelas ruas, reunimos o povo de novo, e aí foi um carnaval de alegria, pelo reconhecimento de 23 sindicatos. Fizemos um novo encerramento do congresso, e o pessoal

voltou para casa já animado, armados com as cartas sindicais na mão. Esta foi a primeira fase (CRESPO, 1990, p. 10).

Esse evento teve a cobertura do Jornal do Brasil, que publicou, na íntegra, a Carta de Princípios aprovada pelos congressistas, anunciada publicamente pelo padre Melo e distribuída em todo o território nacional. Entre as reivindicações expressas nessa Carta de Princípios estão a autonomia e independência dos sindicatos, o repúdio ao imposto sindical, a desapropriação dos latifúndios improdutivos em função da reforma agrária.

É interessante como a grande mídia tratou os personagens envolvidos nesse evento. Como o próprio padre Crespo explicou sobre o papel que cada um deveria desempenhar — o próprio como aquele da retaguarda, da organização, e o padre Melo, aquele da linha de frente, do público —, assim aconteceu já nesse primeiro grande evento. A imprensa tratou o evento como uma realização do padre Melo.

No ano seguinte, na sua edição 17 de abril de 1963, o jornal *Folha de São Paulo* publicou uma matéria com a seguinte manchete: "padre articula manifestação de camponeses em Brasília". No corpo da matéria, a informação de que padre Melo estava articulando essa manifestação junto ao Congresso Nacional "em favor da rápida aprovação da reforma agrária". A correspondência do deputado maranhense Neiva Moreira — do então Partido Social Progressista (PSP) — em resposta a essa articulação, também está publicada na mesma matéria:

> [...] recebi a mensagem do prezado amigo, cuja pregação em favor dos camponeses exalta a posição de vanguarda de valores da Igreja, como você, que se empenha em cumprir os ensinamentos de Cristo e transformar em ação construtiva a lição das encíclicas. Como católico, me empolga ver como um jovem sacerdote se recusa a aceitar a posição que setores reacionários reservam à Igreja, de baluarte dos privilégios das classes dominantes e de bandeira de luta contra as reformas populares. Sua presença e a dos camponeses espoliados do Nordeste são esperadas com o maior entusiasmo por todos nós, e até julgamos que pode ser útil para despertar a ação de um Poder que se recusa a viver a grande hora brasileira, que marcará a verdadeira e desejada ascensão do povo ao poder. Como sertanejo, você de certo estará atento ao fato de que, em maio, as chuvas terão cessado e haverá menos lama e mais poeira nas estradas de sofrimento da sua rota. Através da história, o processo das reformas exigiu muitas

> marchas como essa que trará à nossa Brasília a marca viva de um drama que, infelizmente, ainda não conseguiu comover os que detêm o domínio das decisões.

Pode-se dividir essa correspondência em três blocos: no primeiro, declaradamente católico, o deputado traz à pauta a disponibilidade do padre Melo em seguir os ensinamentos de Cristo e da Igreja, através das encíclicas, o que inclui, necessariamente, a DSI; no segundo, a luta interna dentro da própria Igreja, quando faz referência a setores reacionários alinhados com as classes dominantes que se opõem frontalmente às reformas de base; e, no terceiro, a esperança de ver o povo no poder, inclusive com representantes dos próprios camponeses.

A ação pública de padre Melo — especificamente no período das décadas de 1960 e 1970 — também pode ser encontrada em uma exaustiva e minuciosa pesquisa documental no Arquivo Público Estadual Jordão Emerenciano, localizado no Recife. Assim sendo, a partir de agora, esse rico material será utilizado, sem, contudo, esquivar-se de bibliografias que se façam necessárias para quaisquer complementos e/ou esclarecimentos.

Começava, assim, a vida pública de padre Melo para além das atividades sacerdotais das quais nunca descuidou, não obstante todas as ações externas que foi acumulando durante sua vida, sobretudo com seus trabalhos junto aos camponeses.

5.5.2 Padre Melo e o IBAD

O contraditório, porém, não demorou a aparecer. Na CPI do IBAD, já explicitada neste texto, ficou provado o envolvimento do padre Melo com o financiamento estadunidense para desestabilizar as reformas de base propostas pelos governos federal e estaduais, no caso de Pernambuco, pelo governo de Miguel Arraes de Alencar. O jornal carioca *O Semanário*, em sua edição de 12 a 18 de setembro de 1963, estampou em letras garrafais, na sua folha de capa: "Arrais tem as provas: padre Melo é do IBAD". A matéria completa pode ser encontrada sob o título "polícia de Arrais já tem as provas: padre Melo é do IBAD", na página 5 dessa mesma edição, assinada por *Ecce Homo*, pseudônimo que leva a crer ter sido adotado por algum intelectual fascinado pela obra de Nietzsche, visto ser o título de sua última obra, desta feita biográfica. A seguir, é possível conferir trechos dessa reportagem:

> [...] na cidade do Cabo, os delegados de Polícia encarregados do fechamento das agências do dinheiro corrupto de Hasslocher, foram parar numa casa vizinha à igreja, dita casa paroquial. [...]. Qualquer pessoa da cidade conhecia aquela casa como sede do IBAD. Os delegados não se deixaram enlear pela protelação. Resolveram agir com firmeza. Arrombara a porta, vasculharam os móveis, apanharam toda a documentação que encontraram e levaram tudo para Recife.

A matéria não apenas comprovou a denúncia de que o padre Melo era a pessoa representante do IBAD no município do Cabo de Santo Agostinho, mas aproveitou o mesmo espaço para questionar a ação do sacerdote que, "bancando o grande revolucionário nacionalista", em Pernambuco, orientava uma surda campanha contra o governo Arrais.

A reação de padre Melo não tardou. Logo, procurou a imprensa e tentou reverter o jogo a seu favor. Na televisão, continua a matéria, bradou que "os bárbaros policiais de Arrais invadiram a casa paroquial do Cabo. Não respeitaram sequer a casa de Deus". Na realidade, ainda de acordo com a matéria em questão, "o 'grande revolucionário' padre Melo estava apavorado com a apreensão dos documentos. Ele sabia o que poderia resultar de sua divulgação" (CRESPO, 1990, p. 46).

Dos documentos apreendidos, dois são mencionados nessa reportagem: um ofício do padre Melo endereçado ao general Sarmento, chefe do IBAD, em Pernambuco, comunicando sua impossibilidade de permanecer na direção do Instituto em sua cidade, visto que o arcebispo, à época dom Carlos Coelho, proibira declarações políticas por parte do clero. Ao mesmo tempo, indicava seu secretário e uma parente sua para assumir a secretaria, além de assegurar ao general sua disposição em continuar colaborando com o Instituto. O outro documento é o ofício por meio do qual o general acusa o recebimento da correspondência enviada pelo padre, e agradece seus serviços, sugerindo as providências que deveriam ser tomadas.

Na conclusão da matéria, o autor fez um apelo ao então governador do Estado, Miguel Arraes de Alencar:

> [...] esses dois documentos têm que ser publicados. Urge desmascarar mais esse eficiente colaborador de Hasslocher. Esse padre andava até ontem misturado com elementos nacionalistas querendo se fazer de progressista. Não passa de um dos muitos espiões que o imperialismo jogou entre as forças nacionalistas para intrigar e estabelecer a confusão. [...]. Chegou o momento

> de separar o joio do trigo. E padre Melo não é flor que se cheire. Denunciá-lo não significa atacar a Igreja. A Igreja é uma coisa o clero é outra. Padre Melo e padre Baleeiro são exceções lamentáveis dentro do clero brasileiro [...]. Denunciar o padre Melo é ação patriótica a que não se poderá furtar o governador de Pernambuco. [...]. Que se denuncie à Nação que padre Melo, o amigo dos camponeses, o vigário tão bonzinho, o anti-Julião como ele próprio se intitula, nada mais é, nada menos é, do que um dos muitos serviçais do imperialismo norte-americano que atuam aqui no Brasil sob a batuta fascista de Ivan Hasslocher. (COELHO, 2017, p. 48).

Quanto ao escritório do IBAD funcionar na casa paroquial do Cabo de Santo Agostinho, padre Crespo confirmou na entrevista concedida ao CPDOC: "O padre Melo tinha na casa paroquial um escritório daquela organização IBAD". E acrescentou: "E esse IBAD, que dava benefícios ao pessoal e que era na casa paroquial, foi fechado pelo governador Miguel Arrais. Aí o Melo estourou, brigou com o governador" (CRESPO, 1990, p. 35).

Faz-se necessário um esclarecimento: como já destacado, a determinação do fechamento do IBAD foi do Governo Federal. O governador de Pernambuco apenas cumpriu aquilo que já estava estabelecido para toda a Federação.

Questionado sobre a relação do IBAD e o movimento iniciado com a criação do SORPE, padre Crespo esclareceu que não havia nenhuma relação nesse sentido, reafirmando a presença do Instituto na paróquia dirigida por padre Melo.

Em contando com o financiamento do IBAD, é conclusão lógica que a sua inserção junto aos trabalhadores rurais seguia a cartilha ditada pelos interesses estadunidenses, embora tais interesses não estivessem explícitos no seu eloquente discurso.

5.5.3 Padre Melo e os sindicatos dos trabalhadores rurais

No que se refere à ação do padre Melo junto aos sindicatos rurais, uma vez que o SORPE tinha esse direcionamento como mencionado, a declaração de padre Crespo é contundente e intrigante:

> [...] não me interessava aparecer na televisão e rádio, muito ao contrário: quanto menos eu aparecesse em rádio, em televisão, melhor. Mas, infelizmente, tive que aparecer e muito. E até hoje continuo sendo odiado e preterido em muitos lugares por conta desse trabalho. Mas o padre Melo era para isso

> mesmo, de forma que ele nunca organizou um sindicato. [...].
> Mesmo o sindicato do Cabo foi organizado pelo nosso grupo. Ele deu todo o apoio, reuniu o pessoal, essa coisa toda, mas ele nunca organizou um sindicato (CRESPO, 1990, p. 35).

Quando, então, o padre Melo chamou para si a responsabilidade administrativa dos sindicatos rurais a se oporem àqueles assessorados pelo Partido Comunista? A resposta está ainda na entrevista de padre Crespo. Referindo-se ao padre Melo e os sindicatos, ele esclareceu:

> [...] ele tornou-se contra o comunismo, contra Miguel Arrais [...]. Meu interesse era o do trabalhador e se o movimento estava nas mãos deles. Então o que aconteceu foi isto. Depois da revolução, algumas forças da revolução militar deram maior apoio e prestígio ao padre Melo e me tiraram o apoio. A orientação geral aos sindicatos dos trabalhadores rurais passou a ser dada diretamente pelo padre Melo, Apesar dele ter vindo nessa época para o SORPE [...], que permaneceu seu trabalho normalmente. Mas o padre Melo é quem reunia os sindicatos, **indicava interventores à Delegacia do Trabalho** (CRESPO, 1990, p. 35, grifo nosso).

Essa postura intervencionista de padre Melo provocou discordância com o grupo originário do Sorpe. Essa contenda está explícita na entrevista de padre Crespo cujo trecho sobre esse assunto segue transcrito:

> [...] e aí começou a grande divergência, porque eu dizia: "Isso é o maior crime que vocês estão cometendo ao movimento sindical rural do Brasil. Por que intervenção em todos os sindicatos? Todos os sindicatos são comunistas? E, se se afastou fulano ou beltrano, não se pode continuar o movimento sindical, reabilitar esse sindicato? Por que fazer intervenção sistemática em todos os sindicatos?" Eu não fui de acordo com isto, mas ele achava que era uma boa oportunidade de se reorganizar tudo, que a revolução trouxe vantagens, mandou que fosse descontada, na folha de pagamentos de todos os agricultores, sistematicamente, a contribuição para os sindicatos (CRESPO, 1990, p. 36).

Outro aspecto importante lembrado pelo padre Crespo e que significou mais um ponto de discórdia está relacionado à contribuição sindical. Conforme relato anterior neste mesmo texto, entre as reivindicações do I Congresso de Trabalhadores Rurais do Norte e Nordeste constava o repúdio ao imposto sindical. Originalmente, para o SORPE, a contribuição ao órgão de classe deveria ser espontânea e de acordo com as possibilidades de cada um. Nessa nova reorganização, sob a batuta de padre Melo, essa arrecadação foi implementada compulsoriamente. É o contraditório que se instala, quando as pessoas se afastam dos ideais fundantes. A esse respeito, padre Crespo comentou:

> [...] o sindicato passou a arrecadar somas fabulosas. Também sou contra. Por que sou contra? Porque eu queria justamente um trabalho educativo, em que o trabalhador sentisse a necessidade de pertencer e participar do seu sindicato. Se o sindicato é importante para mim, eu participo inclusive financeiramente. "Está aqui a minha contribuição". Como é feito em sindicatos do Sertão e do Agreste, por isto é que são sindicatos bons e fortes. Mas aqui não: na zona canavieira, de assalariados, passava a ser descontada na folha de pagamento pela usina (CRESPO, 1990, p. 36).

Padre Crespo entrevia as dificuldades que poderiam advir desse compromisso financeiro assumido pelos empregadores, no caso, os usineiros e as complicações caso não fosse cumprido. Nessa direção, padre Crespo posicionou-se contra a compulsoriedade do imposto sindical. Na sua avaliação, isso significaria uma faca de dois gumes. Por um lado, o sindicato ficava nas mãos do usineiro porque dele dependia economicamente; por outro, algumas reivindicações legítimas e mais contundentes não seriam encaradas pelos sindicatos, porque correriam o risco de perder sua fonte financeira. Todavia, para pe. Melo, a lógica era uma outra. Com esse aporte financeiro, os sindicatos poderiam ter suas sedes, transporte próprio, oferecer assistência médica, escola etc., tudo aquilo que, na ótica do SORPE em sua concepção primeira, era papel do Estado oferecer a todos os cidadãos.

Sobre esse período pós Golpe Militar de 1964, ainda no que tange à postura de padre Melo, o entrevistado explica que

> [...] o padre Melo não tinha influência na organização dos sindicatos — aquela situação dele foi imediatamente após a revolução — com o tempo muitos sindicatos perceberam também que não era uma atuação muito correta. Ele, então, não continuou porque não tinha base, nem conhecimento nessa parte de organização dos próprios sindicatos (CRESPO, 1990, p. 38).

Nesse período, o SORPE redirecionou suas ações e partiu para um processo de evangelização por acreditar que o ser cristão em sua essência tem rebatimento direto na luta por justiça social. Assim, através de camponeses conscientes do seu papel cristão, contribuir para que o sindicato cumpra seu papel sem a necessidade de tutelas por quaisquer organismos religiosos ou não. Daí, a conquista da efetiva autonomia.

Ao mesmo tempo em que contribuiu para a indicação de interventores nos sindicatos, fazendo com que perdessem sua legitimidade, era uma voz que se levantava em defesa dos direitos desses trabalhadores. Esses eram interventores pelegos que mais defendiam os interesses do patronato em detrimento das causas pautadas pelas lutas reivindicatórias. Tanto assim que o governo militar não interveio nas decisões tomadas pelo sacerdote: aqueles interventores por ele indicados assumiam os sindicatos sem restrições, nem perseguições.

Novamente, o contradito: a defesa dos camponeses e a aliança com um governo que perseguiu, torturou e matou também legítimas lideranças nascidas e formadas dentro dos canaviais pernambucanos. Essa aliança feria frontalmente a prática vivida por Cristo. Ao mesmo tempo, a DSI sempre propôs o diálogo, nunca a conivência com a arbitrariedade.

5.5.4 Padre Melo e a Cooperativa de Tiriri

Em entrevista concedida ao Jornal Âncora, do Cabo de Santo Agostinho, na edição mensal de janeiro de 2002, por ocasião de sua última visita a essa cidade, padre Melo falou como foi a implantação da Cooperativa de Tiriri:

> [...] a Rede Ferroviária funcionava suas caldeiras movidas a lenha. Comprou 120 hectares de Tiriri. Tirava as madeiras e abandonava a terra. Os lavradores ocuparam e plantaram. Veio um interessado e se passou como dono de mentira. Conseguiram convencer a Rede Ferroviária para expulsar 12 famílias e ele queria extorquir. Era uma ameaça: se a Rede não precisava da terra, por que iria ouvir, conversar com um grileiro? Aí nós estabelecemos através da paróquia garantir a posse da terra. O deputado federal Francisco Julião colaborou. Fomos ao governo do Estado, fizemos um comodato para que aqueles 120 hectares fossem aproveitados pelos lavradores que estavam lá. Neste mesmo ano era fundada a Sudene que iria fazer uma experiência de reforma agrária. Assumiu a Cooperativa, mas achou que não podia trabalhar com 120 hectares e 12 famílias. Conseguimos com a Usina Salgado e Santo Inácio arrendar vários engenhos para ampliar a Coope-

rativa para que a Sudene pudesse trabalhar. E a Cooperativa apareceu ampliada já agora com o projeto da Sudene depois de 5 anos. A Sudene disse que não era essa sua missão, que já tinha encerado o assunto. As terras iriam voltar às usinas e não sabia o que fazer das terras. A Cooperativa retomou as terras com a ajuda do Banco do Brasil, que passou para a Cooperativa em definitivo.

No entanto, essa experiência da Cooperativa de Tiriri somente foi possível graças à integração de vários atores sociais e políticos. Evidentemente, os atores principais foram os trabalhadores rurais, mas, também, os proprietários das usinas Santo Inácio e Salgado, autoridades federais, e, em menor escala, estaduais, sob a orientação da SUDENE, além das articulações feitas pelo padre Melo.

É importante salientar que a equipe organizada pela SUDENE para levar a cabo a experiência dessa cooperativa era formada por técnicos do próprio órgão, entre os quais militantes políticos de esquerda movidos pelo desejo de modernidade social que englobasse também a situação dos trabalhadores rurais. A nascente experiência da Cooperativa de Tiriri "era a ocasião de fazer progredir simultaneamente a consciência e o nível de vida dos trabalhadores, estimulando a sua capacidade de organização não apenas política, mas também produtiva" (DABAT, 205, p. 139).

Sob a ótica de Dabat, a análise sobre a ação do padre Melo na Cooperativa de Tiriri assume outra conotação. Apresentando um primeiro viés, a autora reconhece a influência do sacerdote, o alinhamento com a DSI e o caráter "inovador" (na voz do próprio sacerdote). Assim, Dabat afirma que

> [...] o Pe. Melo, pároco do Cabo, conseguia atrair discípulos entre os jovens e os camponeses com um discurso populista de coloração fascista e contava com fortes apoios nas mais altas esferas políticas. Eloquente, pregava a organização dos trabalhadores com sindicatos, segundo os ensinamentos do papa João XXIII, contra ambos, comunistas e capitalistas. [...]. Apresentando-se como um inovador, ele afirmava ser o único a falar em reformas indispensáveis para sair do *"primitivismo"* que caracterizava a atividade agrícola da região (DABAT, 2005, p. 137).

Continuando sua análise e enveredando pelas posições políticas assumidas, a autora reconhece uma espécie de cortina de fumaça quando evidencia que, "apesar de formulações aparentemente radicais" (DABAT, 2005, p. 137), aponta uma moderação naquilo que se referia à reforma agrária: sua postura em defesa dos sindicatos rurais estava diretamente ligada à tentativa de frear o avanço do Partido Comunista no meio rural, sobretudo na Mata Sul de Pernambuco, onde Gregório Bezerra exercia uma certa liderança no meio campesino; a defesa do cooperativismo se opunha ao trabalho coletivo no campo, visto que, na cooperativa, cada um tem sua propriedade e a produção é comercialmente intermediada pela cooperativa.

Na análise de Dabat, cada um desses aspectos é pontuado por falas do próprio padre. Assim, de acordo com a autora, a:

> [...] desapropriação das terras improdutivas [...] e assentamento dos novos proprietários [para] "ampliar este direito de propriedade, chamando outras parcelas da população a defende-lo também". [...]. Defendia o cooperativismo para os pequenos produtores garantirem seu legítimo lugar na sociedade: "A cooperativa dos próprios camponeses iria fazê-los proprietários de cana e eles não seriam, então, empregados da usina, mas proprietários da cana; seriam fornecedores da cana". Mais tarde, ele justificaria a aquisição de usinas com o mesmo argumento da ascensão social (aparente), pois "os camponeses também [seriam] usineiros". Embora Pe. Melo tenha apenas conduzido a cooperativa — por intermédio de outra pessoa — de 1968 a 1982, ele exerceu uma influência inegável sobre seu destino e, mais amplamente, sobre o meio rural nesta região (DABAT, 2005, p. 137).

Mauro Koury (2009) revela as entranhas do processo de construção da Cooperativa de Tiriri, e no centro destas, encontra-se o pároco do Cabo de Santo Agostinho. Para Koury, a experiência da Cooperativa de Tiriri começou como um dos desdobramentos da segunda paralisação dos trabalhadores rurais, aqui em Pernambuco, que contou com o apoio de diversos setores da Igreja Católica e segmentos da sociedade civil. A desapropriação do engenho Tiriri, embrião da Cooperativa, ficou a cargo do Instituto Brasileiro de Reforma Agrária - IBRA, porém, a decisão sobre as famílias que receberiam a terra ficou sob a responsabilidade de padre Melo e não do sindicato rural do município. Koury explica:

> [...] ao assumir o comando da distribuição das terras desapropriadas, descredenciou o sindicato de qualquer poder, mesmo que consultivo. Em reunião com as possíveis famílias a serem contempladas, transformou o projeto de distribuição em uma espécie de loteamento e criou a Cooperativa Agrícola do Tiriri. Os *lotes do Padre Melo*, como ficaram conhecidos na

> região, foram distribuídos aos *lotistas* (também denominação local), que receberam, em ato público festivo, os compromissos de compra e venda de cada lote. Parte do pagamento ficou condicionada aos atrasados e a outra parte seria paga diretamente ao Padre Antônio Melo anualmente, de acordo com o lucro da terra em regime de cooperativa, em um prazo de vinte anos (KOURY, 2009, p. 393).

Os contratos de compra e venda dos *lotes do padre Melo*, conforme voz corrente na região, foram entregues pelo então governador de Pernambuco, Nilo Coelho, no dia 29 de janeiro de 1968, a 320 famílias que estavam no programa de colonização do município do Cabo, sendo direcionado a cada família um lote de 10 hectares. "Ao padre Melo foi concedida a direção do Núcleo de Colonização do Município do Cabo, como antes já havia sido ofertada a direção da Cooperativa Agrícola do Tiriri" (KOURY, 2010, p. 252).

Portanto, coube ao sacerdote, com anuência das autoridades políticas do Estado, a indicação das famílias, o recebimento dos parcelamentos dos lotes, a orientação para o plantio em cooperativa.

De acordo com padre Crespo — ainda na entrevista concedida ao CPDOC, —padre Melo foi o fundador, gerente, presidente da Cooperativa de Tiriri, mesmo que nunca oficialmente. E acrescentou sua preocupação com a expansão da Cooperativa (a terceira fase mencionada por Dabat, a fase da industrialização): "está partindo para comprar uma usina, a de Cerro Azul[37] [...] com setecentas famílias no campo" (CRESPO, 1990, p. 38). Pondera que esta expansão é um passo temerário, preocupado se o padre Melo conseguirá firmar a Cooperativa "dentro de uma estrutura, no meio de tantas usinas, um complexo inteiramente noutro sistema, capitalista, um tanto quanto feudal... como ele vai conseguir manejar essa equipe?" (CRESPO, 1990, p. 40).

Sob orientação do padre Melo, a Cooperativa continuou com a monocultura da cana e tornou-se, como dissera, fornecedora de cana para as usinas, até para sua própria usina, como foi o caso das usinas Serro Azul, em Palmares e Mussurepe, em Paudalho, ambas cidades pernambucanas, como já mencionado.

Sua última ação mais concreta em relação à Cooperativa está diretamente relacionada à construção do Porto de Suape. Na entrevista concedida ao Jornal Âncora (Edição Mensal, janeiro 2002, p. 9), o padre Melo discorreu sobre as questões que envolveram o Porto e a Cooperativa. Na fala do sacerdote,

---

[37] Esta usina fica no município de Palmares e o seu nome assume a seguinte grafia: Serro Azul.

> [...] eu tinha a Cooperativa de Tiriri, que devia perder a metade das terras para Suape existir. O consórcio estrangeiro que iria emprestar o dinheiro para Suape, falou: "Se for para tirar os camponeses e implantar o porto nós não financiamos. Estamos cansados de financiar coisas contra os pobres". O governo só tem o financiamento de Suape se ele se compusesse com os trabalhadores da Cooperativa de Tiriri. Não podemos perder o Porto de Suape por causa da Cooperativa, nem perder os lavradores por causa do Porto.

A referida matéria menciona que o padre Melo elaborou um "projeto de convivência" entre o conglomerado responsável pela implantação do Porto e a Cooperativa de Tiriri, que, entre críticas e aplausos, foi aprovado em assembleia, sem, contudo, especificar os participantes desta assembleia. Assim, não é possível identificar se foi uma assembleia restrita à Cooperativa, ou se foi uma assembleia mista, com a participação também de representantes do consórcio de Suape. O sacerdote continuou:

> [...] os trabalhadores não foram atrapalhados. Ninguém foi despejado, foi remanejado. E os que ficaram lá estão bem. Eu participei com muito amor para que Suape não entrasse dando vida a uns e morte a outros. Ele se implantou convivendo com os lavradores até hoje. Lá no contrato está escrito *"se precisar de uma área pede paga até o preço dos araçás do mato que o povo consome"*. Suape é uma obra social de primeiríssima qualidade e soube entrar sem matar ninguém. Eu sou suspeito para falar porque ajudei a fazê-lo. Suape poderia estar bem melhor, assim como todos os empreendimentos sociais. A política desse presidente é entreguista. Ele está vendendo o Brasil. Só beneficia os grandes grupos econômicos. E todo o lucro é para os estrangeiros. Minha posição é esta, sou sincero.

Essa participação de padre Melo na história de Suape mostra o quanto ele era eclético e o quanto suas altas articulações foram mantidas, a exemplo do que aconteceu no tempo do IBAD.

A ação de padre Melo em toda a história da Cooperativa, em que pese seu estilo empreendedor, controverso, incompreendido e reverenciado ao mesmo tempo, tanto pelos camponeses, como pela história da Mata Sul de Pernambuco, garantiu aos agricultores espalhados por engenhos para além do município do Cabo de Santo Agostinho a terra para dela tirar o sustento seu e de sua família.

5.5.5 Padre Melo e a política

Pode-se dizer que todas as ações realizadas por padre Melo, quer no sentido de acompanhar os sindicatos rurais, quer no sentido de empreender junto com a Cooperativa de Tiriri, somente foi possível porque ele sempre esteve enfronhado no universo político não apenas de Pernambuco. Esse envolvimento, sempre em nome da defesa dos trabalhadores rurais, levou-o a brigas homéricas e alianças impensáveis para um sacerdote que seguia a DSI. Entre essas brigas, o rompimento com dois governadores de Pernambuco — primeiro, Cid Sampaio e, depois, Miguel Arraes.

Em sua ação política, embora o discurso fosse sempre radical, as alianças mais contundentes foram aquelas estabelecidas com o capital estadunidense por meio do IBAD, que existia — junto a outras organizações da mesma origem — para desestabilizar as reformas de base propostas pelo governo federal e, como consequência, além de influenciar sistemática e deliberadamente as eleições de 1962, financiou, orientou e apoiou o Golpe Militar de 1964. A partir de então, o sacerdote assumiu uma postura de grande defensor da ordem e, por isso, ferrenho opositor do comunismo. O Brasil não poderia tornar-se a "Cuba" da América Latina, copiando, portanto, o discurso dos Estados Unidos que se incorporou àquele dos militares.

Todavia, há de se colocar em pauta dois episódios de sua conduta política uma vez que essas supramencionadas, de uma maneira ou de outra, já foram substancialmente exploradas no decorrer desta tese. O primeiro episódio encontra-se em um documento do Ministério da Guerra – IV Exército, guardado no Arquivo Público de Pernambuco Jordão Emerenciano, datado de 26 de março de 1966, o qual segue transcrita na íntegra:

> PEDIDO DE BUSCA N.º 138-B-E/2
> DADOS CONHECIDOS:
> Consta que o Sr. JOÃO ROMA, atual Secretário do Interior e Justiça de Pernambuco, contratou (ou nomeou) o Padre Melo para aquela Secretaria, com a remuneração de Cr$ 250.000. Acontece, porém, que o referido sacerdote nem sequer comparece ao trabalho, nem exerce qualquer função. Sua real atividade é a de "cabo eleitoral" do Sr. JOÃO ROMA. Consta ainda que há outros funcionários na mesma situação de Padre Melo (Arquivo público de Pernambuco, Ministério da guerra, 26 de março, 1966).

O referido documento contém uma assinatura rubricada sobre o carimbo do IV Exército – 2ª Seção. O que se pode concluir? Que a prática de "funcionários fantasmas" em gabinetes, secretarias, repartições, é antiga, como é antigo o "financiamento" ilegal de campanhas políticas. Sim, porque esse documento é comprobatório de desvio de verba pública para finalidade eleitoreira. João Roma pleiteava uma vaga de deputado federal pela então Aliança Renovadora Nacional (ARENA), partido político que deu sustentação ao Golpe Militar de 1964. Foi eleito para a legislatura de 1967/1971.

No campo ideológico, ser cabo eleitoral de um político desse partido significava alinhamento com tudo o que significou a ditadura instaurada. Assim, um sacerdote que assumia sua condição de seguidor de Cristo e se pronunciava como defensor da DSI, apresenta, aqui, o seu contraditório. Uma postura se contrapõe a outra: por um lado, seguidor de Cristo, por outro, aliado ao regime ditatorial com todas as suas mazelas.

No campo econômico, dentro da ética e da lisura, não é possível imaginar a conivência com o ilícito. Aceitar receber dinheiro público para exercer a função de cabo eleitoral é um franco alinhamento com o que existe de mais nefasto na política que, em essência, é a ciência que busca o bem comum, e não a "falcatrua" comum. Portanto, outro contraditório, com o agravo de se tratar de um sacerdote de quem se espera, minimamente, um comportamento ilibado.

O segundo episódio está diretamente ligado à sua iniciativa de fundar um novo partido político. Para tanto, buscou, sobretudo, a adesão entre aqueles que estavam sob sua orientação, isto é, os camponeses, mas principalmente os jovens. A matéria publicada no jornal Diário de Pernambuco, na edição do dia 22 de agosto de 1974, traz a seguinte manchete: "padre Melo quer fundar partido com os jovens". No corpo da matéria encontra-se:

> [...] padre Melo [...] está conclamando especialmente os jovens, para fundar o Partido Democrático Republicano. Ele precisa de 60 mil assinaturas de eleitores da Mata Sul, e faz questão de frisar que o PRD não vai à Arena ou MDB[38]. "É apenas um partido novo com ideias arejadas", afirma. [...]. — Durante toda a vida de sacerdote o meu objetivo foi ser útil aos menos favorecidos e os camponeses. Depois de uma temporada no Cabo,

---

[38] Na época pós-Golpe Militar, o Brasil viveu um período de bipartidarismo, isto é, todos os partidos foram dissolvidos e criados apenas dois: a Aliança Renovadora Nacional (ARENA), partido de sustentação do golpe, formado pela direita, e o Movimento Democrático Brasileiro (MDB) que aglutinou em seu quadro os políticos de centro esquerda que não foram cassados e/ou exilados pela ditadura que se instalou no Brasil, a partir de 31 de março de 1964.

resolvi trocar o programa industrial pela paz e calma no campo e vim para Amaraji. Aqui, a exemplo de lá, consegui realizar alguma coisa como o Conselho Paroquial e o Colégio Vaticano II", finalizou (Diário de Pernambuco, 22 de agosto, 1974).

Existe um documento no Arquivo Público de Pernambuco — datado de 15 de novembro de 1974 — intitulado "DEPOIMENTO DA COMISSÃO PROVISÓRIA REGIONAL", no qual encontram-se delineados os objetivos do novo partido. Nesse documento, a preleção inicial reconhece os benefícios que o golpe militar trouxe para o país entre os quais o grande desenvolvimento econômico que estava promovendo, além de enfatizar o motivo desse golpe: "sanear a vida pública e de devolver ao país as condições propícias para um crescimento com segurança" (Arquivo público de Pernambuco).

Seguem os elogios a tudo que se conseguiu de positivo com os militares no poder para, em seguida, reconhecer

> [...] ser inegável que, ao lado desta riqueza imensa, vive um povo que na sua grande maioria, ainda não participa dos benefícios deste progresso. Embora pareça um paradoxo a verdade é esta: somos uma nação riquíssima, mas nosso povo é pobre (Diário de Pernambuco, 29 de novembro de 1974).

O documento reconhece que esta situação não é interessante e aponta dois motivos: o primeiro por gerar um tecido social injusto, assegurando que todos os brasileiros têm direito de participar da riqueza nacional; o segundo por uma questão interna de segurança nacional.

Essa intenção do padre Melo em criar um novo partido ainda em 1974 bate de frente com a política partidária implementada pela ditadura que se instalou no Brasil após 1964. Àquela época e até 1980, imperou, por imposição de exigências legais, o bipartidarismo. O Ato Institucional n.º 2 — AI-2 —, de 27 de outubro de 1965, ao mesmo tempo em que promoveu a dissolução de todos os partidos existentes — no seu Art. 18 está escrito: "ficam extintos os atuais Partidos Políticos e cancelados os respectivos registros" —, previu a criação de novos partidos de acordo com as exigências da Lei n.º 4.740, de 15 de julho de 1965.

Portanto, oficialmente, o AI-2 não instituiu o bipartidarismo. Até permitia a fundação de outros partidos políticos, mas as proposições da citada lei criavam pré-requisitos tão surreais para o momento que, na prática, impedia a existência de mais do que duas agremiações.

Assim, os partidos existentes, seguindo as diretrizes determinadas no AI-2, no seu Art. 44 — "por deliberação das convenções nacionais, dois ou mais partidos poderão fundir-se num só ou incorporar-se um ao outro" —, compuseram a Aliança Renovadora Nacional (ARENA), aglutinando em sua legenda o que existia de mais conservador da política brasileira e que, portanto, possuía uma maior identidade política-ideológica, e o Movimento Democrático Brasileiro (MDB) que serviu de guarda-chuva para acolher políticos de centro-esquerda, na sua diversidade ideológica, entre os quais aqueles políticos do Partido Comunista que escaparam de execução ou do exílio.

Como, num cenário desses, convocar a população, inclusive os jovens, para a criação de um novo partido político? Mas o padre Melo tomou como base a Lei n.º 5.697, de 27 de agosto de 1971, que, à época, deu uma nova redação a alguns artigos da Lei n.º 5.682, de 21 de julho de 1971, conhecida como a Lei Orgânica dos Partidos Políticos. Contudo, o Art. 7º não foi alterado:

> [...] só poderá pleitear sua organização, o Partido Político que conte, inicialmente, com 5% (cinco por cento) do eleitorado que haja votado na última eleição geral para a Câmara dos Deputados, distribuídos em 7 (sete) ou mais Estados, com o mínimo de 7% (sete por cento) em cada um deles (Diário de Pernambuco, Manifesto do PDR, 1964).

Essa e outras barreiras legais, contudo, não impediram o sonho. No documento "DEPOIMENTO DA COMISSÃO PROVISÓRIA REGIONAL," o PDR apresenta-se como uma terceira opção para todos os brasileiros numa referência direta ao bipartidarismo que imperava. Consta nesse documento:

> [...] esta é a nossa bandeira, este é o nosso anseio: a união de todos, civis e militares, sem os radicalismos que indispõem irmãos conta irmãos. O Partido Democrático Republicano quer ser a resposta aos reais interesses do Brasil e de todo o seu povo. Não somos contra ninguém pois somos e o que queremos é a participação de todos nos caminhos nacionais, sem divisões, ombro a ombro (Diário de Pernambuco, Manifesto do PDR, 1964).

Em outro trecho, fazendo referência ao Manifesto do PDR, declara perfeito alinhamento com os ideais da política implementada pelo governo militar:

> [...] o PDR [...] "não pretende restaurar situações ultrapassadas e antes quer a concretização dos objetivos de um movimento revolucionário que tantas esperanças despertou na alma do povo brasileiro". Não pretende, pois, ser um partido de oposição. Tem em mira, antes de mais nada, colaborar com o governo em suas diversas esferas, na "execução de planos visando o equacionamento de problemas políticos, econômicos e sociais". Promete manter, defender e perfeiçoar o regime democrático definido na constituição e a forma republicana de governo (Diário de Pernambuco, Manifesto do PDR, 1964).

O documento também apresenta a composição da comissão para a formação do novo partido. São eles: padre Antônio Melo Costa (Cabo de Santo Agostinho, PE); Dalva Alves dos Santos (Amaraji, PE); Paulo José Bezerra Cruz (Recife, PE); José Augusto do Nascimento (Surubim, PE); Agostinho Álvares dos Santos Silva (Recife, PE); Júlio Siqueira (Recife, PE); e Everaldo Oliveira e Silva (Recife, PE).

Completando a saga desse projeto ilusório, o padre Melo, a exemplo do que fez quando de sua ligação com o IBAD, disponibilizou a sacristia de sua paróquia para servir de comitê político, como segue a transcrição do panfleto distribuído pela cidade, um dos documentos encontrados no Arquivo Público de Pernambuco:

> Padre Melo, Vigário do Cabo, convida todos os Pernambucanos para colherem 60,000
> Para que são essas assinaturas?
> Para organizar o terceiro partido político aqui. Sem essas assinaturas o partido do povo não será organizado.
> Existe um prazo para colher essas assinaturas?
> Sim. Elas devem estar prontas até o dia 29 de maio do próximo ano. Por essa razão é preciso e queremos a ajuda de todos.
> Quem está dirigindo esse partido aqui?
> É o Padre Melo, Vigário do Cabo. Ele é um homem que tem ajudado muito aos camponeses e operários. Foi ele quem organizou o primeiro Sindicato Rural do Brasil. Lutou muito par que a Lei desse aos homens do campo o direito ao Instituto e a ter aposentadoria. A Usina Salgado ia fechar. 1.000 famílias iam ficar desamparadas. Padre Melo livrou a Usina do fechamento e com isso salvou essas 10.000 pessoas da miséria. O engenho Tiriri estava quase acabado. O povo estava numa situação penosa; Padre Melo orientou os camponeses e orientou uma cooperativa com eles a hoje Tiriri é

uma das maiores e melhores cooperativas do Brasil. E teve muitas outras questões em que ele defendeu os direitos, sem esquecer nunca de pregar os deveres. E tudo dentro da lei. Nada de violência.

Quem é que pode assinar para o terceiro partido?

Todo mundo que é eleitor pode assinar. O terceiro partido não tem um dono. Todos os que assinarem nas listas de assinaturas serão donos do partido. Ele também é seu, basta a sua assinatura. Na eleição de 1976 não vai ter sublegenda. Quem não tiver maioria na Arena ou MDB venha ajudar no terceiro partido. Ele é o partido do povo. Em 1978 os eleitores vão votar para eleger o governador de Pernambuco. É preciso o terceiro partido para que o povo tenha o seu candidato.

Como é o nome deste partido?

O nome dele é PDR — Partido Democrático Republicano. Assine a lista quando for procurado. E se você é uma pessoa disposta, de boa vontade, ajuda na formação do partido do povo. Procure as listas de assinaturas na casa do Padre Melo, no Cabo. Pode ir qualquer dia e a qualquer hora, A vez é agora. A hora é essa (Diário de Pernambuco, Panfleto do PDR, 1976).

É um panfleto longo, como era o modelo da época. E talvez por isso, esclarecedor. Pretende-se evidenciar, todavia, apenas dois pontos: o primeiro, na apresentação de padre Melo, percebe-se que o PDR está todo respaldado nas atividades do sacerdote junto aos trabalhadores do campo. Não é apresentada nenhuma outra pilastra de sustentação. Pode-se, então, entrever que a aposta maior é na credibilidade que ele gozava não apenas junto aos camponeses, mas também na própria cidade do Cabo. O segundo ponto ressalta a intencionalidade do partido em ter um candidato próprio para disputar o governo do Estado nas eleições de 1978. Todavia, nessa eleição, os governadores ainda eram indicados pelo governo federal. Em Pernambuco, o governador biônico foi Marcos Maciel, filiado à Arena.

Aqui, cabe outra indagação: como vender a ilusão do voto direto para governo do Estado se os organizadores (diga-se, padre Melo) sabiam que a legislação vigente não permitiria tal feito? O desejo de padre Melo de ser governador do Estado permaneceu. Como visto no primeiro capítulo, ele concorreu em 1982, primeira eleição direta para o cargo após o Golpe Militar de 1964, pelo Partido Trabalhista Brasileiro - PTB e não pelo seu tão sonhado Partido Democrático Republicano. Obteve apenas 7.872 votos, o que significou, em termos percentuais, 0,45% dos votos válidos. Eis padre Melo político.

CONSIDERAÇÕES FINAIS

Para que se compreenda a ação do padre Antônio Melo Costa — ou, simplesmente, padre Melo, como era comumente chamado no município do Cabo de Santo Agostinho, em Pernambuco, — foram tomadas como ponto de partida as proposições teóricas sobre o ser social apresentadas por pensadores como Georg Lukács, Émile Durkheim, Max Weber e Herbert Blumer, pelo entendimento de que a liderança surge no tecido social composto por e para o ser humano.

Em seguida, partiu-se em direção à compreensão do significado de liderança em suas abordagens, o que, necessariamente, exige uma clareza sobre o conceito de poder, o que se investigou sob as concepções de quatro teóricos — Max Weber, Karl Marx, Pierre Bourdieu e Michel Foucault — e suas interfaces com o processo de dominação e disciplina, para, então, adentrar suas formas — poder econômico, poder ideológico e poder político — apresentadas por Norberto Bobbio.

A questão da liderança foi retomada com especial recorte na liderança carismática, alicerçada nas proposições de Weber sobre carisma para estabelecer sua interface com a visão da Igreja Católica, visto que esta tese se debruça sobre a atuação do padre Melo.

No primeiro capítulo, portanto, construiu-se por meio das diferentes abordagens as bases necessárias para compreender e analisar a motivação e as múltiplas faces das ações desenvolvidas por padre Melo como líder político-religioso que, durante quatorze anos, orientou, organizou e esteve à frente das principais transformações sociopolíticas e econômicas ocorridas no município cabense.

No segundo capítulo, foram abordados os alicerces da Doutrina Social da Igreja (DSI), a partir da Encíclica *Rerum Novarum* ("Das coisas novas") — do papa Leão XIII — publicada em 15 de maio de 1891, e considerada sua Magna Carta. E isso procede, visto que, até então, a Igreja Católica nunca havia se pronunciado oficialmente sobre o assunto. Continuando, adentrou-se nos documentos referentes à DSI: importante considerar a presença de Deus na história da humanidade à luz da tradição judaico-cristã. Assim, como que percorrendo um fio de ouro, é possível entrever a interface da ação salvífica de Deus com dessa doutrina que surgiu no final do século XIX da era cristã. Este fio de ouro é apresentado pelo Pontífice Conselho

"Justiça e Paz", na publicação do Compêndio da Doutrina Social da Igreja (CDSI), o qual foi tomado como alicerce, além de autores como Antônio Aparecido Alves, Giacomo Martina e Carlos Josaphat.

Nos capítulos 3 e 4, foram analisados os textos e documentos pertinentes à participação política do padre Melo, levando em consideração a questão agrária no Brasi frente à sua história — construída e registrada a partir da invasão europeia, em 1500, respaldada na concentração de terras nas mãos de muito poucos em contraponto a uma multidão que nela trabalha e dela não tem direito de posse — e o emaranhado de situações nas quais se entrelaçava o padre Melo.

Contextualizando o período do pontificado de Leão XIII, citou-se Alves (2019, p. 60), que elenca os três campos que estavam em plena ebulição: no político, a consolidação dos estados nacionais; na economia, a consolidação do liberalismo econômico; e no social, o aumento e depauperação da classe operária — a "questão social".

Concomitantemente, a reação dos cristãos deu-se, sobretudo, através do movimento chamado "Catolicismo Social", que defendia, entre outros valores, o aumento dos salários dos trabalhadores e combatia o trabalho infantil. Foi a partir desse movimento que alguns sacerdotes católicos, entre os quais o alemão Adolph Kolping, fundaram associações de trabalhadores, cujo objetivo maior era a luta por melhorias de suas condições de vida. Foi nesse contexto que nasceu a Sociedade de São Vicente de Paulo, fundada em 1833. Para Alves, apesar desses e outros tantos empenhos por parte de muitos cristãos, "faltava uma palavra oficial da Igreja, o que veio a acontecer com a publicação da encíclica *Rerum Novarum*" (ALVES, 2019, p. 61), assinada pelo papa Leão XIII, publicada e reconhecida como o marco legal da DSI.

A partir das questões levantadas, foi possível perceber que todas as ações realizadas por padre Melo, quer no sentido de acompanhar os sindicatos rurais, quer no sentido de empreender junto com a Cooperativa de Tiriri, quer a intenção de criar um novo partido em 1974, somente foi possível porque ele sempre esteve enfronhado no universo religioso político. Esse envolvimento — sempre em defesa dos trabalhadores rurais — levou-o a brigas homéricas e alianças impensáveis para um sacerdote que seguia a DSI. Entre essas brigas, o rompimento com dois governadores de Pernambuco — primeiro, Cid Sampaio e, depois, Miguel Arraes.

Em sua ação política, embora o discurso fosse sempre radical, as alianças mais contundentes foram aquelas estabelecidas com o capital estadunidense por meio do IBAD, que existia — junto a outras organizações da mesma origem — para desestabilizar as reformas de base propostas pelo governo federal e, como consequência, além de influenciar sistemática e deliberadamente as eleições de 1962, financiou, orientou e apoiou o Golpe Civil Militar de 1964. A partir de então, o sacerdote assumiu uma postura de grande defensor da ordem e, por isso, ferrenho opositor do comunismo. O Brasil não poderia tornar-se a "Cuba" da América Latina, copiando, portanto, o discurso dos Estados Unidos, que foi assim incorporado àquele dos militares.

A presente narrativa demostrou que a liderança político-religioso de padre Melo foi inspirada na dimensão moral, religiosa e social, onde os cristãos deveriam buscar formas de construir uma sociedade mais justa, desenvolvendo nos fiéis (ou seguidores) o respeito e a lealdade a sua liderança. Também foram contempladas as relações de poder tradicionais: a prestação de favores e o autoritarismo na comunidade se revelaram muito presentes.

As lacunas deixadas pela ausência de atuação do Estado e de outros órgãos da sociedade possibilitou o advento de lideranças que se apresentavam como solucionadores das problemáticas social, política, econômica e religiosa. Nesse cenário, o padre Melo aproveitou a situação para atuar na cidade do Cabo de Santo Agostinho-PE de 1963-1977.

Com todo esse histórico de acertos e de erros, a imagem presente na memória coletiva da população local, em relação ao papel de liderança exercido pelo Padre Melo, sob olhares de amigos e de inimigos, de aliados e de adversários políticos, religiosos e não religiosos, conterrâneos e estrangeiros, simpatizantes e não simpatizantes, é a de uma "personalidade marcante". Padre Melo era um homem, e todo homem possui fraquezas e fortalezas, verdades e mentiras, esperanças e desilusões, bondade e maldade, amor e ódio, dúvidas e certezas.

REFERÊNCIAS

"PACEM in Terris". Os 56 anos de uma encíclica e a dimensão social do Evangelho. Entrevista especial com Frei Carlos Josaphat. **Instituto Humanitas Unisinos**, [s. l.], 11 abr. 2019. Disponível em: http://www.ihu.unisinos.br/159-noticias/entrevistas/519545-a-enciclica-pacem-in-terris-como-a-dimensao-social-do-reino-de-deus-entrevista-especial-com-frei-carlos-josaphat. Acesso em: 19 jan. 2021.

500 anos. Descobrimento vira disputa no Nordeste. **Jornal Folha de São Paulo**, 24 jan. 2000. Disponível em: https://www1.folha.uol.com.br/fsp/brasil/fc2401200007.htm. Acesso em: 3 mar. 2021.

ABREU E LIMA, Maria do Socorro de. **Construindo o sindicalismo rural**: lutas, partidos, projetos. Recife: Editora da Universidade da UFPE; Editora Oito de Março, 2005.

ALVES, Antônio Aparecido. A encíclica *Quadragésimo Anno* e a ética na economia. **Canção Nova**, [s. l.], 27 dez. 2017. Disponível em: https://noticias.cancaonova.com/brasil/enciclica-quadragesimo-anno-e-etica-na-economia/. Acesso: 17 jan. 2021.

ALVES, Antônio Aparecido. **Doutrina Social da Igreja**: um guia prático para estudo. 1. ed. Petrópolis: 2019.

ALVES, Maria Helena Moreira Alves. **Estado e Oposição no Brasil (1964-1984)**. 5. ed. Petrópolis: [s. n.] Vozes, 1989.

AMORIM, Liane Alves de. **Memórias e trajetórias de trabalhadores da cana-de-açúcar na Bahia (1909-1969)**. Salvador: UFBA, 2008. Disponível em: https://ppgh.ufba.br/sites/ppgh.ufba.br/files/2_memorias_e_trajetorias_de_trabalhadores_da_cana-de-acucar_na_bahia_1909-1969.pdf. Acesso em: 9 mar. 2021.

ANDRADE, Manuel Correia de. Espaço e tempo na agroindústria canavieira de Pernambuco. **Revista Estudos Avançados**, Dossiê Desenvolvimento Rural, São Paulo, USP, 15. n. 43, p. 267-280, 2001. Disponível em: https://www.scielo.br/pdf/ea/v15n43/v15n43a20.pdf. Acesso em: 8 mar. 2021.

ANDRADE, Manuel Correia de. **Pernambuco**: cinco séculos de colonização. João Pessoa: Editora Grafset, 2004.

AYERBE, Luis Fernando. **Estados Unidos e América Latina**: a construção da hegemonia. São Paulo: Editora Unesp, 2002.

AYERBE, Luis Fernando. **A Revolução Cubana**. São Paulo, Editora Unesp, 2004.

BARBALHO, Nelson. **Dicionário do Açúcar**. Recife: Massangana, 1984.

BASTOS, Elide Rugai. **As Ligas Camponesas**. Petrópolis: Vozes, 1984.

BEAUD, Michel. **História do Capitalismo**: de 1500 aos nossos dias. São Paulo: Editora Brasiliense, 1981.

BERGUE, Sandro Trescastro. **Comportamento organizacional**. Florianópolis: Departamento de Ciências da Administração / UFSC; Brasília: CAPES: UBA, 2010.

BEZERRA, Gregório. **Memórias**: segunda parte, 1946-1969. Rio de Janeiro: Civilização Brasileira, 1980.

BÍBLIA. Português. **Bíblia de Jerusalém**. Tradução do texto em língua portuguesa diretamente dos originais. Tradução das introduções e notas de *Le Bible de Jérusalem*, edição de 1998, publicada sob a direção da "École biblique de Jérusalem". Edição em língua francesa. ed. ver. ampl. São Paulo: Paulus, 2002.

BLUMER, Herbert. A natureza do interacionismo simbólico. *In:* MORTENSEN, Charles (org.). **Teoria da Comunicação: textos básicos**. São Paulo: Mosaico, 1980. p. 119-138.

BRASIL. **Decreto n.º 1.313**, de 17 de janeiro de 1891. Rio de Janeiro, 1981. Disponível em: https://www2.camara.leg.br/legin/fed/decret/1824-1899/decreto-1313-17-janeiro-1891-498588-publicacaooriginal-1-pe.html. Acesso em: 23 mar. 2021.

BOBBIO, Norberto. **Estado, governo, sociedade**: para uma teoria geral da política. 14. ed. Rio de Janeiro: Paz e Terra, 1987.

BOBBIO, Norberto; MATTEUCCI, Nicola; PASQUINO, Gianfranco. **Dicionário de Política**. 11. ed. Brasília: Editora UnB, 1998.

BOURDIEU, Pierre. **A economia das trocas simbólicas**. São Paulo: Perspectiva, 2007.

BOURDIEU, Pierre. **Razões práticas**: sobre a teoria da ação. Campinas: Papirus, 1996.

BUENO, Eduardo. **Náufragos, traficantes e degredados**: as primeiras expedições ao Brasil. Rio de Janeiro: Objetiva, 1999.

CÂNDIDO, Antônio. Prefácio. *In:* FERNANDES, Florestan. **Da guerrilha ao socialismo**: a Revolução Cubana. 3. ed. São Paulo: Expressão Popular, 2012.

CARRA, Évelyn. **As Sesmarias:** do Reino à Colônia. Disponível em: https://eg.uc.pt/retrieve/198797/sesmarias%20final%20espero%2010000.pdf. Acesso em: 18 abr. 2021.

CASCUDO, Câmara. **Dicionário do folclore brasileiro.** 6. ed. Belo Horizonte: Itatiaia; São Paulo: Editora da Universidade de São Paulo, 1988.

CASTRO, Josué de. **Sete palmos de terra e um caixão:** ensaio sobre o Nordeste, área explosiva. 2. ed. São Paulo: Brasiliense, 1967.

CAVALCANTI, Paulo. **O caso eu conto como o caso foi:** da Coluna Prestes à queda de Arraes. Memórias políticas. 4. ed. Recife: CEPE, 2008. v. I.

CHILDE, Gordon. **A evolução cultural.** Rio de Janeiro: Zahar, 1986.

COELHO, Fernando de Vasconcelos *et al.* **Relatório final:** volume II. Comissão Estadual da Memória e Verdade Dom Helder Câmara. Recife: CEPE, 2017.

COGGIOLA, Osvaldo. Os inícios das organizações dos trabalhadores. **Revista Aurora**, São Paulo, v. 3, n. 2, p. 11-20, 2010. ISSN: 1982-8004. DOI: https://doi.org/10.36311/1982-8004.2010.v3n2.1227. Disponível em: https://www.marilia.unesp.br/Home/RevistasEletronicas/Aurora/2%20COGGIOLA.pdf. Acesso em: 23 mar. 2021.

COMISSÃO ESTADUAL DA MEMÓRIA E VERDADE. **IBAD:** interferência do capital estrangeiro nas eleições do Brasil. v. 5. Recife: Secretaria da Casa Civil do Governo do Estado de Pernambuco, 2016.

COSTA, Emília Viotti da. **Da monarquia à república:** momentos decisivos. São Paulo: Editora da UNESP, 1999.

COSTA, Emília Viotti da. **A abolição.** São Paulo: Unesp, 2008.

CRESPO, Enes Paulo. **Paulo Crespo** (depoimento), 1978. Rio de Janeiro, CPDOC, 1990, 46p. dat.

DABAT, Christine Rufino. **Moradores de engenho:** relações de trabalho e condições de vida dos trabalhadores rurais na zona canavieira de Pernambuco segundo a literatura, a academia e os próprios atores sociais. Recife: Ed. Universitária da UFPE, 2007.

DABAT, Christine Rufino. Os primeiros meses da Cooperativa Agrícola de Tiriri Pernambuco (Brasil) 1963-1964. **Clio** – Revista de Pesquisa Histórica, Recife: EDUFPE, n. 23, ano 2005, p. 129-169, 2007.

DARWIN, Charles. **A origem das espécies**. Lisboa: Planeta Vivo, 2009.

DAWKINS, Richard. **O Gene Egoísta**. São Paulo: EDUSP, 1979.

DIÉGUES JÚNIOR, Manuel. Populações rurais brasileiras. *In:* SZMRECSÁNYI, Tamás; QUEDA, Oriowaldo. **Vida rural e mudança social**. São Paulo: Editora Nacional, 1976. p. 121-131.

DIVALTE, Garcia Figueira. **História**. São Paulo: Ática, 2006.

DREIFUSS, René Armand. **1964:** a conquista do Estado: ação política, poder e golpe de classe. 5. ed. Petrópolis: Vozes, 1987.

DURKHEIM, Émile. **As regras do método sociológico**. 9. ed. Lisboa: Editorial Presença, 2009.

ENGLISH, T. J. **Noturno de Havana**: como a Máfia conquistou Cuba e a perdeu para a Revolução. São Paulo: Seoman, 2011.

FELIPE, Israel. **História do Cabo**. Recife: Arquivo Público, 1962.

FERNANDES, Florestan. **Da guerrilha ao socialismo**: a Revolução Cubana. 3. ed. São Paulo: Expressão Popular, 2012.

FERRARO, Alceu Ravanello; KREIDLOW, Daniel. **Analfabetismo no Brasil:** configuração e gênese das desigualdades regionais. Disponível em: https://seer.ufrgs.br/educacaoerealidade/article/viewFile/25401/14733. Acesso em: 30 abr. 2021

FERRAZ, Socorro. Sesmarias do açúcar: sítios históricos. **CLIO** – Revista de Pesquisa Histórica, Recife, v. 26, n. 2, p. 59-78, jul./dez. 2008. Disponível em: https://periodicos.ufpe.br/revistas/revistaclio/issue/view/1794. Acesso em: 3 mar. 2021.

FOUCAULT, Michel. **Vigiar e punir**: história da violência nas prisões. 35. ed. Petrópolis: Vozes, 2008.

FOUCAULT. Michel. **Microfísica do poder**. 3. ed. Rio de Janeiro: Paz & Terra, 2015.

FRAGA, Walter. Pós-abolição; o dia seguinte. *In:* SCHWARCZ, Lília Moritz; GOMES, Flávio dos Santos (org.). **Dicionário da escravidão e liberdade**: 50 textos críticos. São Paulo: Companhia das Letras, 2018. p. 351-357.

FRANCHINI NETO, Hélio. A Política Externa Independente em ação: a Conferência de Punta del Este de 1962. **Rev. bras. polít. int.**, Brasília, v. 48, n. 2, p. 129-151, dez. 2005. DOI: http://dx.doi.org/10.1590/S0034-73292005000200007.

Disponível em: http://www.scielo.br/scielo.php?script=sci_arttext&pid=S0034-73292005000200007&lng=en&nrm=iso. Acesso em: 21 abr. 2021.

FRANCO, Álvaro da Costa (org.). **Documentos da política externa independente**. Rio de Janeiro: Centro de História e Documentação Diplomática; Brasília: Fundação Alexandre de Gusmão, 2007.

FREITAS, Zélia. Lutas camponesas no Cabo. *In:* SIMPÓSIO NACIONAL DE HISTÓRIA, 23., 2005, Londrina. **Anais** [...]. Londrina: ANPUH, 2005. Disponível em: https://anpuh.org.br/uploads/anais-simposios/pdf/2019-01/1548206572_dc9d8e114ed819359568c9965efa9d04.pdf. Acesso em: 11 mar. 2021.

GASPAR, Lúcia. Ligas Camponesas. **Pesquisa Escolar OnLine**. Fundação Joaquim Nabuco. Disponível em: http://basilio.fundaj.gov.br/pesquisaescolar/index.php?option=com_content&view=article&id=315&Itemid=191. Acesso em: 16 mar. 2021.

GIDDENS, Anthony. **Sociologia**. 4. ed. Lisboa: Fundação Calouste Gulbenkian, 2008.

GALILEIA, Zito da. **A história das ligas camponesas**: testemunho de quem a viveu. Recife: CEPE, 2016.

GOMES, Laurentino. **1889**: como um imperador cansado, um marechal vaidoso e um professor injustiçado contribuíram para o fim da monarquia e a Proclamação da República no Brasil. São Paulo: Globo, 2013.

GOMES, Laurentino. **Escravidão**. Do primeiro leilão de cativos em Portugal até a morte de Zumbi dos Palmares. Rio de Janeiro: Globo Livros, 2019. v. 1.

HANNAH, Arendt. **A dignidade da política**. 3. ed. Rio de Janeiro: Relume-Dumará, 2002.

HANS, Lubsczyk. O povo de Deus no Antigo Testamento. *In:* VÁRIOS AUTORES. **A Igreja no seu mistério / I**. São Paulo: Editora Cidade Nova, 1984. p. 35-65.

HOBSBAWM, Eric J. **A era das revoluções**. Rio de Janeiro: Editora Paz e Terra, 1977.

HOBSBAWM, Eric J. **Da Revolução Industrial inglesa ao imperialismo**. 5. ed. Rio de Janeiro: Forense Universitária, 2000.

HOBSBAWM, Eric J. **A era dos extremos**. São Paulo: Companhia das Letras, 2003.

HOORNEART, Eduardo *et al.* **História da Igreja no Brasil**: ensaio de interpretação a partir do povo. Primeira época. 2. ed. Petrópolis: Vozes, 1979.

HOORNEART, Eduardo. **Formação do catolicismo brasileiro 1550-1800**. Petrópolis: Editora Vozes, 1974.

HUBERMAN, Leo. **História da riqueza do homem**. 17. ed. Rio de Janeiro: Zahar Editores, 1981.

IANNI, Octávio. Relações de produção e proletariado rural. *In:* SZMRECSÁNYI, Tamás; QUEDA, Oriowaldo. **Vida rural e mudança social**. São Paulo: Editora Nacional, 1976. p. 148-159.

IBGE. **Atlas Escolar**. Disponível em: https://atlasescolar.ibge.gov.br/a-terra/formacao-dos-continentes. Acesso em: 1 mar 2021.

IGREJA CATÓLICA. **Compêndio do Concílio Vaticano II**. Constituições, decretos, declarações. Petrópolis: Vozes, 2016.

IGREJA CATÓLICA. CNBB. Plano de Emergência para a Igreja do Brasil. **Cadernos da CNBB**, n.º 1, 2. ed. São Paulo: Paulinas, 1963.

IGREJA CATÓLICA, Instituto Nacional de Pastoral (org.). **Presença pública da Igreja no Brasil**: Jubileu de Ouro da CNBB. São Paulo: Paulinas, 2003.

IGREJA CATÓLICA. Papa (1878-1903: Leão XIII). **Carta Encíclica Rerum Novarum**. Roma, 15 maio 1891. Disponível em: http://www.vatican.va/content/leo-xiii/pt/encyclicals/documents/hf_l-xiii_enc_15051891_rerum-novarum.html. Acesso em: 1 dez. 2020.

IGREJA CATÓLICA. Papa (1922-1939: Pio XI). **Carta Encíclica *Quadragesimo Anno***. Roma, 15 maio 193. Disponível em: http://www.vatican.va/content/pius-xi/pt/encyclicals/documents/hf_p-xi_enc_19310515_quadragesimo-anno.html. Acesso em: 17 jan. 2021.

IGREJA CATÓLICA. Papa (1939-1958: Pio XII). **Radiomensagem na solenidade de Pentecostes** – 50º aniversário da Carta Encíclica "Rerum Novarum" de Leão XIII. Roma, 1 jun. 1941. Disponível em: http://www.vatican.va/content/pius-xii/pt/speeches/1941/documents/hf_p-xii_spe_19410601_radiomessage-pentecost.html. Acesso em: 17 jan. 2021.

IGREJA CATÓLICA. Papa (1958-1963: João XXIII). **Carta Encíclica Mater et Magistra sobre a recente evolução da questão social à luz da doutrina cristã**. Disponível em: http://www.vatican.va/content/john-xxiii/pt/encyclicals/documents/hf_j-xxiii_enc_15051961_mater.pdf. Acesso em: 17 jan. 2021.

IGREJA CATÓLICA. Papa (1958-1963: João XXIII). **Carta Encíclica Pace in Terris** – a paz de todos os povos na base da verdade, justiça, caridade e liberdade. Disponível em: http://www.vatican.va/content/john-xxiii/pt/encyclicals/documents/hf_j-xxiii_enc_11041963_pacem.html. Acesso em: 17 jan. 2021.

IGREJA CATÓLICA. Papa (1963-1978: Paulo VI). **Constituição Apostólica Gaudium et spes sobre a Igreja no Mundo Actual.** Roma, 7 dez. 1965. Disponível em: http://www.vatican.va/archive/hist_councils/ii_vatican_council/documents/vat-ii_const_19651207_gaudium-et-spes_po.html. Acesso em: 1 dez. 2020.

IGREJA CATÓLICA. Papa (1963-1978: Paulo VI). **Declaração Dignitatis Humanae.** Roma, 7 dez. 1965. Disponível em: http://www.vatican.va/archive/hist_councils/ii_vatican_council/documents/vat-ii_decl_19651207_dignitatis-humanae_po.html. Acesso em: 1 dez. 2020.

IGREJA CATÓLICA. Papa (1978-2005: João Paulo II). **Carta Encíclica Laborem Exercens.** Roma, 14 set. 1981. Disponível em: http://www.vatican.va/content/john-paul-ii/pt/encyclicals/documents/hf_jp-ii_enc_14091981_laborem-exercens.html. Acesso em: 1 dez. 2020.

IGREJA CATÓLICA. Pontifício Conselho "Justiça e Paz". **Compêndio da Doutrina Social da Igreja.** 7. ed. São Paulo: Paulinas, 2011.

JOHNSON, Paul. **Os intelectuais.** Rio de Janeiro: Imago, 1990.

JOSAPHAT, Frei Carlos. *"Pacem in Terris".* Os 56 anos de uma encíclica e a dimensão social do Evangelho. Disponível em: http://www.ihu.unisinos.br/159-noticias/entrevistas/519545-a-enciclica-pacem-in-terris-como-a-dimensao-social-do-reino-de-deus-entrevista-especial-com-frei-carlos-josaphat. Acesso em: 19 jan. 2021.

JULIÃO, Francisco. **A Cartilha do Camponês.** Recife: edição do autor, 1960.

JULIÃO, Francisco. **Que são as ligas camponesas?** Rio de Janeiro: Editora Civilização Brasileira, 1962.

JULIÃO, Francisco. **Cambão:** a face oculta do Brasil. Recife: Bagaço, 2009.

KOURY, Mauro Guilherme Pinheiro. Breve história do Movimento Camponês no Nordeste. **Revista Raízes**, Campina Grande, ano II, n. 2-3, p. 167-175, 1983.

KOURY, Mauro Guilherme Pinheiro. Ciclo de greves na agroindústria açucareira: Pernambuco, 1964 a 1968. **Caderno CRH**, Salvador, v. 22, n. 56, p. 381-398, ago. 2009. http://dx.doi.org/10.1590/S0103-49792009000200012. Disponível em: http://www.scielo.br/scielo.php?script=sci_arttext&pid=S0103-49792009000200012&lng=en&nrm=iso. Acesso em: 26 mar. 2021. DOI:

KOURY, Mauro Guilherme Pinheiro Koury. **Práticas instituintes e experiências autoritárias**: o sindicalismo rural na mata pernambucana. 1950/1974. São Carlos: UFSCar, 2010.

LESSA, Sergio. Lukács e a ontologia: uma introdução. **Revista Outubro**, Rio de janeiro, p. 83-100. Disponível em: http://outubrorevista.com.br/wp-content/uploads/2015/02/Revista-Outubro-Edic%CC%A7a%CC%83o-5-Artigo-06.pdf. Acesso em: 27 jul. 2020.

LESSA, Sergio. **Para compreender a ontologia de Lukács**. 4. ed. Maceió: Coletivo Veredas, 2016.

LIGAS camponesas. **FGV**, [s. l.], 2009. Disponível em: http://www.fgv.br/cpdoc/acervo/dicionarios/verbete-tematico/ligas-camponesas. Acesso em: 16 mar. 2021.

LIMA, Alceu Amoroso. O princípio de socialização. **Síntese**: Revista de Filosofia, v. 3, n. 11, p. 22-36, 1961. Síntese Política Econômica Social. Disponível em: https://faje.edu.br/periodicos/index.php/Sintese/article/view/3159/3240. Acesso em: 18 jan. 2021.

LIMA, Denise Maria de Oliveira. Campo do poder, segundo Pierre Bourdieu. **Cogito**, Salvador, v. 11, p. 14-19, out. 2010. Disponível em: http://pepsic.bvsalud.org/scielo.php?script=sci_arttext&pid=S1519-94792010000100003&lng=pt&nrm=iso. Acesso em: 4 ago. 2020.

LIMA, Gustavo Simão; CARVALHO NETO, Antônio Moreira. **Uma leitura da evolução das teorias sobre liderança à luz da Teoria da Estruturação de Giddens**. Disponível em: http://www.anpad.org.br/admin/pdf/EnGPR227.pdf. Acesso em: 2 ago. 2020.

LUKÁCS, Georg. **Para uma ontologia do ser social**. Maceió: Coletivo Veredas, 2018. v. 14.

LUKÁCS, György. **Prolegômenos para uma ontologia do ser social**: questões de princípios para uma ontologia hoje tornada possível. São Paulo, Boitempo, 2010.

MAC CORD, Marcelo; SOUZA, Robério S. Trabalhadores livres e escravos. *In:* SCHWARCZ, Lília Moritz; GOMES, Flávio dos Santos (org.). **Dicionário da escravidão e liberdade**: 50 textos críticos. São Paulo: Companhia das Letras, 2018. p. 410-415. p. 351-357.

MAGAL lembra aniversário de morte de Padre Melo. **INFONET**, [s. l.], 11 ago. 2004. Disponível em: https://infonet.com.br/noticias/cidade/magal-lembra-aniversario-da-morte-de-padre-melo/. Acesso em: 13 ago. 2020.

MARSHALL, Thomas Humphrey. **Cidadania, classe social e status**. Rio e Janeiro: Zahar Editores, 1967.

MARTIN, Gabriela. **Pré-História do Nordeste do Brasil**. 5. ed. Recife: Ed. Universitária/UFPE, 2008.

MARTINA, Giacomo. **História da Igreja**: de Lutero a nossos dias. Volume IV: A era contemporânea. 3. ed. São Paulo: Edições Loyola, 2014.

MARX, Karl. **O Capital**. São Paulo: Abril Cultural, 1985.

MATOS, J. C. M. Concepções evolucionistas da cultura e a questão da educação. **EDUCAÇÃO E FILOSOFIA**, São Paulo. v. 22, n. 43, p. 33-61, 7 out. 2008. Disponível em: http://www.seer.ufu.br/index.php/EducacaoFilosofia/article/view/910/824. Acesso em: 01 ago. 2020.

MELLO, Edvaldo Cabral de (org.). **O Brasil holandês**. São Paulo: Penguin Classics, 2010.

MENDONCA, José Ricardo Costa de; DIAS, Sônia Maria Rodrigues Calado. De French e Raven (1959) ao modelo poder/interação de influência interpessoal: uma discussão sobre poder e influência social. **Cad. EBAPE. BR**, Rio de Janeiro, v. 4, n. 4, p. 1-19, dez. 2006. DOI: http://dx.doi.org/10.1590/S1679-39512006000400009. Disponível em: http://www.scielo.br/scielo.php?script=sci_arttext&pid=S1679-39512006000400009&lng=en&nrm=iso. Acesso em: 8 ago. 2020.

MOLINA, Helder. **História do sindicalismo**. Disponível em: http://www.sintetufu.org/historia-do-sindicalismo/. Acesso em: 22 mar. 2021.

MORAIS, Clodomir Santos de. **História das Ligas Camponesas no Brasil**. Brasília: IATERMUND, 1997.

MOTTA, Rodrigo Patto Sá. **O anticomunismo nas pesquisas de opinião**: Brasil 1955-1964. Nuevo Mundo Mundos Nuevos [En ligne], Colloques, mis en ligne le 14 janvier 2016. DOI: https://doi.org/10.4000/nuevomundo.68817. Disponível em: http://journals.openedition.org/nuevomundo/68817. Acesso em: 14 abr. 2021.

NASCIMENTO, Marcos Antônio Leite do; SOUZA, Zorano Sérgio de. Granito do cabo de Santo Agostinho, PE: uma rara ocorrência de granito cretáceo no Brasil.

In: MANFREDO, Winge *et al.* **Sítios geológicos e paleontológicos do Brasil**. 2. ed. Brasília: CPRM, 2009. v. 2.

NAVARRO, Fred. **Dicionário do Nordeste**. 2. ed. Recife: CEPE, 2013.

PAULA, Christiane Jalles de. O Instituto de Pesquisa e Estudos Sociais – IPES. **CPDOC / FGV** – Centro de Pesquisa e Documentação de História contemporânea do Brasil, da Fundação Getúlio Vargas. Disponível em: https://cpdoc.fgv.br/producao/dossies/Jango/artigos/NaPresidenciaRepublica/O_Instituto_de_Pesquisa_e_Estudos_Sociais. Acesso em: 28 abr. 2021.

PERNAMBUCO, Secretaria da Casa Civil. **Comissão Estadual da Memória e Verdade Dom Helder Câmara**: relatório final, v. 1. Recife: CEPE, 2017.

RAPOSO, Cristhiane Laysa Andrade Teixeira. Relações de trabalho, Igreja Católica e direitos na zona canavieira de Pernambuco: organização e mobilização de trabalhadores rurais no regime militar. **Revista Crítica Histórica**, ano IX, v. 9, n. 18, p. 71-88, dezembro 2018, Dossiê: Abertura política e redemocratização: igrejas, movimentos sociais e partidos políticos. Disponível em: https://www.seer.UFAL.br/index.php/criticahistorica/article/view/6936/pdf. Acesso em: 21 abr. 2021.

RIBEIRO, Darcy. **O povo brasileiro**: a formação e o sentido do Brasil. 2. ed. São Paulo: Companhia das Letras, 1995.

RIOS, Gilvando Sá Leitão. Pré-cooperativismo: Etapa Queimada. *In:* UTIMI, Américo *et al.* **A Problemática Cooperativista no Desenvolvimento Econômico**. São Paulo: Editora Fundação Friedrich Naumann, 1973. p. 315-347.

ROSTO de índia que viveu há 2 mil anos em Pernambuco. **Unicap**, 2021. Disponível em: https://museu.UNICAP.br/rosto-de-india-que-viveu-ha-2-mil-anos-em-pernambuco-e-reconstituido-pela-primeira-vez. Acesso em: 16 fev. 2021.

SAMPAR, Rene Erick. O significado de poder na filosofia de Hannah Arendt. *In:* ALVES, Fernando de Brito; OLIVEIRA JÚNIOR, José Alcebíades de; CASTRO, Matheus Felipe de (coord.). **Filosofia do direito II**. Florianópolis: CONPEDI, 2016.

SCUDELER, Luiz Gonzaga. **Doutrina Social da Igreja e o Vaticano II**. São Paulo: Paulus, 2014.

SILVA, Antônio dos Santos; CARVALHO NETO, Antônio. Uma contribuição ao estudo da liderança sob a ótica weberiana de dominação carismática. **RAM, Rev. Adm. Mackenzie**, São Paulo, v. 13, n. 6, p. 20-47, dez. 2012. DOI: http://dx.doi.org/10.1590/S1678-69712012000600003. Disponível em: http://www.scielo.br/

scielo.php?script=sci_arttext&pid=S1678-69712012000600003&lng=en&nrm=iso. Acesso em: 8 ago. 2020.

SINGER, Paul. Agricultura e desenvolvimento econômico. *In:* SZMRECSÁNYI, Tamás; QUEDA, Oriowaldo. **Vida rural e mudança social**. São Paulo: Editora Nacional, 1976. p. 132-147.

SORGE, Bartolomeo. **Breve curso de Doutrina Social**. São Paulo: Paulinas, 2018.

STARLING, Heloisa. Golpe Militar de 1964. **Brasil Doc**, Disponível em: https://www.ufmg.br/brasildoc/temas/1-golpe-militar-de-1964/. Acesso em: 28 abr. 2021.

STEIN, Leila de Menezes. **Trabalhismo, Círculos Operários e política**: a construção do sindicato de trabalhadores agrícolas no Brasil (1954 a 1964). São Paulo: Annablume: Fapesp, 2008.

TEIXEIRA, Alexandre Gueiros; MIGON, Eduardo Xavier Ferreira Glaser. Revisando o conceito de poder à luz da teoria da complexidade. **Revista das Ciências Militares**, Rio de Janeiro: ECENE, v. V, n. 2, p. 173-192, 2017. Disponível em: https://bdex.eb.mil.br/jspui/bitstream/123456789/1211/1/Teixeira%2C%20Migon%202017%20Revisitando%20o%20conceito%20de%20Poder%20%C3%A0%20luz%20da%20Teoria%20da%20Complexidade.pdf. Acesso em: 3 ago. 2020.

WANDERLEY, Luiz Eduardo. Notas sobre a Doutrina Social da Igreja Católica DSI, e o Vaticano II, na perspectiva sócio-política. **Revista do Núcleo de Estudos de Religião e Sociedade (NURES)**, [*s. l.*], n. 3, 2016. ISSN 1981-156X, 0(03). Disponível em: https://revistas.pucsp.br/index.php/nures/article/view/7191. Acesso em: 3 ago. 2020.

WEBER, Max. **Economia e sociedade**: fundamentos da sociedade compreensiva. Brasília: Editora UnB, 1991. v. 1.

WEBER, Max. **Economia e sociedade**: fundamentos da sociedade compreensiva. Brasília: Editora UnB, 1999. v. 2.

ZACHARIAS, Ronaldo; MANZINI, Rosana (org). **A Doutrina Social da Igreja e o cuidado com os mais frágeis**. São Paulo: Paulinas, 2018.

ANEXO 1

Projeto n.º 524-1955: Auxílio para o Congresso de Salvação do Nordeste

JUSTIFICAÇÃO

O presente projeto pretende auxiliar a realização do primeiro "Congresso de Salvação do Nordeste" a se realizar na grande cidade do Recife.

E' o primeiro encontro das forças vivas do Nordeste, em assembléia quase popular, para o estudo, discussão e elaboração de um plano de grande envergadura para solução dos problemas pertinentes ao Nordeste.

Este conclave reunirá representantes das indústrias, do comércio, das associações trabalhistas e patronais, de todos os Estados limítrofes que estão na órbita das regiões subdesenvolvidas.

Nesta reunião policrome das forças atuantes econômicas, financeiras, industriais e ativas da região Nordestina, serão debatidos os problemas relativos à agricultura, à indústria extrativa e manufatureira, ao comércio, ao transporte, à saúde, ao trabalho na cidade e no campo, com o propósito de encontrar solução e clima psicológico que possibilitem a ajuda necessária para o desenvolvimento da região e promova estado de espírito que se identifique perfeitamente com o desejo de fazer progredir, desenvolver e se integrar definitivamente no corpo do país uma região até agora abandonada aos seus próprios destinos.

Terá o Congresso a primazia de ser o único a encarar, com realidade, os problemas regionais, e tirar, de seus próprios meios, o recurso necessário à solução de suas necessidades.

E', assim, digna de todo apoio esta iniciativa que, certamente, será estimulada e incrementada, e se difundirá pelas demais regiões do país, convencidos que estão os Estados componentes da Federação Brasileira de que apenas com os recursos da União não poderão resolver os múltiplos problemas dos quais dependem a sua independência econômica e financeira e o bem estar de sua população.

Sala das sessões, em 9 de agosto de 1 955.

Anexo 2

Ata de fundação da Cooperativa Agrícola de Tiriri LTDA

COOPERATIVA AGRÍCOLA DE TIRIRI LTDA.
RUA VIGÁRIO JOÃO BAPTISTA Nº [...]
C.G.C. 09.929.76? 0001-05

AUTENTICAÇÃO - INCRA/PE
Número: 01   Rubrica: [assinatura]

Cópia autêntica da Assembléia Geral de Constituição da Cooperativa Agrícola de Tiriri, realizada no dia 24 de abril de 1963.

Ata da Assembléia Geral de Constituição da Cooperativa Agrícola de Tiriri, realizada no dia 24 de abril de 1963.

Aos vinte e quatro dias do mês de abril do ano de mil novecentos e sessenta e três, nesta propriedade de Tiriri, município do Cabo, no Estado de Pernambuco, às quinze horas e trinta minutos no galpão da olaria desta mesma propriedade, reuniram-se em assembléia geral para o fim de constituir uma sociedade cooperativa, nos termos do Decreto Federal nº 22.239, de 19 de dezembro de 1932, revigorado pelo Decreto-Lei nº 8.401, de 19 de dezembro de 1945, os seguintes senhores, cujos nomes, nacionalidade, idade, profissão, estado civil e residência, se acham discriminados na lista nominativa. Aclamado para presidir a assembléia, o senhor Mário de Aguiar Pires Leal assumiu a presidência e convidou a mim, José Dário da Silva para secretariar a sessão e redigir a respectiva ata, ficando assim constituida a mesa. A seguir, o senhor presidente, declarando iniciados os trabalhos, disse que o fim da presente reunião era o da fundação de uma cooperativa e de deliberar sobre os estatutos, que deveriam reger a vida da Sociedade e as relações dos associados entre si, estatutos êsses que, elaborados sob a orientação do Departamento de Assistência ao Cooperativismo, se achavam sobre a mesa e a cuja leitura mandou proceder. Terminada essa leitura foram os mesmos estatutos postos em discussão e, como não houvesse objeções sobre qualquer de seus dispositivos, foram submetidos à votação e aprovados por unanimidade, valendo esta deliberação por uma declaração expressa da vontade livre de cada um de formar a Sociedade. Assim feito, o senhor presidente, após consultar a assembléia, declarou definitivamente constituida, desta data para o futuro, a Cooperativa Agrícola de Tiriri com sede na cidade do Cabo e com o objetivo de promover a melhoria de condições sociais e econômicas dos seus associados. Sendo seus fundadores todos os associados cujos nomes, nacionalidade, idade, profissão, estado civil e residência se acham discriminados na lista nominativa. Em seguida o senhor presidente disse que, estando constituida a Cooperativa Agrícola de Tiriri, a dava por oficialmente instalada e convidou os presentes para procederem a eleição dos membros do Conselho de Administra

COOPERATIVA AGRÍCOLA DE TIRIRI LTDA.
ESCRITÓRIO: RUA VIGÁRIO JOÃO BAPTISTA N.º 8 - 1.º ANDAR - CABO - PE
C.G.C. 09.929.761 000

f1.02

ção e seus suplentes, do Conselho Fiscal e suplentes. Realizada a eleição foi feita a apuração dando o seguinte resultado: Para Diretor-Presidente, o senhor José Luiz da Silva, para Diretor Secretário, o senhor José Dario da Silva, para Diretor Comercial, o senhor José de Oliveira Silva e para suplentes: Primeiro Suplente, o senhor Sebastião Tavares da Silva, para segundo suplente, o senhor Antonio Rozendo de Oliveira e para terceiro suplente o senhor Amaro Rozendo de Oliveira. Para membros do Conselho Fiscal, os senhores Sebastião Severino Filho, José Paulino da Silva e José Silvino da Silva e para suplentes as senhoras Maria Anunciada de Albuquerque, Julia Bernarda da Silva e Maria José dos Santos. Logo após o senhor presidente proclamou os eleitos considerando-os todos empossados. A seguir foi verificada a subscrição de mil setecentas e quarenta (1740) quotas partes, no valor de Cr$174.000,00 (cento e setenta e quatro mil cruzeiros), pelos associados que constam da lista nominativa, que acompanha os documentos de constituição da sociedade. Deliberou a assembléia que fossem escolhidos sete (7) associados para assinar a presente ata e os estatutos aprovados que esta acompanham, recaindo a escolha nas pessoas: Severino João de Souza, Antonio Gomes de Santana, Amaro Mendes de Souza, Maria José da Silva, Joaquim Lino Antonio, José Paulino da Silva e Sebastião Tavares da Silva. Nada mais havendo a tratar, o senhor presidente declarou encerrada a sessão, do que, para constar, eu José Dario da Silva, secretário, lavrei esta ata que lida, votada e aprovada, vai assinada pela mesa e pelas pessoas acima indicadas. José Dario da Silva, Mario de Aguiar Pires Leal, Severino João de Souza. Amaro Mendes de Souza, José Paulino da Silva, Sebastião Tavares da Silva, Maria José da Silva, Antonio Gomes de Santana e Joaquim Lino Antonio. Está conforme o original lavrado em livro próprio às folhas 01 e 02.

Cooperativa Agrícola de Tiriri Ltda
Presidente

Gerente

Anexo 3

Comprovação de vínculo empregatício de padre Melo na Secretaria de Interior e Justiça de Pernambuco

SECRETO

MINISTÉRIO DA GUERRA
IV EXÉRCITO
Q G - 2ª SECÇÃO

RECIFE-PE, 22 MAR 66

Ao Exmo Sr Sec Seg Púb/PE.

DIFUSÃO: SSP/PE-EMR/7-ARQ.

— PEDIDO DE BUSCA Nº 138-B-E/2 —

1. DADOS CONHECIDOS:

   — Consta que o Sr JOÃO ROMA, atual Secretário do Interior e Justiça de Pernambuco, contratou (ou nomeou) o Padre Melo para aquela Secretaria, com a remuneração de C$ 250.000. Acontece, porém, que o referido sacerdote nem sequer comparece ao trabalho, nem exerce qualquer / função. Sua real atividade é a de "cabo eleitoral" do Sr JOÃO ROMA. Consta ainda que há muitos outros funcionários na mesma situação do Padre Melo.

2. DADOS SOLICITADOS:

   a. Veracidade dos informes.
   b. Outros dados julgados úteis.

SECRETO

CONFERIDO COM ORIGINAL

Anexo 4

Panfleto para coleta de assinaturas para a criação do Partido Democrático Republicano

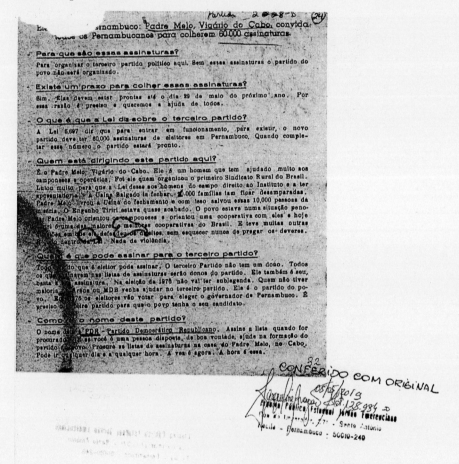